BERND BACHFISCHER

ATHLETIKTRAINING

FÜRS KLETTERN UND BOULDERN

Bibliografische Information der Deutschen Nationalbibliothek

Die Deutsche Nationalbibliothek verzeichnet diese Publikation in der Deutschen Nationalbibliografie.
Detaillierte bibliografische Daten sind im Internet über https://dnb.de abrufbar.

Wichtige Hinweise
Sämtliche Inhalte dieses Buchs wurden – auf Basis von Quellen, die der Autor und der Verlag für vertrauenswürdig erachten – nach bestem Wissen und Gewissen recherchiert und sorgfältig geprüft. Trotzdem stellt dieses Buch keinen Ersatz für eine individuelle Fitnessberatung und medizinische Beratung dar. Wenn Sie medizinischen Rat einholen wollen, konsultieren Sie bitte einen qualifizierten Arzt. Der Verlag und der Autor haften für keine nachteiligen Auswirkungen, die in einem direkten oder indirekten Zusammenhang mit den Informationen stehen, die in diesem Buch enthalten sind.
Ausschließlich zum Zweck der besseren Lesbarkeit wurde auf eine genderspezifische Schreibweise sowie eine Mehrfachbezeichnung verzichtet. Alle personenbezogenen Bezeichnungen sind somit geschlechtsneutral zu verstehen.

Für Fragen und Anregungen
info@m-vg.de

Originalausgabe
6. Auflage 2026

Türkenstraße 89
80799 München
Tel.: 089 651285-0

Redaktion: Antje Becker, www.rotpunkt-texte.de
Umschlaggestaltung: Marc-Torben Fischer
Layout: Katja Muggli, www.katjamuggli.de
Satz: Satzwerk Huber, Germering, Melanie Kitt
Umschlagabbildungen vorn: Shutterstock/Photobac (o.), Shutterstock/Nejron Photo (u.)
Umschlagabbildungen hinten: Hansi Heckmaier, Shutterstock/Nejron Photo
Grafiken auf S. 27, 29, 26: Bernd Bachfischer
Fotomontage auf S. 46/47: Manuela Amode
Bildnachweis: sämtliche Fotos im Innenteil von Hansi Heckmair, www.hansiheckmair.com, außer:
Marco Bermejo: 203
iStockphoto: kasto80: 30, kupicoo: 57, Neustockimages: 180/181, takoburito: 61, Tempura: 62/63
Dominik Leinenbach: 203
Steffi Röttele: 202
Shutterstock: Dudarev Mikhail: 7, Cheryl Casey: 15, Dragon Images: 16, Plishko Andrii: 17, baranq: 19, Vitaliy Mateha: 21, Tom Grundy: 22, Alex Brylov: 23, Teguh Mujiono: 35 li., Designua: 35 re., Photobac: 45, Chutima Chaochaiya: 48, Catalin Grigoriu: 49, Uber Images: 57, PeterG: 65, Sebastian Kaulitzki: 66, 69; Alila Medical Media: 67, 71, 183; stihii: 72, Antonina Vlasova: 185, Microgen: 201, frantico00: 24/25, PedkonAnton: 8/9

Druck: Balto Print UAB, Litauen
Printed in the EU

ISBN Print 978-3-7423-0104-8
ISBN E-Book (PDF) 978-3-95971-516-4
ISBN E-Book (EPUB, Mobi) 978-3-95971-515-7

BERND BACHFISCHER

ATHLETIKTRAINING

FÜRS KLETTERN UND BOULDERN

riva

INHALT

4 ÜBER 80 ÜBUNGEN FÜRS KLETTERN UND BOULDERN

5 DIE AKTIVE REGENERATION

ANHANG

Die Zeit ist reif für Kletterathletik

Der Kletter- und Bouldersport boomt. Was als alpinistische Pionierleistung begann, hat sich zu einer eigenen Sportart entwickelt. Kletter- und Boulderhallen schießen aus dem Boden und bieten uns noch mehr Möglichkeiten, diesem Sport nachzugehen. Klettern hat es als Sportart zu den Olympischen Spielen geschafft. Die Kletterszene wächst und wächst und schafft eigene Dynamiken. Verschiedene Schwerpunkte und eine Vielzahl an Motiven, sich für das Klettern zu begeistern, sind entstanden. Kletterbegeisterte finden ihre passende Nische in diesen vertikalen Bewegungen, ob im Bouldern – dem Klettern in Absprunghöhe – oder dem sicheren Seilklettern. Vor allem die leistungsorientierte Entwicklung war in den letzten Jahren massiv auf dem Vormarsch. Schwierigkeitsgrade wurden gejagt. Was als unkletterbar galt, wurde projektiert, bis sich eine Lösung herauskristallisierte. Der sportliche Ehrgeiz und die Motivation waren es, die das Klettern in seiner heutigen komplexen Art geformt und in höchste Dimensionen gehoben haben. Wir wollen lernen, erfahren und Grenzen verschieben.

Zahlreiche Möglichkeiten – mit Folgen

Wir stehen heute vor einer Sportart und haben, obwohl wir uns intensiv mit ihr befassen, noch viele ungeklärte Fragen. Die Möglichkeit zu klettern und zu bouldern ist aufgrund des engen Hallennetzes und der vielen erschlossenen Felsen so leicht wie noch nie. Wir haben uneingeschränkten Zugang zu einer großen Bandbreite an Schwierigkeitslevels und Belastungsformen. Überall finden wir optimale Trainingsbedingungen vor – beste Voraussetzungen für Entwicklung. Genau das macht den Klettersport heutzutage so interessant, da er ungemein variantenreich ist. Die vielen Möglichkeiten bringen neben ihren so hochgelobten positiven Eigenschaften jedoch auch Schattenseiten mit sich. Innerhalb dieser großen und immer größer werdenden Masse an Kletterern und Boulderern steigt auch die Zahl derjenigen, die sich aufgrund von Über- und Fehlbelastung im Klettertrainingsprozess verletzen oder in Schmerzsituationen bringen. Als Trainer und Therapeut hat man den Eindruck, als würden Belastung und Belastbarkeit oftmals nicht übereinstimmen. Das bestätigt sich in vielen Gesprächen mit betroffenen Kletterern und Boulderern. Ihnen ist die Motivation für das Erreichen höherer Schwierigkeitsgrade wichtiger als das Mitentwickeln von notwendigen und körperlichen Ressourcen.

Aus dieser Masse möchte ich mich keinesfalls ausnehmen. Als junger und hochmotivierter Kletterer habe auch ich Lehrgeld für meine unpassenden Trainingsansätze gezahlt – aber daraus auch gelernt. Als heutiger Sportwissenschaftler stehe ich für ein Hinterfragen von Praktiken und Trends. Der Sporttherapeut in mir verfolgt stets einen Trainingsprozess, der im Einklang mit dem Körper einen Weg sucht, sich im leistungsorientierten Bereich weiterzuentwickeln. Wir haben heute einen großen Wissensschatz an Hintergrundinformationen bezüglich körperlicher Funktionen und Prozesse. Diese in der Trainingspraxis anzuwenden, abzustimmen und zu erklären, sollte tägliche Trainerarbeit sein.

Jeder hat andere anatomische Voraussetzungen fürs Klettern

Seit mehr als fünf Jahren arbeite ich mit und an meinem erfolgreichen kletterspezifischen Trainingskonzept. *Athletic facts of climbing movements* setzt sich mit den Bedürfnissen und Notwendigkeiten von kletterspezifischen Belastungen auseinander. Wir müssen zuerst den Menschen sehen und verstehen, um aus ihm konstruktiv den Kletterer und Boulderer zu entwickeln.

Ein Sportler – egal ob Skifahrer, Fußballer oder Kletterer – hat seinen Körper, mit dem er das umsetzen kann, was als sportliche Belastung auf ihn einwirkt. Die menschliche Anatomie und Physiologie, kognitive Prozesse und typische Handlungsmuster sind uns auferlegt und bestimmen uns. Dagegen anzuarbeiten wäre für die sportliche Entwicklung kein guter Rat. Wir müssen vielmehr konstruktiv damit arbeiten und Stärken sowie Möglichkeiten erkennen.

Kletterathletik setzt genau an diesem Punkt an. Sie nimmt uns als Mensch und formt uns zu Kletterern und Boulderern – mit all den positiven Aspekten, die uns ein Training bieten kann. Die Zeit ist reif für Kletterathletik, denn sich zu entwickeln liegt uns sportbegeisterten Menschen im Blut. Wir haben alle die Verantwortung gegenüber unserem Körper und unserer Gesundheit und wissen, dass nach dem Klettern ein Alltag mit Job und Familie stattfinden muss. Kletterathletik schafft die Basis für die klettertypischen Belastungen, an denen wir wachsen wollen. Sie ist ein Wegbegleiter, der notwendig ist, unsere Leistungsfähigkeit und sportliche Belastbarkeit zu entwickeln.

Ich bin Kletterer aus Leidenschaft, Sportwissenschaftler aus Berufung und Idealist aus Überzeugung. Wir werden es gemeinsam schaffen, uns im Klettersport in all seinen Facetten zu entwickeln und zu verbessern.

Mit sportlichen Grüßen
Bernd Bachfischer

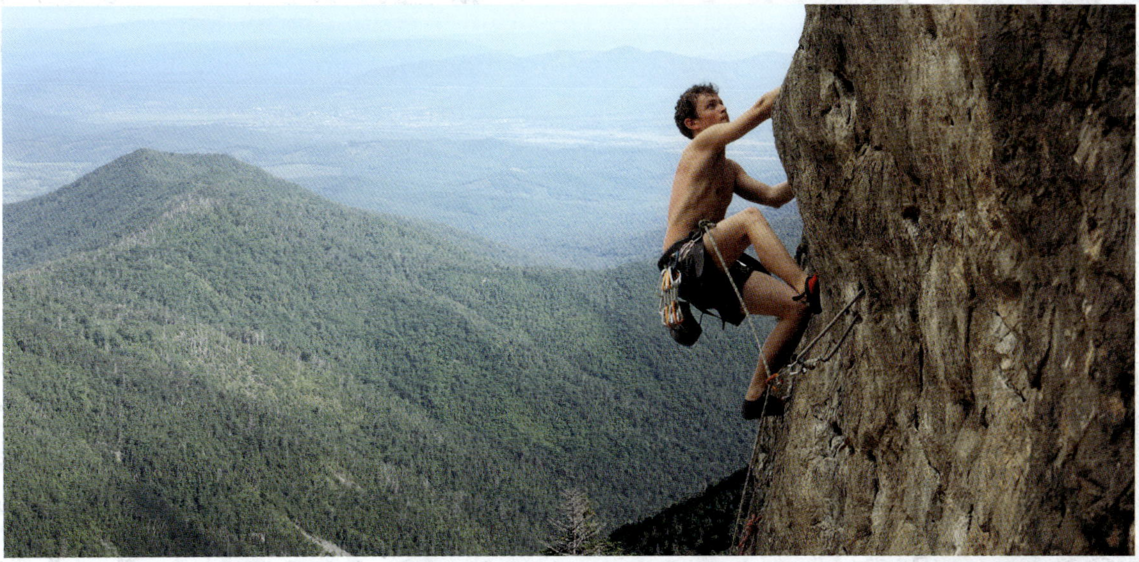

1

KLETTERN – eine SPORTART im WANDEL

Was wir heute mit Bouldern, Schwierigkeitsklettern oder Speedklettern als Disziplinen einer modernen Sportart praktizieren, ist eine der ältesten Bewegungsformen des Menschen. Klettern ist seit jeher eine natürliche Art der Fortbewegung. Neugier, Abenteuersinn und Leidenschaft haben sie weiterentwickelt. Heute ist Klettern eine Lebenseinstellung, eine Philosophie, sich mit sich selbst und der Umwelt zu befassen und ihr zu begegnen. Heute identifizieren sich Kletterer und Boulderer über ihre Sportart. Es hat sich viel getan und es scheint, als wären wir noch längst nicht am Ende des Weges angekommen. Begleite mich auf eine spannende Zeitreise.

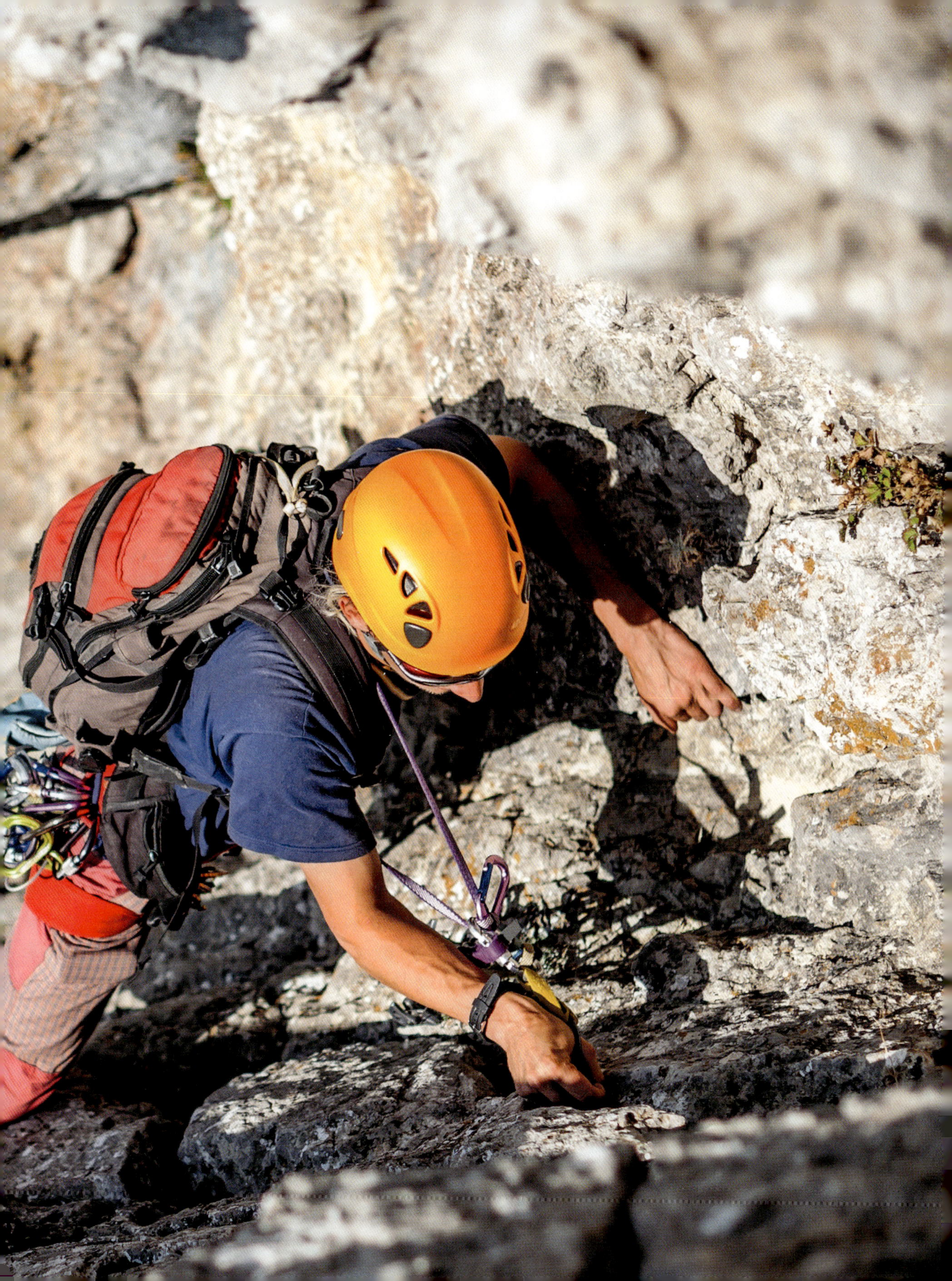

Vom Alpinismus zur olympischen Disziplin

Als der karthagische Feldherr Hannibal im Jahr 218 vor Christus die Alpen überschritt, hatte das wohl noch nicht viel mit modernem Sportklettern zu tun, doch war es eine der ersten beschriebenen alpinistischen Bergüberschreitungen der Geschichte. Ungeachtet von Hannibals eher politischer Motivation für seine unglaubliche Unternehmung, mit einer fünfstelligen Zahl von Soldaten und mehreren Dutzend Kriegselefanten das alpine Hochgebirge zu überqueren, üben Berge seit jeher eine magische Anziehungskraft auf den Menschen aus. Sie zeigen uns unsere Grenzen auf – technisch, physisch und psychisch. Genau diese Faktoren sind es auch, die noch den heutigen Reiz des Kletterns und Boulderns ausmachen.

Die Gipfel der hohen Berge sind so nah und oft doch unerreichbar. Mutige Pioniere wagten sich mit ihren Möglichkeiten an realistische Ziele und waren darin erfolgreich. Doch liegt es in der Natur des Menschen, nach mehr zu streben. Somit müssen für neue alpine Probleme neue Wege und Möglichkeiten gefunden werden. Die Entwicklungen waren in vielen Bereichen bahnbrechend. Es entstanden technische Gerätschaften, die Alpinisten und Bergsteiger halfen, neue und unerreichte Berge zu begehen. Das neu erschlossene Gelände und das moderne Equipment forderten neue motorische Fähigkeiten und körperliche Voraussetzungen. Das Vorbereiten auf Expeditionen und Abenteuer wurde strukturierter und extremer. Die technische Kletterei – also das Klettern mit Hilfsmitteln wie Leitern und anderen mobilen Geräten – war zwingend notwendig, um ausgesetzte Felswände zu überschreiten. Das Klettern war ein Mittel zum Zweck geworden, Gipfel zu erklimmen. Jedoch zog auch das direkte Auseinandersetzen mit dem Fels einige Alpinisten in den Bann. Somit war es nur eine Frage der Zeit, bis aus ihnen Kletterer wurden.

Nicht nur das Ankommen am Gipfel war der Reiz. Er bestand bereits darin, sich mit Felsgegebenheiten und fordernden Bewegungen auseinanderzusetzen. Für diese Erfahrungen musste man aber keine große Expedition starten, denn man fand Kletterfelsen mit leichterem Zustieg. Die Sächsische und Fränkische Schweiz und die französischen Voralpen beispielsweise wurden Trainingsgebiete für die Expeditionen in höhere Gebirge. Dies weckte den sportlichen Ehrgeiz, das Klettern wurde zum Selbstzweck.

Freiklettern – alpinistische Gipfelbesteigung ohne technische Hilfsmittel

Zu den expeditionsmotivierten Alpinisten und Abenteurern gesellte sich damit ein neuer Typus von Kletterer, der sich fragte: Ist es möglich, eine Felswand ohne Aufstiegshilfen und nur mit Equipment, das einen Sturz abfängt, zu erklimmen? Hieraus entstand eine revolutionäre Art, sich mit Bewegungen am Fels auseinanderzusetzen. Das freie Klettern einer Tour lediglich mit Sicherheitsequipment wie Seil und Zwischensicherungen nennt man Freiklettern oder auch Freeclimbing. Es stellt das Equipment in den Hintergrund und rückt die Fitness und körperlichen Fähigkeiten in den Vordergrund. Nur mit Kraft, Bewegungstechnik und Geschick erreicht man das Top einer Kletterroute.

Freiklettergrade								Bouldergrade	
USA	Großbritannien		Frank-reich	UIAA (Mittel-europa)	Australien	Elbsand-stein	Frank-reich	USA
5.0–5.2			1	1		I		
5.3			2	2	11	II		
5.4			3	3	12	III	2	
5.5	4a	VD	4	4		IV	3	VB-
5.6		S	5a	5-	13	V		
5.7	4b	HS		5	14	VI	4a	VB-
	4c		5b	5+	15			
5.8		VS		6-	16	VIIa		
5.9	5a	HVS	5c	6	17	VIIb	4b	V0-
5.10a		E1	6a	6+	18	VIIc		
5.10b	5b		6a+	7-	19	VIIIa		
5.10c		E2	6b	7	20	VIIIb		
5.10d	5c		6b+	7+	21	VIIIc	4c	V0
5.11a		E3	6c	7+/8-	22		5a	V1
5.11b			6c+	8-	23	IXa		
5.11c	6a	E4	7a	8	24	IXb	5b	V2
5.11d			7a+	8+	25	IXc	5c	V3
5.12a		E5	7b	8+/9-	26		6a	V4
5.12b	6b		7b+	9-		Xa	6b	V5
5.12c		E6	7c	9	27	Xb	6c	V5
5.12d	6c		7c+	9+	28	Xc	7a	V6
5.13a		E7	8a	9+/10-	29		7a+	V7
5.13b							7b	V8
5.13c	7a		8a+	10-	30	XIa	7b+	V9
							7c	V10
5.13d		E8	8b	10	31	XIb	7c+	V10
5.14a			8b+	10+	32	XIc	8a	V11
5.14b	7b		8c	10+/11-	33		8a+	V12
5.14c		E9	8c+	11-	34		8b	V13
5.14d	7c		9a	11	35		8b+	V14
							8c	V15
5.15a			9a+	11/11+			8c+	V16
			9a+/9b	11+				
5.15b			9b	11+/12-				
			9b+	12-				

Mit dem Anspruch des Freikletterns wurden die Routen schwieriger und die Sicherungstechniken immer besser. Es entwickelte sich regional in den verschiedenen Klettergebieten unterschiedlich. Heute haben wir über den Globus verteilt viele bekannte Klettergebiete mit langjähriger Klettertradition. Im Yosemite-Nationalpark in den USA, an den felsigen Küsten Thailands, in den Tälern der österreichischen Alpen – überall fanden und erschlossen Kletterer neue Felsmassive mit sensationellen Routen. Um den Überblick über die Vielzahl an erschlossenen Kletterrouten mit den entsprechenden Schwierigkeiten zu behalten, wurden Tabellen über Schwierigkeitsgrade angelegt. In jeder Kletterregion entstand eine eigene Klettergemeinschaft, die ihre eigenen Kletterschwierigkeiten definierte.

In der Auflistung von Schwierigkeitsgraden finden wir britische, sächsische, französische, australische, skandinavische und brasilianische Definitionen. Ganz schön verwirrend, vor allem, wenn ein französischer Kletterer in ein skandinavisches Klettergebiet reist. Die regional zerrissene Kletterbewegung musste sich gemeinschaftlich organisieren und gründete 1932 im französischen Chamonix mit der Union Internationale des Associations d'Alpinisme (UIAA) eine internationale Vereinigung, der heute viele verschiedene Alpinistenverbände angehören. Die Schwierigkeitsskala der UIAA wird inzwischen auf der ganzen Welt eingesetzt.

Vom Freiklettern zum Sportklettern und Bouldern

Freiklettern wurde rasch populär, und man verstand es mit der Zeit nicht mehr nur als Trainingsform für alpine Gipfelerstürmungen, sondern als eigenständige Sportart. So entstand das Sportklettern, gefolgt vom Bouldern, das in den letzten Jahren enorm an Popularität gewonnen hat. Das Sportklettern brachte neue Spielformen in ganz neuen Dimensionen an den Felsen. Die erfolgreich gekletterten Schwierigkeitsgrade schossen nach oben. Die sportlichen Grenzen des Möglichen wurden immer weiter ausgedehnt und verschoben. Auch die Ziele des Kletterns veränderten sich mehr und mehr. Es wurden nicht mehr Gipfel gejagt, sondern Kletterrouten mit maximalen Schwierigkeitsgraden. Das Ziel im Sportklettern könnte man so formulieren: das sturzfreie Durchsteigen einer persönlich schwierigen Kletterroute ohne Pause und technische Hilfsmittel mit möglichst wenig Versuchen, wobei Mittel zur Sicherung verwendet werden. Die Klettercommunity hat sich auch hierzu verschiedene Abstufungen ausgedacht. Von schwer nach leicht sind dies:

1. **On Sight**
   Durchstieg einer Route, ohne diese zuvor versucht zu haben, und ohne durch Abseilen über die Route, ohne Zusehen oder Nachfragen bei anderen Kletterern Informationen über die Route eingeholt zu haben. Die einzige Vorinformation entsteht durch Betrachten der Route von unten.

2. **Flash**
   Durchstieg einer Route, ohne diese zuvor versucht zu haben. Es ist im Gegensatz zum On Sight aber erlaubt, anderen Kletterern zuzusehen, diese zu befragen und sich während des Kletterns Tipps geben zu lassen. Außerdem darf über die Route abgeseilt werden, ohne aber die Griffe zu berühren.

3. **Rotpunkt und Pinkpoint**
Durchstieg einer Route nach vorherigen Kriterien im frühestens zweiten Versuch. Sobald ein Teil der Route einmal versucht wurde und die Begehung erst zu einem späteren Versuch erfolgt, spricht man von Rotpunkt. Im Gegensatz dazu bedeutet Pinkpoint, dass die Expressschlingen bereits in den Haken hängen, was bei schweren Begehungen üblich ist.

Je schwieriger die Kletterroute, desto häufiger scheitert man beim Durchsteigen an der sogenannten Schlüsselstelle oder Crux. Diese Stelle macht den schwierigsten Teil der Kletterroute aus und bestimmt meist mit anderen Routenfaktoren den Schwierigkeitsgrad. An der Crux entscheidet sich der Klettererfolg. Dadurch rückte diese bei motivierten Kletterern in den Vordergrund. Man wollte jede Crux, die sich stellte, klettern können. Um eine Tour sturzfrei zu klettern, müssen die Kletterbewegungen dieser Crux geübt werden. Problematisch stellt sich diese Situation dar, wenn die besagte Schlüsselstelle sehr weit vom Boden entfernt ist, denn nach einem missglückten Versuch und dem darauffolgenden sicheren Sturz ins Kletterseil ist man gezwungen, immer wieder zum Trainingszug nach oben zu klettern. Das kostet Kraft, Zeit und Konzentration.

Also suchten Sportkletterer Felsblöcke, an denen man in Bodennähe ohne großen Aufwand Kletterbewegungen mit hartem Schlüsselstellencharakter klettern und trainieren konnte. Da Felsblock auf Englisch »boulder« heißt, wurden diese Kletterfelsen Boulderblöcke genannt. Die Nähe zum Boden machte Sicherungsgeräte und -techniken, wie wir sie vom Sportklettern her kennen, unnötig. Allein eine transportable Matte wurde mit an den Boulderblock genommen, die den Sturz auf den Boden dämpfte. So legten leistungsmotivierte Sportkletterer das Kletterseil für ihr Training an den Boulderblöcken beiseite und machten sich an den harten Kletterbewegungen fit für mögliche Cruxstellen ihrer Felsrouten. Ein Teil dieser Trainingsgemeinschaft wiederum befand das Bouldern – das Klettern in Absprunghöhe – als so erfüllend für sich, dass sie dem Kletterseil ganz abschwor.

Mit dem Bouldern war aus einer Trainingsidee für das Fels- und Sportklettern eine neue Kletterorientierung entstanden. Auch diese Bewegung fand rasch Anhänger und entwickelte sich weiter. Ausgehend vom alpinistischen Bergsteigergedanken, der sich selbstverständlich auch technisch und inhaltlich bis heute weiterentwickelt, waren über Abspaltungen das Fels- und Sportklettern entstanden, die mit der Boulderbewegung nur noch den Fels als gemeinsamen Nenner haben.

Von outdoor zu indoor

Die Faszination des Kletterns schlug derart große Wellen, dass man sich nicht nur an Schönwettertagen damit befassen wollte. Innovative Kletterer formten oder schnitzten sich von der Natur inspiriert Klettergriffe und -tritte zunächst aus Holz und später aus Harzgemischen, um sich an eigens konstruierten Kletterwänden auch bei Regen oder Schnee kletternd bewegen zu können.

Diese materielle Entwicklung war der Wegbereiter für die heutigen Kletter- und Boulderhallen. Sie brachten das Klettern in Städte und Regionen, wo keine natürlichen Klettermöglichkeiten zur Verfügung stehen. Sportklettern und Bouldern wurden somit einem großen und interessierten Publikum zugänglich gemacht. Seit Jahren boomt der Klettersport und zieht immer mehr Begeisterte in seinen Bann. Aus einer Handvoll abenteuerlustiger Alpinisten hat sich seit den 1980er-Jahren das Sportklettern zu einer Massensportbewegung weiterentwickelt.

Aber wo stehen wir heute? Sportklettern ist derart in den Fokus gerückt, dass es die Aufnahme in die Disziplinen der Olympischen Spiele geschafft hat. 2020 werden bei den Spielen in Japan der erste Olympiasieger und die erste Olympiasiegerin gekürt. Sportklettern ist im Leistungssport angekommen. Daher wird es notwendig, das Klettertraining inhaltlich zu verbessern. Wir haben an der Spitze ein Niveau erreicht, an dem wir nicht mehr an kletterspezifischen Athletiktrainingsformen vorbeikommen.

Von Genusskletterern und Maximalkraftsportlern

Die Kletter- und Boulderszene vereint viele Athletentypen, die diese Sportart leben und prägen. So findet hier beispielsweise der Genusskletterer seinen Platz, der nicht sonderlich leistungsambitioniert ans Werk geht. Ruhe genießen und Ablenkung erfahren sind seine Motive. Er will sich spüren und in Bewegung aufgehen, er sucht den Flow beim Klettern oder Bouldern. Zu diesem erlebnisorientierten Kletterer kommen die deutlich sportlich orientierteren Athleten hinzu. Den Kraftausdauerfreak wird man eher in der dritten oder vierten Seillänge einer alpinen Kletterroute entdecken. Der motorische Gegenkandidat zum Ausdauerathlet ist der Maximalkraftsportler. Mit Crashpad und leichtem Kletterequipment bouldert dieser an den harten Felsblöcken herum und sucht die schnelle körperliche Herausforderung. Es gibt Teamplayer, die im gegenseitigen Vertrauen in große Höhen vorstoßen oder im Kollektiv und in Gruppenarbeit Lösungswege für Boulderprobleme suchen. Man findet Sportkletterer, die nur eigenmotiviert für sich besser werden wollen, und Wettkampfkletterer, die sich dem Vergleich mit anderen Athleten stellen. Die Kletterfamilie hat viele unterschiedliche Charaktere. Jeder sucht in Kletterbewegungen etwas anderes und findet dennoch genau seine Erfüllung. Eine derartige Sportart hat die Chance, extrem viele Sportbegeisterte in ihren Bann zu ziehen. Der Kletter- und Boulderboom scheint kein Ende zu finden.

Motorisches Profil von Kletterbewegungen

Als Trainer und Kletterer schwirren uns viele Fragen im Kopf herum: Was definiert eine Kletterbewegung und welche Fähigkeiten bestimmen die Leistungsfähigkeit? Gibt es im Klettern abseits der sportlichen Facetten auch Belastungen oder Situationen, die gesundheitsgefährdend sind oder die Verletzungsgefahr erhöhen? Wie stehen sich Belastung und Gesundheit gegenüber? Gibt es Sportarten, aus denen wir für das Klettern Parallelen ziehen können, zum Beispiel was bereits gemachte Fehler anbelangt? Was passiert biomechanisch, muskelphysiologisch und psychisch beim Bezwingen einer Kletterroute? Es gibt viele Fragen, die mit der

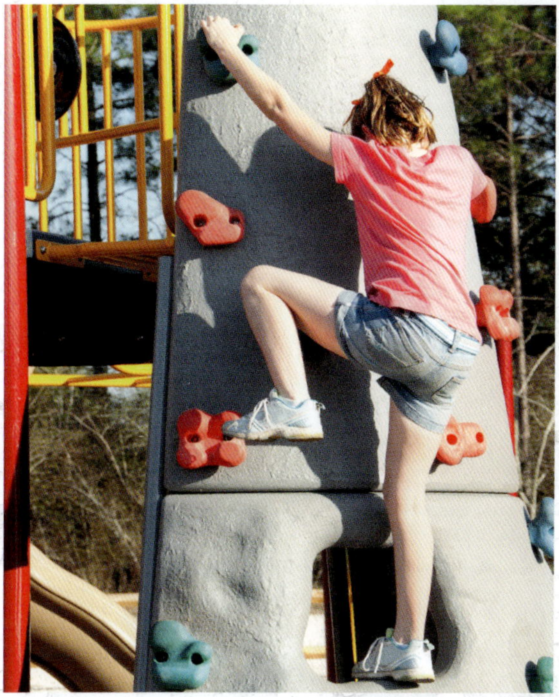

Kinder beherrschen intuitiv das Steigemuster, das auch beim Klettern notwendig ist.

Entwicklung des Sportkletterns aufgetreten sind. Diese sollen aus sportwissenschaftlicher Sicht betrachtet werden, um zu verstehen, wie ein Athletiktraining im Klettersport aussehen kann oder muss.

Klettern lebt von sogenannten antizyklischen Bewegungen. Kletterzüge sind nie identisch, denn Zugweite, Griffart, Trittposition und viele weitere Faktoren wechseln ständig. Und dennoch versuchen wir, unter der Vielzahl an Zügen einen gemeinsamen Nenner zu finden. Wir erstellen ein motorisches Profil in seiner einfachsten Ausführung.

Klettern ist grundsätzlich ein Steigemuster. Wir lernen hierbei sehr viel aus praktischen Beobachtungen von Personen, die sich spontan bewegen. Steigen Kinder unbedacht ohne klettertechnischen Anspruch eine Kletterwand hinauf, bewegen sie sich wie beim Besteigen einer Leiter. Die ökonomischste Art, eine Leiter zu erklimmen, besteht in einem diagonalen Steigemuster. Dabei bewegen sich gleichzeitig der rechte Arm und das linke Bein und umgekehrt. Der Körper bleibt ruhig, da der Körperschwerpunkt ohne großen Kraftaufwand immer sehr zentral in der Mitte gehalten wird.

Die kinetische Kette

Die Kletterwand ist eine besondere Leiter, dennoch sind das motorische Profil und die bevorzugte Lösungsstrategie gleich. Nehmen wir dieses diagonale Steigemuster genauer unter die Lupe. Welche Strukturen sind in einer Kletterbewegung grundsätzlich leistungsbestimmend? Wir bestimmen zur Beantwortung dieser Frage die sogenannte kinetische Kette einer diagonalen Steigebewegung. Eine kinetische Kette ist eine Linie entlang der Muskeln, die bei einer Bewegung aktiv sind.

Wechselnde diagonale Kraftlinie

Stell dir eine Kletterbewegung als Videoclip vor. Du drückst dann auf Pause, wenn die rechte Hand gerade am Griff und der diagonal gegenüberliegende linke Fuß am Tritt belastet sind und die Position des Kletterers halten. Gegenarm und -fuß haben, gerade noch unbelastet, den nächsten Griff beziehungsweise Tritt erreicht und sind im Begriff, diese zu belasten. Welche Kraftlinie würdest du in dieser Position mit einem Stift einzeichnen? Beginnend von der rechten Hand zeichnen wir die Kraftlinie entlang des rechten Arms zur rechten Schulter und müssen von dort zur linken Hüfte queren, damit wir die Linie über

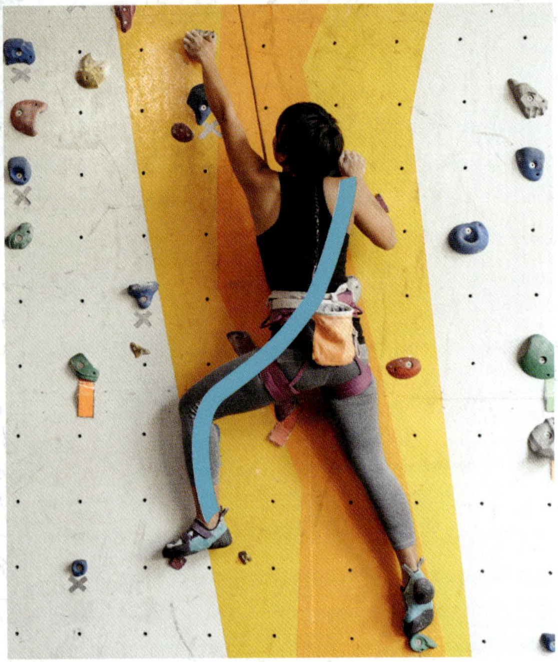

Die ideale Kraftlinie verläuft diagonal von der Hand zum gegenüberliegenden Fuß.

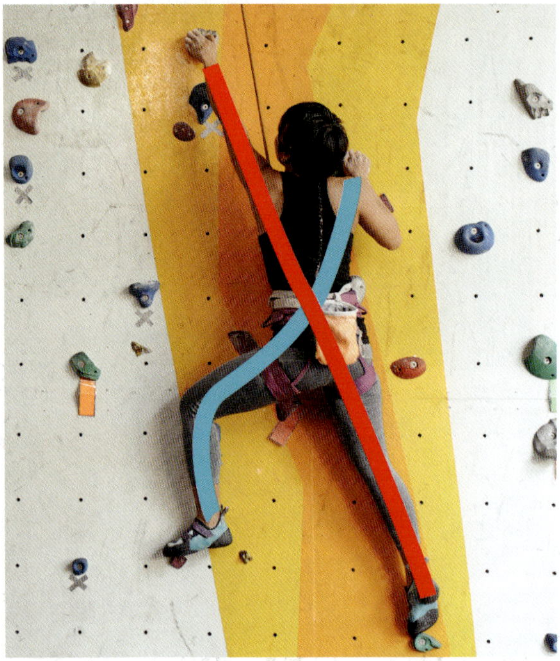

Der Rumpf ist der Kreuzungspunkt der beiden diagonalen Kraftlinien.

das linke Knie in den linken Zehenspitzen auslaufen lassen können.

Alle Muskeln, die entlang dieser Kraftlinie liegen, sind in ihrer Aktivierung zueinander leistungsrelevant für das Klettern und bilden die angesprochene kinetische Kette. Läuft der Bewegungsclip einen halben Steigezyklus weiter, so werden wir feststellen, dass sich diese Kraftlinie genau spiegelt, wenn Gegenarm und -bein am Zug sind. Die Linien überkreuzen sich im Rumpf.

X-Kraft

Bleiben wir bei der besprochenen diagonalen kinetischen Kette des Sportkletterns. Wenn wir beide diagonalen Kraftlinien wie in einem Videozeitraffer sehr schnell abspielen, erhalten wir bildlich ein X. Egal, welche Linie aktiv ist, der Kreuzungspunkt in der Mitte ist immer aktiv. Auf unseren Körper übertragen liegt dieser X-Mittelpunkt genau in unserem Zentrum, dem Rumpf. Man kann daher sagen, dass der Rumpf permanent arbeitet, egal, welche diagonale Linie gerade aktiv ist. Die Linienrichtung verrät uns, dass die Kraft, die den Rumpf kreuzt, diagonal und damit entlang der schrägen Bauch- und Rückenmuskulatur läuft. Dieser Bereich ist äußerst leistungsrelevant für Klettersportler, da er fast nie eine Pause bekommt.

Auch die Kettenlänge der aktiven Muskeln ist beim Klettern und Bouldern besonders. Man kann definitiv sagen, dass Sportkletterbewegungen die Aktionen mit den längsten Muskelketten sind. Spannung und Muskelaktion sind bis ins letzte Zehen- und Fingerglied notwendig, um sich an Griffen und Tritten fortzubewegen. Bei einer Muskelkette verhält es sich nicht anders wie bei einer Eisenkette: Das schwächste Glied in der Kette bestimmt die Belastbarkeit. So gilt es im kletterathletischen Training, aus vielen starken Einzelkettengliedern eine belastbare und funktionell leistungsstarke Muskelkette zu erarbeiten.

Parallele Kraftlinien

Nicht alle Sportarten arbeiten mit wechselnden diagonalen Kraftlinien. Das gleiche Analyseschema bei einem Ringeturner und einem Ruderer anzuwenden, liefert zwei gute Beispiele, denn beide Sportarten leben wie das Klettern von einer großen Oberkörperaktivität. Beim Rudern und Ringeturnen hat der Athlet sein Trainingsgerät stets mit beiden Händen fest gepackt. Man erkennt schnell, dass jeweils beide Arme und beide Beine gleichzeitig bei einer Ruderaktion oder einem Turnumschwung aktiv sind. Wir setzen wieder unseren Stift an, um die kinetische Kette zu finden. Genauer gesagt, brauchen wir zwei Stifte. Wir starten mit einem blauen Stift an der rechten und mit einem roten Stift an der linken Hand, fahren die Arme entlang, kommen senkrecht über den Rumpf nach unten und gelangen ohne Überkreuzen mit dem blauen Stift über die linke Hüfte ins linke Bein und mit dem roten Stift über die rechte Hüfte ins rechte Bein, bis wir auf beiden Seiten an den Zehenspitzen ankommen. Wir erhalten zwei Linien, die nahezu senkrecht sind und in jedem Bewegungszyklus auftreten. Somit ist klar, dass die kinetische Kette beim Ringeturnen oder Rudern und beim Klettern nicht identisch ist.

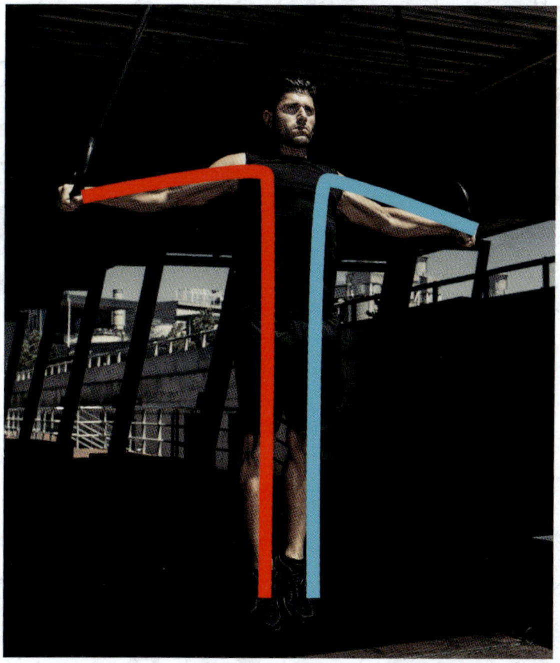

Bei Ringeturnern ist der Kraftverlauf parallel, da symmetrische Belastungen stattfinden.

Belastung, Risiken und Verletzungen

Für eine umfassende Sportartanalyse müssen wir nicht nur die positiven Seiten unter die Lupe nehmen, sondern auch die Verletzungsstatistik. Woher stammen die meisten Verletzungen oder Schmerzzustände beim Klettern? Man vermutet natürlich richtig, dass viele Verletzungen und schmerzbedingte Pausen aus kleineren bis größeren Unfällen stammen. Kontrollierte und unkontrollierte Stürze ins Seil oder auf die Absprungmatte sind beim entwicklungsmotivierten Klettern ebenso an der Tagesordnung wie ein schmerzhafter Zweikampf beim Fuß- oder Handballer. In den vielen Gesprächen mit

INFO

DIE NATÜRLICHKEIT DER KLETTERBEWEGUNG

Warum kann eigentlich jeder in unteren Schwierigkeitsgraden sofort ohne Technikschulung losklettern? Es liegt an diesen diagonalen Mustern und der frühkindlichen Motorikentwicklung. Sehr früh beginnen Babys, zunächst ihre beiden Hände gegenseitig zu erkunden, also Körperteile unterschiedlicher Körperhälften auf gleicher Höhe. Rasch erkunden sie auch ihre Füße, zunächst Fuß an Fuß auf gleicher Höhe. Erforschen sie dann Körperteile unterschiedlicher Körperhöhe, so erfolgt dies bereits diagonal. Die linke Hand greift zum rechten Fuß und umgekehrt. Ab diesem Zeitpunkt lernt das Gehirn permanent diagonale Muster mittels Bewegungen zwischen unterschiedlichen Körperhöhen und -seiten.

Kletter- und Boulderathleten, mit Betreuern, Trainern und Coaches fällt jedoch eines auf: Klettern ist eine Sportart, in der sehr viele Schmerzsymptome spontan aus dem Training entstehen, also ohne Unfallhergang. Du bist bestimmt selbst im Klettern unterwegs – daher frage ich dich, ob du einen Kletterkollegen hast, den es ab und an in der Schulter oder im Rücken zwickt, der nach dem Training Probleme mit dem Ellbogen oder der Leiste hat? Das ist natürlich eine rhetorische Frage, denn seien wir mal ehrlich: Jeder hat so einen Kumpel in seinen Reihen.

Anhand der Häufigkeit von trainingsbedingten Schmerzsymptomen dürfen wir uns fragen, ob das Verständnis von Belastung und Belastbarkeit beim Klettern adäquat berücksichtigt wird. Wie häufig treten bei verschiedenen Klettersportlern gleiche Schmerzmuster auf? Und können wir analytisch daraus Körperregionen definieren, die es besonders zu behandeln oder zu trainieren gilt?

Belastungsregion Oberkörper

Die Praxis zeigt, dass sich im Klettersport die meisten Schmerzregionen im Oberkörper, in Armen und Hände schleichend manifestieren. Aus Sicht des klettertypischen Belastungsprofils ist die Symptomdominanz im Oberkörper nicht verwunderlich. Die Beine machen beim Klettern motorisch nicht viel anderes als im Alltag: Wir sind es gewohnt, Treppen wechselseitig nach oben zu steigen. Es fällt uns nicht sonderlich schwer, und wir müssen uns beim Klettern nicht groß umstellen. Anders sieht es jedoch bei Belastungen und Aktionen im Oberkörper aus. Ich behaupte einfach mal, dass die wenigsten von uns ihren Alltag mit kräftigen Überkopf-Zugbelastungen verbringen. Wir sind es gewohnt, vor dem Körper unterhalb der Schultern oder maximal des Gesichtsfeldes mehr oder weniger kräftig zu agieren. Doch ist der Klettergurt angelegt oder das Crashpad positioniert, wirken intensive wie auch komplexe feinmotorische Belastungen in ungewohnt hohen Schultergelenkspositionen. Alltag und Sportart zeigen hier viele signifikante Unterschiede. Woher soll unser Körper nun in Anbetracht seiner tagtäglichen mehrstündigen Arbeitszone auf Bauch- und Brusthöhe lernen, wie man sauber im Überkopfbereich arbeitet? Um vor allem in dieser Körperregion ungewollte Risiken und negative Belastungsspitzen zu vermeiden, müssen wir im Trainings- und Belastungsprozess den Gedanken der Gesunderhaltung vor das Ziel der sportlichen Leistungssteigerung stellen. Dein Training sollte dir zunächst eine sinnvolle Belastungsbasis schaffen, auf der du dein Leistungspotenzial unter gesundheitsrelevanten Aspekten aufbaust.

Qualität vor Quantität beim Erarbeiten von Leistungsfähigkeit

Für sportliche Leistungsfähigkeit ist jedoch nicht nur die Kraftquantität ein entscheidender Faktor, sondern ebenso die Bewegungsqualität. Aus den Alltagsbelastungen lassen sich kaum Bewegungs- und Belastungsabläufe in die Kletterbewegungen übertragen. Verletzungen oder kompensationsbedingte Schmerzen treten nachgewiesen häufiger bei den Belastungen auf, die motorisch seltener und damit qualitativ unterentwickelt sind. Genau diese Lücken gilt es, durch ein gezieltes Training zu verringern oder zu schließen. Vor allem beim Bouldern – der maximalkräftigsten Variante des Kletterns – wirken in harten Kletterzügen oftmals maximale Kräfte. Das macht zum einen den sportlichen Reiz aus, birgt aber eben durch ungemein großen Stress auf den Körper hohes Verletzungspotenzial. Wir haben in den letzten Jahren aufgrund der körperlichen Reaktionen erkannt, dass wir unseren Körper oder Teile unseres Körpers auf klettertypische Belastungen vorbereiten müssen, damit sich dieser daran nicht abnutzt.

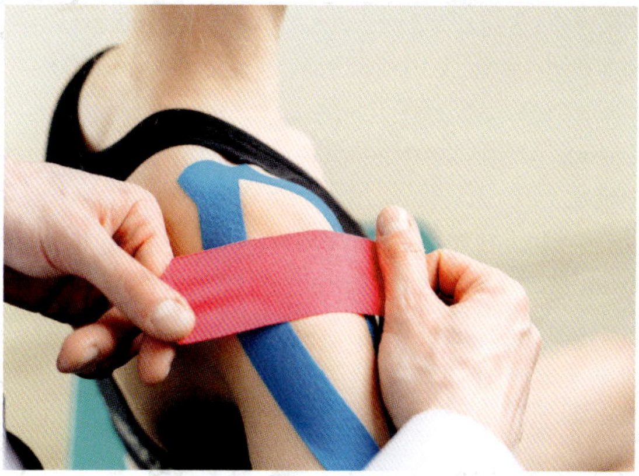

Schulterschmerzen sind unter Kletterern weit verbreitet. Deshalb nutzen viele das Taping.

Doch nicht nur zukünftige Trainingsentwicklungen wie das Erarbeiten eines neuen Schwierigkeitsgrades müssen auf entsprechende Belastungen ausgerichtet werden, auch vergangene Verletzungsprozesse und Faktoren prägen unsere aktuelle Leistungsfähigkeit. Wie du dich heute bewegen und belasten kannst, ist das Resultat eines Entwicklungsprozesses, der mit dem Bewegungslernen im Babyalter begonnen hat, deine kindliche Lern- und jugendliche Wachstumsphase durchlaufen und deine schulischen und beruflichen Alltagsgewohnheiten bis zum heutigen Tag definiert hat. Im motorischen Alltag laufen beim Erarbeiten von motorischen Lösungsstrategien viele Prozesse unbewusst und automatisch ab. Unser Körper hat beispielsweise viele Selbsterhaltungsprogramme, die verhindern sollen, dass er sich selbst zerstört. Eines dieser Programme ist die Fähigkeit zur Kompensation.

Mit der Fülle und Anordnung unserer Muskeln ist es uns möglich, Bewegungen oder Aufgaben weiterhin auszuführen, obwohl der Körper verletzt oder geschwächt ist. Wir verwenden unbewusst ein Alternativmuster, wenn die Bewegung über die Hauptmuskeln nicht umgesetzt werden kann. Wenn du dir bei einer Bergwanderung am Gipfelkreuz das Sprunggelenk verstauchst oder leicht verletzt, heißt das ja nicht, dass du dort oben aufgrund fehlender Fortbewegungsmöglichkeit verhungern musst. Du würdest ein Gangmuster finden, welches das Sprunggelenk schont. Du würdest wahrscheinlich etwas unrunder als gewöhnlich gehen, das betroffene Bein passiver bewegen und dafür das nicht verletzte Bein mehr belasten. Kompensation ist als Selbsterhaltungsstrategie in der akuten Verletzungs- oder Schmerzsituation grundsätzlich wertvoll. Ein intensives und dauerhaftes Belasten in einem kompensatorischen Bewegungsmuster wird aber mit hoher Wahrscheinlichkeit in einer Schmerzsymptomatik enden. Das restlose Aufarbeiten und Austherapieren einer Verletzung ist aufgrund der Bewegungskomplexität und der langen aktiven Muskelkette von größter Bedeutung.

Klettern und Psyche – Fluch oder Segen?

Unser Gehirn ist bei Kletterbewegungen jedoch nicht nur als Organisationszentrale für das komplexe Zusammenspiel unserer vielen Muskeln aktiv. Durch die Steuerung unserer Gefühlslage bestimmt es unser Potenzial, Leistung abrufen zu können. Wir alle wissen, dass Angst die Macht besitzt, den stärksten Typen lahmzulegen. Der Kopf steuert die Kontrolle über unseren Körper. Hier gibt es jedoch nicht nur Schwarz und Weiß. Zwischen Wohlbefinden und einer phobischen Angststörung liegen viele Graustufen, die man als Unbehagen kategorisieren kann und denen angstbedingter Stress zugrunde liegt. Diese psychische Dominanz gegenüber muskulärer Leistungsbereitschaft ist uns Menschen auferlegt. Angst ist nur einer von vielen Faktoren, die unser Potenzial einfrieren lassen, obwohl wir muskulär mehr könnten. Der Oberbegriff für all diese negativen Faktoren ist Stress. Der Streit mit dem Lebenspartner, Schlafentzug, Erfolgsdruck und hohe eigene Erwartungen sind alles Stressoren, die auf uns einwirken und unsere Leistungsfähigkeit grundlegend mindern – ob wir wollen oder nicht.

Mentaltrainer und Psychologen verwenden ein Bild, um diese Zusammenhänge zu erklären: Sie beschreiben unsere mentale Leistungsfähigkeit als einen Eimer, der in einem gewissen Abstand vom Boden ein Ventil besitzt, aus dem der Inhalt des Eimers abfließen kann, sobald er die entsprechende Höhe erreicht. In diesen Eimer fallen von oben alle möglichen Stressoren hinein, die gerade beispielhaft beschrieben worden sind, und füllen ihn. Wenn ich als Kletterer die Fülle meiner Stressoren nicht begrenze oder kontrolliere, so füllt sich dieser Stresseimer, wie er genannt wird, rasch bis auf die Höhe unseres Ventils. Bei jedem Einzelnen sitzt dieses Ventil in einer anderen Höhe, denn jeder von uns besitzt eben ein individuelles Potenzial, mit Stress umzugehen. Sobald jedoch unser Stresslevel das Ventil erreicht oder übersteigt, öffnet sich das Ventil und der Stress wird abgelassen. Wenn dies geschieht, sind wir motorisch nicht mehr oder nur eingeschränkt in der Lage, muskuläre Leistung zu erbringen.

Große Höhen und viel Luft unter den Beinen sowie dem Seil und dem Partner vertrauen zu müssen, sind Stressoren, die Klettern als Sportart mit sich bringt. So tun wir gut daran, weitere emotionale oder körperliche Stressoren auf ein Minimum zu reduzieren, um das Stresslevel im besagten Eimer möglichst niedrig zu halten. Der Sportpsychologie ist der Zusammenhang zwischen körperlicher Muskelleistung und mentaler Motivationsleistung wohlbekannt. Die maximale Kraftrekrutierung ist die Summe aus höchster mentaler Konzentration und kontrolliertem und bewusstem Ausblenden oder Vermeiden von Stresssituationen. Du wirst mir zustimmen, dass die genialsten und auch erfolgreichsten Kletter- und Bouldertage diejenigen sind, an denen du vom Kopf frei und auf das Klettern fokussiert bist. Obwohl nun mentale Komponenten in die motorische Leistungsfähigkeit hineinspielen, setzen wir in diesem Buch den Schwerpunkt auf die motorischen Inhalte des kletterspezifischen Athletiktrainings.

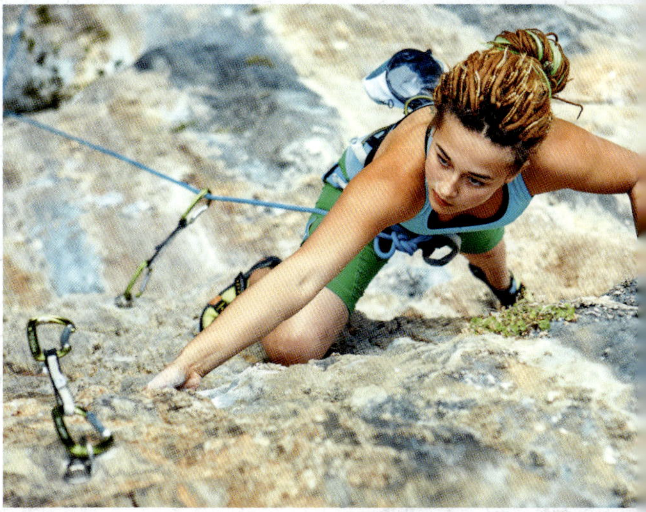

Seilkletterer erklimmen abgesichert über selbst gesetzte Zwischensicherungen luftige Höhen.

DIE DREI WETTKAMPFDISZIPLINEN DES SPORTKLETTERNS

Der Klettersport wird olympisch. Das hat sich nicht über Nacht ergeben, denn bereits seit vielen Jahren gibt es die unterschiedlichsten Wettkämpfe für Kletterer und Boulderer. Im offiziellen Regelwerk des Wettkampfkletterns werden drei Disziplinen aufgelistet: Kletterer treten im Schwierigkeitsklettern, Bouldern und Speedklettern gegeneinander an. Was sind die jeweiligen Merkmale dieser Disziplinen und worin gleichen oder unterscheiden sich ihre Anforderungen?

Schwierigkeitsklettern

Beim Schwierigkeitsklettern am Seil, das in der Fachsprache auch Lead genannt wird, ist das Ziel, die bis weit über Absprunghöhe geschraubte Wettkampfkletterroute mittels Seilsicherung bei einmaligem Versuch möglichst hoch zu klettern. Dabei hat jeder Wettkämpfer die gleiche Zeit zur Verfügung, um die unbekannte Route vom Boden aus zu besichtigen. Bedenkt man, dass die Routen mit ihren laut Reglement 35 bis 55 Zügen von den Routenbauern so schwierig geschraubt sind, dass möglichst wenig Kletterer sie komplett durchklettern können, so lässt sich erahnen, dass eine gesunde Mischung aus Kraftausdauer und Maximalkraft vorhanden sein muss. Aufgrund der Höhe kommen die bereits angesprochenen mentalen Komponenten zum Tragen. Hierbei muss psychologisch nicht nur die Sturzgefahr kontrolliert, sondern auch strategisch klug an die Kletteraufgabe herangegangen werden. Wo sind kritische Schlüsselstellen, wo mögliche Griffe und Kletterpositionen zum Chalken, Seilklippen oder Rasten? Des Weiteren braucht der Lead-Athlet ein hohes Maß an bildlicher Vorstellungskraft und Gedächtnisfähigkeit, um sich bereits vom Boden aus eine Strategie für den Erfolg versprechenden Durchstieg zurechtzulegen. Gute Seilkletterer haben einen großen Erfahrungsschatz an Kletterbewegungen und können je nach Kletterpassage optimale Bewegungsabläufe einsetzen. Im Wettkampf haben Lead-Athleten einen einzigen Versuch, die Wettkampfroute zu durchsteigen. Es gilt daher, die Konzentration und den Fokus genau auf diesen Versuch zu legen. Jeder hat diese eine Chance. Der einzelne, direkte Vergleich macht den Sieger. Entscheidend für die Wettkampfrichter ist die erreichte Griffhöhe, die erfolgreich bis zum Sturz oder Zielgriff erklettert wird.

Im Lead treffen Physis, Psyche sowie kluges strategisches Denken und Handeln aufeinander. Erfolg hat der, der alle drei Elemente bestens beherrscht. Für viele Lead-Athleten macht genau dieser Mix den Reiz an dieser Disziplin aus.

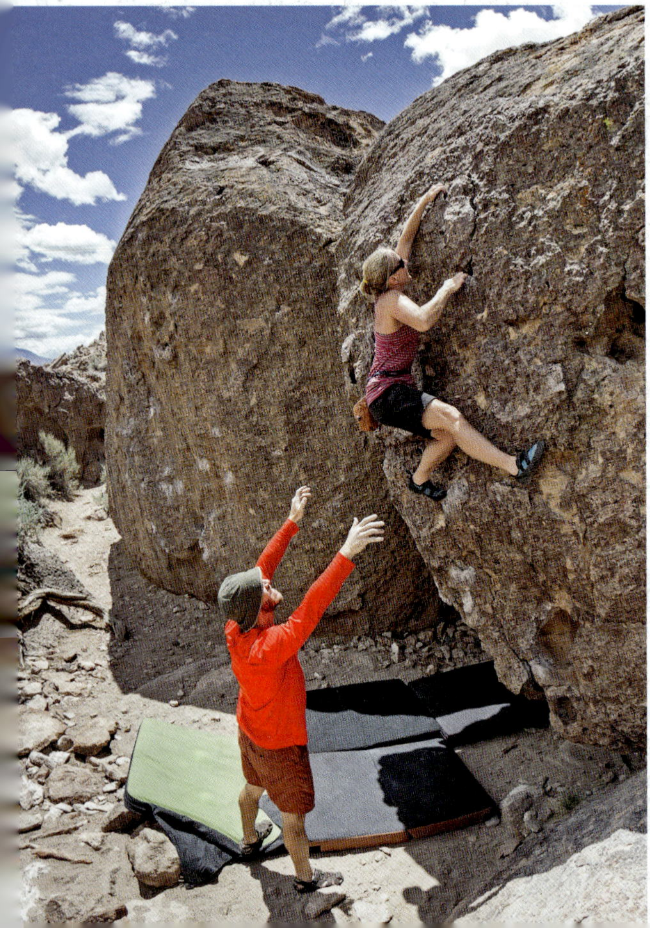

Bouldern

Verdeutlicht man sich die Entwicklung und Ausweitung der Bouldermöglichkeiten innerhalb der letzten Jahre, so kann man durchaus festhalten, dass Bouldern die Disziplin mit dem größten Wachstum ist. Aber was ist so reizvoll daran?

Im Gegensatz zum Leadklettern ist die körperliche Belastung größer, das psychologische Profil in einigen Punkten jedoch etwas lockerer. Die geschraubten Boulderprobleme haben durchschnittlich vier bis acht Griffe. Hierzu wurde auch eine Obergrenze bestimmt: Boulderrouten dürfen auf nationaler Ebene aus nicht mehr als zwölf Griffen bestehen. Die Kürze der Route lässt schon vermuten, dass die Einzelzüge sehr bis maximal schwer geschraubt sind. Hierbei geht es aber nicht nur um physische Härte, sondern auch um höchstes Kletterverständnis. Die Lösung eines Boulders ist oftmals nicht auf den ersten Blick erkennbar. Welche Züge reihen sich stimmig und Erfolg versprechend zwischen der definierten Startposition und dem zu erreichenden Zielgriff aneinander?

Im Bouldern gibt es für die Anzahl der Versuche kein Limit. Innerhalb eines Zeitfensters können die Teilnehmer so viele Versuche starten, wie sie wollen oder können. Zählt beim Leadklettern jeder erkletterte Griff, ist das beim Bouldern etwas anders. Nach dem definierten Startgriff gibt es einen sogenannten Bonusgriff in der Tour, die mit einem Zielgriff endet. Erklettert man den

Mit Crashpad, Kletterschuhen und Chalk geht es an die kurzen kräftigen Routen der Boulderblöcke.

Bonusgriff, bekommt der Athlet eine Punktebewertung. Beim Durchstieg zum Zielgriff kommen weitere Punkte hinzu. So versucht der Athlet, durch das Erreichen dieser beiden Griffe möglichst viele Punkte zu sammeln. Im direkten Vergleich zählen jedoch nicht nur die errungenen Punkte, sondern auch die Anzahl der Kletterversuche. Es liegt der Athlet vorn, der bei gleicher Punktezahl weniger Durchstiegsversuche benötigt hat.

Durch die unbegrenzte Anzahl an Versuchen ist der punktuelle Druck etwas herausgenommen, obgleich die Boulderer natürlich wenige Versuche starten wollen. Die Raffinesse der Routen und die kurze, intensive Belastung machen für viele Kletterathleten die Boulderdisziplin zum Favoriten.

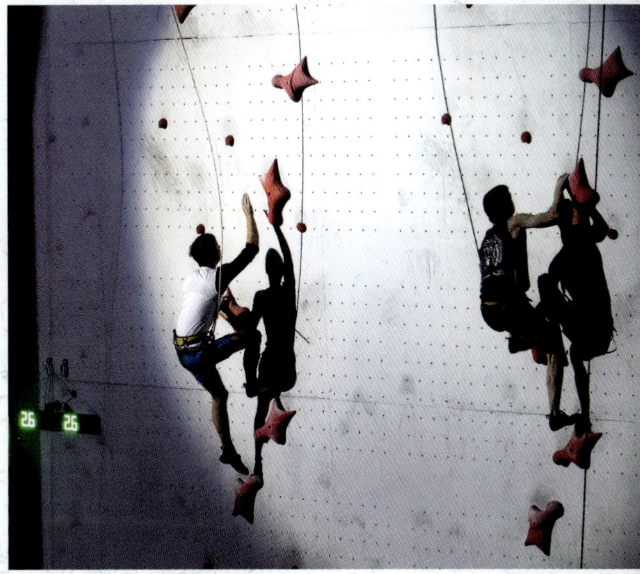

Im direkten Athletenduell stehen sich die Speedkletterer in ihren Wettkämpfen gegenüber.

Speedklettern

Im Speedklettern treten zwei Athleten im direkten Vergleich gegeneinander an. Parallel nebeneinander kämpfen sie sich nach einem Startschuss eine identische und festgelegte Kletterroute hinauf. Der Gewinner des Duells kommt in die nächste Runde und kann sich so bis ins Finale zum Sieg klettern. Das Reglement gibt eine 15 Meter hohe Kletterwand mit eigens definierten Speedklettergriffen vor. Griffanordnung, Wandneigung und Höhe dieser Route sind immer identisch, egal wo ein Speedkletterwettkampf ausgetragen wird. Es versteht sich von selbst, dass bei dieser Höhe eine Seilsicherung zum Einsatz kommt. Anders als beim Leadklettern muss der Speed-Athlet jedoch keine Zwischensicherungen einhängen, denn das Seil läuft von oben über die gesamte Kletterlänge zum Kletterer hinab und sichert ihn aus dem sogenannten Toprope.

Beim Lead und Bouldern sind die Routen im Vorfeld bis zur geleiteten Besichtigung unbekannt. In der Speeddisziplin ist die Route bekannt und kann so überall in den Kletterhallen geschraubt und trainiert werden. Der Anspruch liegt hierbei einzig auf der maximal schnellen Aneinanderreihung von passenden Kletterzügen. Bei dieser Geschwindigkeit ist neben der hohen muskulären Belastung auch die Koordination in höchstem Maße gefragt. Vor allem das Zusammenspiel von Auge zur Hand und Auge zum Fuß ist ein leistungsentscheidender Faktor. So gilt es, die Griffe und Tritte möglichst schnell ohne Fehler oder Abrutschen zu erreichen, um von ihnen aus zum nächsten Griff hochzuschnellen. Speedklettern gleicht einem einstudierten Tanz aus Kletterbewegungen. Würdest du einen Speedkletterer nachts wecken, so könnte er dir im Halbschlaf die Abfolge der Griffe und Bewegungen beschreiben.

2

Das OPTIMALE TRAINING

Jeder spricht von Training, wenn er in einer Sportart aktiv wird, sich belastet und bewegt. Befasst man sich etwas genauer mit der Thematik Trainingsgestaltung und -organisation, so erkennt man rasch, dass es auf diesem Feld viele Möglichkeiten, Variationen und Faktoren gibt, die es zu planen und zu kontrollieren gilt. Es tauchen Begriffe wie Trainingsdichte und -häufigkeit, Intensität und Regeneration auf. Welche wichtigen Trainingspunkte du bei keiner Planung vergessen solltest und wie du einen Trainingsprozess planst, zeigt dir dieses Kapitel.

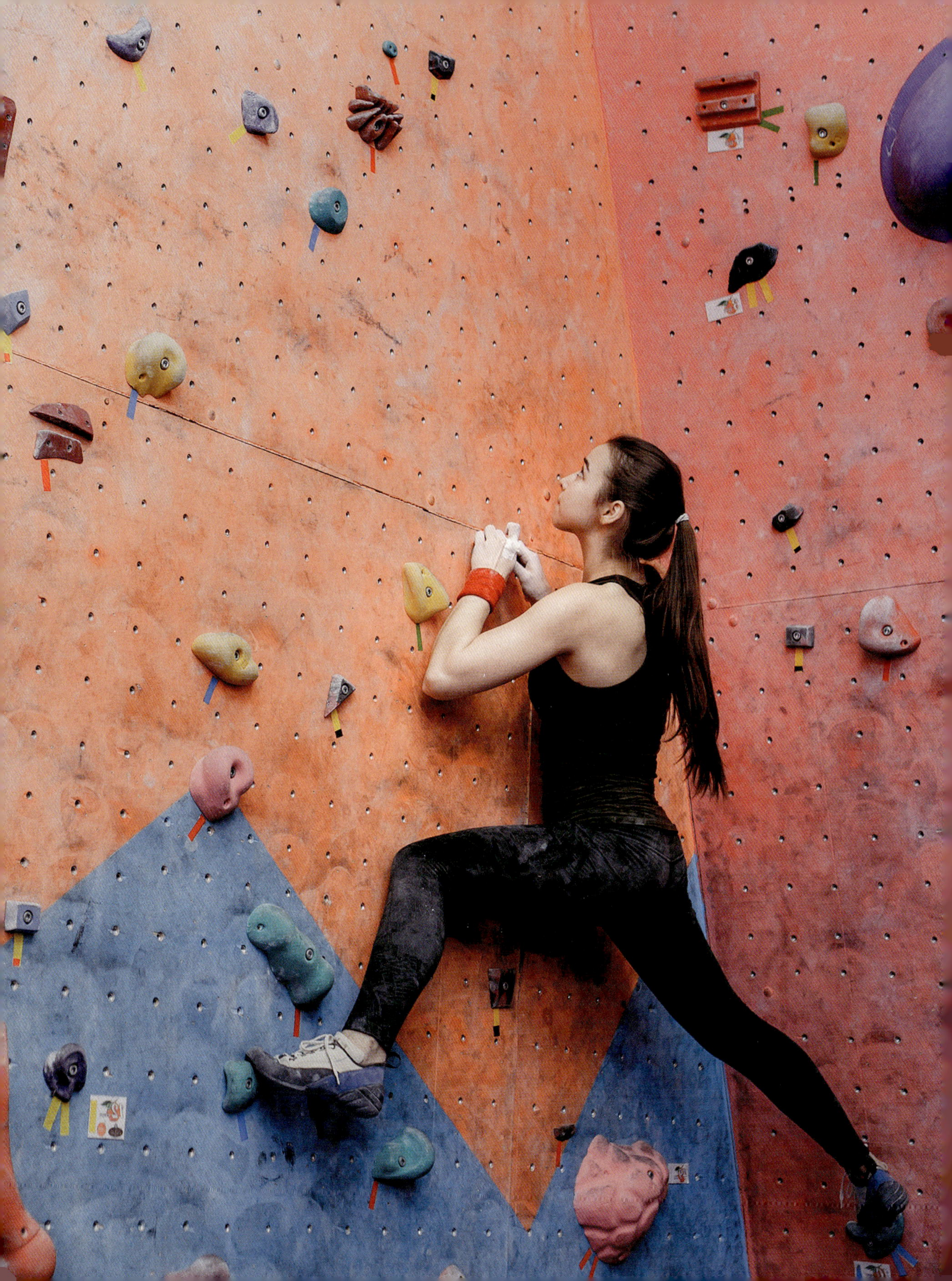

GRUNDLAGEN DES FUNKTIONELLEN TRAININGS

Bevor du in tiefere Trainingsinhalte abtauchst, solltest du dir folgende Frage beantworten: Welches Ziel und welchen Sinn hat für mich Training? Die Antwort findet sich nicht in harten Fakten, sondern in einem fast philosophischen Gedankengang. Training ist grundsätzlich ein Prozess, der mit einem ganz bestimmten Verlauf etwas bewirken soll. Trainieren wir eine Sportart wie Laufen, Fußball oder Klettern, so ziehen wir Motivation aus der Vorstellung, schneller, ausdauernder oder stärker zu werden. Der Überbegriff für dieses Ziel nennt sich Funktion. Wir trainieren, um in unserer Sportart mit all dem, was uns körperlich zur Verfügung steht, besser zu funktionieren. Der Begriff der Funktion ist der Sport- und Trainingswissenschaft nicht fremd. Man hat sich seit jeher damit auseinandergesetzt, welche Verbesserung der körperlichen und sportlichen Funktion notwendig ist. Ein Training braucht sinnvolle Entwicklungsstufen, die den Körper stetig verbessern, ohne ihn abzunutzen.

Deine Antwort auf die Frage nach dem Ziel und Sinn eines Trainings sollte daher zwei Schlagwörter beinhalten: Gesunderhaltung und Leistungsverbesserung – wohl wissend, dass Letzteres ohne Ersteres in der Praxis nicht funktioniert. Wer sein Training allein auf das inhaltliche Fundament der Leistungssteigerung stellt und den präventiven Gedanken vernachlässigt oder gar komplett streicht, läuft Gefahr, sein körperliches Leistungssystem zu degenerieren und somit abzubauen. Dieser grundlegenden sportlichen Einstellung zum Training fügen wir nun inhaltliche Punkte bei. Ein unverzichtbarer Begriff ist hierbei die sogenannte motorische Einheit.

Funktion entwickelt sich nur innerhalb der motorischen Einheit

Um sinnvolle Entwicklungsstufen mit entsprechenden gesundheitlichen und leistungssteigernden Inhalten füllen zu können, müssen wir erst verstehen, wie unser Körper bei Bewegung und Belastung funktioniert und welche Teilbereiche ineinandergreifen. Die Leistungsfähigkeit unserer körperlichen Funktionen wird dabei von vier Faktoren bestimmt.

1. **Die Muskeln**
   Jedem Sportler ist klar, dass es ohne Muskulatur keine Bewegung und keine Leistung gibt. Unsere Muskeln sind jedoch lediglich die ausführenden Organe von Bewegung und haben keinerlei Eigendynamik. Woher wissen nun unsere etwa 640 Muskeln, ob, wann, wie stark und wie schnell sie an- und entspannen müssen? Die Antwort ist relativ simpel: Unsere Muskeln wissen, was sie tun müssen, weil sie die entsprechenden Informationen von unserem Gehirn erhalten. Dort sitzt mit dem sogenannten motorischen Kortex ein Bereich, der sich hauptsächlich mit der Organisation von Bewegungen beschäftigt. Alle Bewegungen werden in diesem Areal vorher sorgfältig geplant und nachher qualitativ bewertet. Somit ist klar: keine Muskelarbeit ohne Gehirnarbeit.

2. **Die Nerven**
   Weiter stellt sich die Frage, wie nun die Bewegungsidee aus dem motorischen Kortex im

Gehirn die passenden Muskeln erreicht. Unser Nervensystem dient hier als Datenautobahn. Ein gesunder Nerv übermittelt mit einer Geschwindigkeit von etwa 100 Meter pro Sekunde Informationen vom Gehirn zum Muskel und auch wieder zurück. Daher ist es logisch, dass ohne Gehirnarbeit und Nervenbeteiligung keine Muskelaktion stattfindet. Die drei Einheiten Gehirn, Nerven- und Muskelsystem fasst die Sportwissenschaft als motorische Einheit zusammen.

3. Das Gehirn

Gehen wir nun die Sache von der anderen Seite an. Du willst einen schwungvollen, weiten Kletterzug von einem Griff zum anderen machen, schaffst ihn jedoch einfach nicht. Was kann in der motorischen Einheit schiefgelaufen sein? Was uns wohl als Erstes in den Sinn kommt, ist ein muskuläres Defizit – eine Schwäche der Muskulatur. Das könnte durchaus sein. Es könnte aber auch sein, dass deine Muskeln eigentlich kräftig genug sind, aber dein Gehirn beim Schnappen des Griffes zu spät die richtigen Muskeln anspannen lässt. Dies sind koordinative Organisationsprobleme, die im Gehirn ihren Ursprung haben. Auch die dritte Komponente könnte dafür verantwortlich sein, dass du den Kletterzug nicht zielgerecht ausführen kannst. Wenn das Gehirn mit den richtigen Muskeln in der richtigen Reihenfolge die Bewegung plant und diese Muskeln auch genügend Power besitzen, um diese Kletterbewegung umzusetzen, dann könnte das Problem der Informationsverteilung in den Nervenbahnen liegen. Das Fehlen von Funktion kann also drei unterschiedliche Ursachen haben. Damit wir im Training keinen Faktor unberücksichtigt lassen, müssen alle in den Entwicklungsprozess passend eingebracht werden.

4. Das Gewebe

Neben den drei Bereichen der motorischen Einheit gibt es jedoch mit dem Bindegewebe, das um den Muskel herum liegt, noch einen

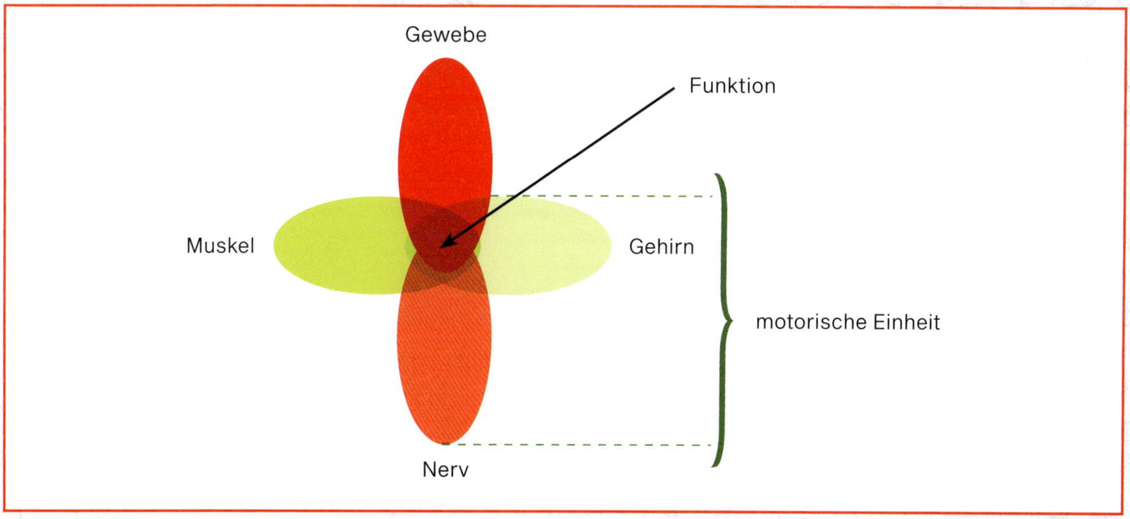

Vier Bestandteile unseres Körper sind für die Funktion entscheidend: Muskel, Nerven, Gehirn und Gewebe.

INFO

DIE VIER HAUPTFAKTOREN FÜR FUNKTION

Ein Training, das den Schwerpunkt auf Funktion und somit auf eine Leistungsentwicklung legt, ist dann optimal und gesundheitsorientiert aufgestellt, wenn es Trainingsreize an Gehirn, Nerven und Muskeln richtet. Des Weiteren müssen passive Strukturen und Gewebe so vorbereitet werden, dass diese drei Bereiche störungsfrei arbeiten können. Ein effektives funktionelles Training berücksichtigt alle vier Punkte, da sich diese gegenseitig bedingen. Um mit dem Athletiktraining eine Verbesserung für das Klettern zu erzielen, müssen alle beschriebenen Faktoren angesprochen werden.

vierten Faktor, der sich leistungsentscheidend verhält. Die Leistungsfähigkeit der motorischen Einheit kommt nur in einem System zum Tragen, in dem die Spannungszustände unseres Bindegewebes in Muskelhüllen, Sehnen und Gelenkkapseln diese Funktion mittragen. Ein Beispiel: Niemand würde mit einem Neoprenanzug zum Joggen gehen, denn es kostet zu viel Kraft, gegen den Widerstand des Anzugs einen Laufschritt zu machen. Der Gummianzug fordert von uns pro Schritt deutlich mehr Kraft, da er die Gelenke steifer und unbeweglicher macht. Den gleichen Effekt kann Bindegewebe haben, das die Gelenke oder Muskeln umschließt.

Trainingsinhalte – Kraft, Koordination und Beweglichkeit

Unsere motorische Leistungsfähigkeit besteht aus den fünf Basisfähigkeiten Ausdauer, Kraft, Schnelligkeit, Beweglichkeit und Koordination. Unabhängig von ihrer Gewichtung bestehen sie nicht parallel nebeneinander, sondern bedingen sich motorisch gegenseitig, und je nach Sportart werden einzelne Fähigkeiten mehr oder weniger benötigt. Die Leistungsprofile eines ausdauerentwickelten Marathonläufers und eines kraftfähigen Turners gegenüberzustellen, verdeutlicht die sportartspezifischen Unterschiede. Von den fünf Basisfähigkeiten sind für das Klettern und Bouldern vor allem die Kraft-, Koordinations- und Beweglichkeitsfähigkeit von großer Bedeutung, daher werden diese im Folgenden näher beschrieben.

Kraft

Die Kraft ist definiert über die Fähigkeit, Gewicht zu überwinden, zu halten oder zu bremsen. Bleiben wir in einer typischen Kletterbewegung, so können wir uns mit der Kraftfähigkeit im Klimmzug nach oben ziehen, oben statisch blockieren und langsam wieder nach unten ablassen. In dieser einen Bewegung finden sich alle drei Komponenten. Man kann jedoch die Kraft nicht nur hinsichtlich ihrer Richtung, sondern auch ihrer Bewegungsart unterscheiden. Die Literatur spricht hier von einer dynamischen und einer statischen Kraftfähigkeit. Wir können mit Kraft etwas bewegen oder etwas stabilisieren und daraus sogar eine Mischform machen und uns stabilisiert bewegen. Man spricht hier von einer geführten Bewegung. Sie ist die am weitesten verbreitete Art, Kraft zu kombinieren und einzusetzen. Nimmt man noch den Begriff der Intensität dazu, so lassen sich verschiedene Kraftbereiche definieren.

Die Kraftpyramide ist eine schematische Darstellung dieser intensitätsabhängigen Kraftbereiche. Je höher ein Widerstand ist, desto weniger Wiederholungen einer Bewegung schaffe ich. Die Maximalkraft, in der die Last so hoch ist, dass nur eine einzige vollständige Wiederholung umgesetzt werden kann, stellt die Pyramidenspitze dar. Den Gegenpol beschreibt die Pyramidenbasis. Dort liegen geringe Intensitäten, bei denen viele Bewegungswiederholungen möglich sind. Dies wird als Kraftausdauer definiert. Derjenige, der bei gleicher Routen- und Griffschwierigkeit mehr Kletterzüge schafft, besitzt hinsichtlich der Ermüdungsfähigkeit den besseren Trainingszustand. Er weist eine hohe Kraftausdauerfähigkeit auf. Zwischen Maximalkraft und Kraftausdauer liegen jedoch noch andere Kraftarten, die wir nach absteigender Intensität auflisten.

Die Reaktivkraft, die aus einer abbremsenden Bewegung heraus in kürzester Zeit einen stark beschleunigten Kraftstoß generieren kann, kommt hinsichtlich des Intensitätsanspruchs kurz unterhalb der Maximalkraft. Die Reaktivsprünge aus dem Beintraining sind ein Beispiel hierfür. Stell dich auf einen Kasten oder eine Stufe, lass dich beidbeinig nach unten fallen und versuche, mit einer Bodenkontaktzeit von nur einem Bruchteil einer Sekunde so hoch wie möglich abzuspringen. Du wirst sehen, dass hierbei sehr viel Kraft und Spannung notwendig sind. Eine Stufe tiefer auf der Kraftpyramide und damit etwas langsamer als die Reaktivkraft befindet sich die Explosivkraft. Bei einem dynamischen weiten Kletterzug oder auch einem Sprung musst du dich von der Startposition wegbeschleunigen. Auf diesem kurzen Beschleunigungsweg versuchst du dich mit einer möglichst hohen, ja fast explosionsartigen Kraft Richtung Zielgriff zu beschleunigen. Eine Stufe darunter liegt die Schnellkraft. Eine schwierige oder fordernde Griffkombination überklettert man aus taktischen Gründen am besten so schnell wie möglich, damit man darin keine unnötige Kraft verbraucht. Die Schnellkraft beschreibt das Bewegen des Körpers oder auch von Gegenständen mit maximaler Geschwindigkeit.

Welche Kraftform ist nun für einen Kletterer oder Boulderer besonders wichtig? Es ist gar nicht so einfach, das festzulegen. Aber es dürfte logisch

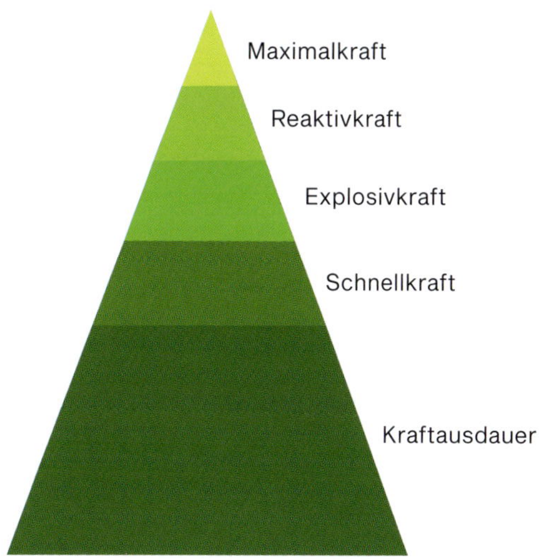

Die verschiedenen Kraftarten lassen sich pyramidenartig abgestuft darstellen.

erscheinen, dass ein Seilkletterer, der deutlich mehr Züge in einer Route macht als ein Boulderer, über mehr Kraftausdauer verfügen sollte. Auf der anderen Seite hat der Boulderer oft die härteren Züge, daher ist er meist maximalkräftiger aufgestellt. Was jedoch beide unbedingt brauchen, ist die Relativkraft. Ein Athlet, der in seiner Sportart seine Körperlast von A nach B bewegt, braucht seine Kraftfähigkeit immer in Relation, also im Vergleich zu seinem Körpergewicht. Das wird klarer, wenn wir den Kletterer mit einem Gewichtheber vergleichen.

Es treten zwei Gewichtheber gegeneinander an. Der kleinere Gewichtheber A wiegt 75 Kilogramm und der stämmigere Gewichtheber B bringt 90 Kilogramm auf die Waage. Der stämmige B kann mit seiner vorhandenen Kraft eine Langhantel mit 85 Kilogramm bewegen. Der kleinere A hat mit einer Langhantelleistung von 80 Kilogramm zwar im direkten Vergleich das Nachsehen, verfügt aber über eine höhere Relativkraft: Im Vergleich zu seinem Körpergewicht kann er ein höheres Gewicht stemmen als Gewichtheber B. Er würde sich wahrscheinlich bei Aufgaben wie Liegestütz, Klimmzug und ähnlichen körpergewichtsbezogenen Übungen ebenfalls leichter tun, da Gewichtheber A sein Körpergewicht besser beherrscht und Kandidat B weniger gut. Beim Klettern ist die notwendige Höhe der kraftresultierenden Leistungsfähigkeit deshalb immer abhängig von Körpermaß und Körpergewicht.

Koordination

Beim Begriff der Koordination kommt vielen das Balancieren oder Jonglieren in den Sinn. Das ist auch absolut richtig, denn das Gleichgewicht und die Auge-Hand-Koordination sind zwei Fähigkeiten der Koordination. Koordinative Fähigkeiten sind sogenannte Regelungs- und Steuerungsprozesse. Hierbei geht es vor allem darum, wie ein Athlet sich in bestimmten Situationen sicher und ökonomisch verhalten kann, um mit diesem Verhalten das bestmögliche Bewegungsresultat zu erzielen. Beim Balancieren auf einer Slackline besteht die Fähigkeit darin, den Körperschwerpunkt optimal über den schmalen, wackligen Untergrund zu steuern. Beim Beispiel des Jonglierens besteht die Schwierigkeit darin, die Würfe so zu steuern, dass die Bälle am gewünschten Punkt in Richtung Boden fallen, und dabei die Handbewegungen so zu regeln, dass die Hand bereits unter der Flugkurve des herabfallenden Balles wartet. Hier ist viel Organisation gefragt.

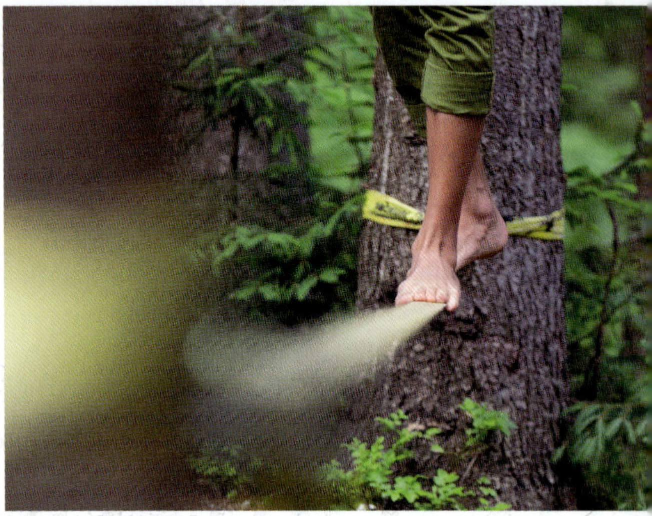

Das Bewegen auf der Slackline ist eine große koordinative Herausforderung.

Orientierungsfähigkeit: In Sport und Alltag müssen jedoch noch mehr Situationen koordinativ gelöst werden. Da haben wir beispielsweise die Orientierungsfähigkeit, mit der wir in der

Lage sind, unseren Körper trotz Lageveränderungen oder Bewegungen immer wieder korrekt ausrichten zu können. Dir wird schon aufgefallen sein, dass du dich immer wieder zur Kletterwand orientieren kannst und schnell die Lage überblickst, auch wenn es dich nach einem etwas missglückten Sprung am Zielgriff rausdreht.

Differenzierungsfähigkeit: Sie hat etwas mit der oft beschriebenen Feinmotorik zu tun. Den Begriff Differenzieren kann man mit Unterscheiden gleichsetzen. Durch sie ist es dir möglich, Aktionen mit unterschiedlicher Kraftdosierung durchzuführen. Stell dir vor, ich werfe dir zwei Gegenstände zu, einmal ein rohes Ei und dann unmittelbar danach eine etwa gleich große, aber deutlich massivere Eisenkugel. Deine Armbewegung wird in beiden Fällen ähnlich sein, aber du wirst hoffentlich das leichte Ei mit seiner zerbrechlichen Schale viel behutsamer und mit einem dosierten Fingerschluss fangen als die unzerstörbare und schwerere Eisenkugel. Im Kletterbereich lässt die Differenzierungsfähigkeit uns Griffe ökonomisch, also kraftsparend packen.

Rhythmisierungsfähigkeit: Die koordinative Fähigkeit der Rhythmisierung ist nicht nur in musikbezogenen Sportarten wie Tanzen wichtig. Sie bedeutet ganz allgemein, dass man Bewegungen an einen von außen vorgegebenen Rhythmus anpassen kann. Stell dir aus der Leichtathletik einen Weitspringer vor. Du hast sicher bemerkt, dass sein Anlauf zu seinem Sprung erst langsam aus dem Stand mit langen und langsamen Schritten beginnt. Damit er aber vorn am Absprungbrett genügend Schwung aus dem Anlauf mitbringt, werden seine Laufschritte immer schneller und schneller. Klatschst du als Beobachter bei jedem Schritt in die Hände, so würde dein Klatschrhythmus ebenfalls immer schneller werden. Jeder Weitspringer hat hier seinen eigenen Anlaufrhythmus, den er bei jedem Anlauf zu treffen versucht.

Umstellungsfähigkeit: Beim Klettern und Bouldern ist das Einschätzen von Griffen mit bloßem Auge von der Matte aus oft sehr schwierig. Manchmal vermuten wir hinter der Griffform einen guten Henkel oder erkennen einen schwierigen Fingeraufleger. Beim Klettern muss oft innerhalb einer Bewegung oder Belastung nochmals nachkorrigiert werden. Oha, der Klettergriff war gar kein guter Henkel, sondern ist eine fiese Leiste – und schon brauchst du spontan mehr Kraft, um den Griff zu halten. Dieses neue Reagieren beziehungsweise Einstellen auf eine Handlungssituation nennt man in der Koordination die Umstellungsfähigkeit. Diese Fähigkeit ist beim Klettern und Bouldern ganz besonders gefragt, vor allem wenn eine Route oder ein Boulder ohne viele Versuche oder gleich beim ersten Mal geklettert werden soll.

Reaktionsfähigkeit: Schnell zu reagieren ist eine weitere koordinative Fähigkeit, die wir im Alltag sehr häufig brauchen. Wenn jemand blitzschnell auf Signale reagieren kann, verfügt er über eine gute Reaktionsfähigkeit. Sie beschreibt ein schnelles Reagieren auf ein äußeres Ereignis: Du siehst die Vase umfallen und fängst sie reaktionsschnell auf, bevor sie auf dem Boden zerbirst. Der Sprinter katapultiert sich aus dem Startblock, sobald er den Startschuss hört. Du nimmst etwas mit den Sinnen auf und reagierst unmittelbar zeitlich danach mit einer muskulären Aktion.

Kopplungsfähigkeit: Zu guter Letzt stellt die sogenannte Kopplungsfähigkeit eine weitere wichtige Komponente der Kletterleistung dar. Unter Kopplungsfähigkeit versteht man die Fähigkeit, innerhalb einer Bewegungsaufgabe verschiedene Körperbereiche wie Arme, Beine und Rumpf so miteinander agieren zu lassen, dass die Bewegungsaufgabe bestmöglich umgesetzt werden kann. Vor allem Anfängern fällt es schwer, beim Klettern die Beine und Arme harmonisch zueinander an der Wand zu bewegen. Die Bewegungen wirken stockend und die langen Halte- oder Standbelastungen sind sehr kräftezehrend. Je schwieriger Kletterpassagen sind, desto gekoppelter müssen Kletterbewegungen ablaufen, um Kraft zu sparen.

Beweglichkeit

Je höher der Kletterschwierigkeitsgrad wird und je kreativer die Kletterbewegungen geschraubt sind, desto wichtiger wird der Faktor der Beweglichkeit auch beim Klettern. Die Beweglichkeit sollte in keinem kletterspezifischen Training fehlen, jedoch gibt es ein paar Punkte zu berücksichtigen. Was ein Kletterer beim Antreten von hohen Tritten oder Erreichen von weit entfernten Griffen im Überhang braucht, ist eine hohe aktive Beweglichkeit. Diese Beweglichkeit kann er aktiv mit Muskelkraft erreichen.

Die sogenannte aktive Beweglichkeit ist abhängig von zwei weiteren Faktoren. Nehmen wir einen Kletterer und packen alle Strukturen weg, bis nur noch das Skelett übrig ist, dann können wir die sogenannte Gelenkigkeit überprüfen. Wenn ein Hüftgelenk so weit gebeugt wird, dass beispielsweise der Oberschenkelknochen in der Endstellung an den knöchernen Rand der Hüfte anstößt, so ist die maximale Gelenkigkeit erreicht. Die knöcherne Gelenkfreiheit ist von Person zu Person unterschiedlich und kann, da sie uns angeboren ist, nicht verändert werden. Wir fügen im weiteren Denkmodell alle Strukturen wie Sehnen, Bänder und Muskeln wieder an das Skelett des Kletterers an und lassen unsere Gelenke passiv von der Schwerkraft oder einem Partner endgradig, also maximal bewegen. Die messbare Dehnfähigkeit sagt aus, wie weit sich Gelenke bewegen lassen, wenn Muskeln und sonstiges Begleitgewebe bestmöglich entspannt sind. Bei dieser Untersuchung würde man erkennen, dass die Dehnfähigkeit geringer ist als die Gelenkigkeit. Alle Strukturen, die aktiv oder passiv an Bewegung beteiligt sind, besitzen eine gewisse »Stiffness«, eine Steifheit oder elastische Härte. Auf unsere Gelenkkapseln, Sehnen und Bänder, unsere Muskeln und Muskelhüllen wirken im Alltag und Sport permanent Zug- oder Druckkräfte, die sich im Gewebe festsetzen können. Gewebe kann verkleben und ist damit nicht mehr so dehnfähig. Über das Dehnen wird versucht, diese ungewollte Spannung im Gewebe zu beseitigen, was mitunter im Muskelbereich auch gelingt. In umliegenden Bereichen jedoch wird Spannung nicht wie beim Dehnen mit Zug, sondern mit Druck eliminiert. Dehnfähigkeit ist also die Fähigkeit, ein passives Bewegungssystem durch Vermeiden oder Abarbeiten von unnötiger Gewebsspannung möglichst gut beweglich zu halten. Das allein hilft nun aber nicht, einen hohen Tritt erfolgreich anzutreten und sich daran hochzudrücken.

Die unbeeinflussbare Gelenkigkeit und die beeinflussbare Dehnfähigkeit sind Grundvoraussetzungen für die im Sport so wichtige aktive Beweglichkeit. Hierbei kommen wir ohne den Faktor Kraft nicht weiter. Dir ist bestimmt schon einmal aufgefallen, dass du bei gestreckten Knien und Hüften deutlich länger stehen kannst als mit 90 Grad abgewinkelten Knien und Hüften. Das liegt daran, dass jedes Gelenk einen Gelenkbereich hat, in dem die umliegende Muskulatur gut Kraft generieren kann. Bewegt man sich aus diesem Gelenkbereich heraus, fällt es uns unglaublich schwer, die Kraft zu halten. In diesen Bereichen gilt es, die Kraft zum aktiven endgradigen Bewegen zu trainieren. Bekanntermaßen können wir aber nur dann Kraft aufbringen, wenn wir regeneriert sind. Das Beweglichkeitstraining muss daher immer im erholten Zustand durchgeführt werden. Beweglichkeit setzt sich aus den folgenden drei Fähigkeiten zusammen:

1. **Gelenkigkeit**
   Sie gibt die individuelle Ausprägung der Schwingungsweite in den Gelenken an und ist anatomisch-strukturell bedingt. Sie kann nicht trainiert werden.

2. **Dehnfähigkeit**
   Von Dehnfähigkeit spricht man bei der individuellen Ausprägung der Mobilität gegen den Zug von passiven beziehungsweise maximal entspannten gelenkbetreffenden Strukturen wie Muskeln, Kapseln, Bindegewebe oder Nerven.

3. **Flexibilität**
   Sie definiert die individuelle Ausprägung, wie weit die Muskulatur ein Gelenk aktiv gegen die Dehnfähigkeit bewegen kann.

Anpassungsprozesse durch das Training

Was passiert in unserem Körper während des Trainings und danach? Wie unterscheiden sich Belastung und Regeneration? Die Antworten auf diese Fragen sind sehr wichtig, wenn wir Trainingsentwicklungen kurz- oder langfristig planen und steuern wollen. Es ist erstaunlich, dass und wie wir unseren Körper nach unseren Wünschen entwickeln können. Aus der Sport- und Trainingswissenschaft wissen wir, welche Stellschrauben wir wie drehen müssen, damit am Ende das gewünschte Ziel herauskommt. Diese Stellschrauben sind der Schlüssel zum Erfolg.

Welche Trainingsreize sind im Training sinnvoll?

Zu Beginn des Kapitels über das Training haben wir dargelegt, dass Training immer auf der Basis der Gesunderhaltung stattfinden muss. Aus der Medizin hören wir immer wieder, dass Fehlbelastungen und Scherkräfte negativ in den Muskeln, den Gelenken und der Wirbelsäule wirken und in Verletzungen und Schmerzsituationen enden können. Um diese ungewollten Kräfte zu vermeiden, müssen wir unserem Körper beibringen, sich zu stabilisieren. Wir müssen ihm durch wiederholtes Training zeigen, wie Bewegungen stabil durchzuführen sind. In stabilen Positionen oder geführten Bewegungen können wir die beweglichen Gelenkteile so zueinander positionieren, dass die einwirkende Last uns konstruktiv weiterentwickelt und nicht degenerativ zurückwirft. Das ist leichter gesagt als getan. Stabilitätstraining hat immer etwas mit Spüren zu tun.

Bei Stabilitätsaufgaben geht es primär darum, Hebelpositionen einzunehmen, die gerade noch sauber gehalten werden können. Hierzu muss ich mir zwei Punkte im Vorfeld überlegen. Wie fühlt sich eine saubere Position oder Bewegung an, und was muss ich tun, um dahin zurückzufinden, wenn es sich doch mal anders anfühlt und damit instabil ist? Dieses strategische Training ist auch als Corrective Exercise bekannt.

Muskelaufbau und Hypertrophietraining

Hinsichtlich der Kraftentwicklung besteht das Ziel für einen Kletterer darin, seine Relativkraft – also seine Kraft in Relation zum Körpergewicht – zu verbessern. Somit geht es nicht nur um Muskelmasse, sondern auch um Muskelqualität. Was genau baut sich nun im Muskel auf und durch welche Trainingsmethode wird dies angeregt?

Betrachten wir einen Muskel in seinen Strukturen etwas genauer. Von außen nach innen besteht er aus verschiedenen Muskelfaserbündeln, die sich wiederum aus verschiedenen Muskelfasern zusammensetzen. Innerhalb der Muskelfasern liegen die Muskelfibrillen, auch Myofibrillen genannt, die sich bei Anspannung ineinander verschieben und beim Entspannen wieder voneinander entfernen. Die Muskelfibrille ist die eigentliche Funktionseinheit im Muskel, denn hier laufen viele biochemische Prozesse ab, die letztendlich zur Muskelarbeit führen. Ein Krafttraining im Bereich zwischen 60 und 80 Prozent der Maximalkraftleistung bewirkt eine Verdickung der Muskelfaser im Querschnitt und lässt damit den Muskel in seinem Umfang wachsen. Diesen Prozess nennt man Hypertrophie. Wir müssen uns jedoch an dieser Stelle fragen, was uns dieses Wachstum bringt. Besitzen wir mit mehr Masse auch automatisch

INFO

WAS IST DIE CORRECTIVE EXERCISE?

Aus einer statisch sauberen und korrekten Eingangsposition startet die Bewegung und erhöht die einwirkende Last. Diese Stabilitätsübungen sind so aufgebaut, dass man zu jeder Zeit die Bewegung stoppen kann. Die Lasterhöhung ist dann beendet, wenn die einwirkende Last droht, größer zu werden als die dagegenhaltende stabilisierende Muskelkraft. Würden wir diese Grenze überschreiten, so könnten wir ungewollte Positionen wie Hohlkreuz, Rundrücken, X-Beinstellung und alle anderen mit Scherkräften negativ im Körper wirkenden Positionen nicht vermeiden. Die Aufgabe bei der Corrective Exercise für den Sportler besteht darin, jede einzelne Wiederholung bei maximaler Last zu 100 Prozent sauber auszuführen. Das ist nicht nur eine hohe muskuläre, sondern auch eine konzentrationsintensive Aufgabe. Die gewählten Pausen dienen sowohl zur Muskelerholung als auch zur geistigen Regeneration. Die Leistungsfähigkeit der Stabilitätsarbeit ist die Basis für die aufbauende sportarttypische Kraftentwicklung.

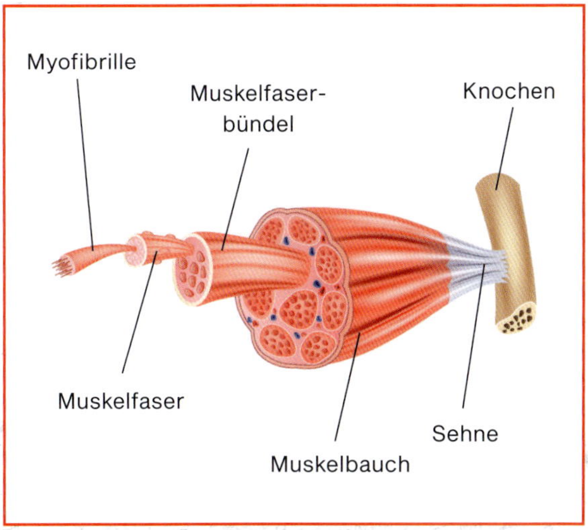

Der Muskel ist anatomisch komplex aufgebaut und setzt sich aus vielen Einzelteilen zusammen.

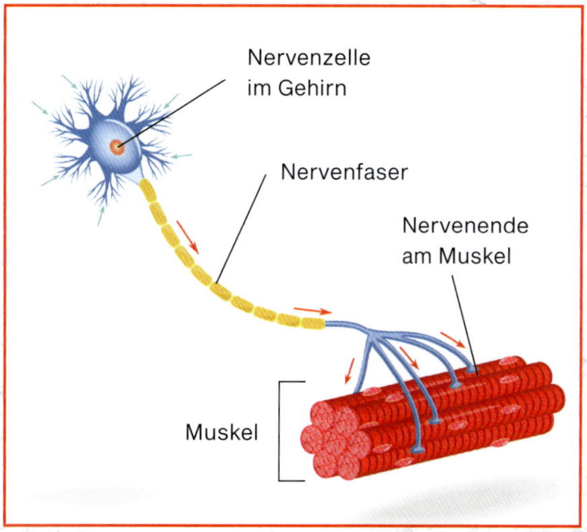

Die Kraftfähigkeit ist davon abhängig, über wie viele Nervenenden gleichzeitig die einzelnen Muskelfasern aktiviert werden.

mehr Kraft? Für die Kraftfähigkeit benötigen wir vor allem Muskelqualität beziehungsweise Kommunikationsqualität zu den Muskelfasern. Bekannt ist, dass der Muskel nur dann arbeitet und kontrahiert, wenn er – denken wir an die motorische Einheit – über den Nerv vom Gehirn aus den Befehl dazu bekommt. Daher müssen am Muskelbauch viele Nervenenden andocken, die diese Informationen übermitteln. Ein untrainierter Muskel kann von seinen vorhandenen Muskelfasern nur einen Bruchteil einsetzen, weil nur diese Fasern mit Nervenenden in Kommunikation stehen. Viele Muskelfasern liegen brach und sind im Muskel inaktiv. Die Strategie eines Kletterers sollte darin liegen, nicht nur Muskelfibrillen aufzubauen, sondern diese auch in das Netz der motorischen Einheit und damit in Funktion zu bringen.

Aus diesem anatomischen Exkurs schwenken wir nun in die Trainingswissenschaft um. Wie bringen wir den Körper dazu, mehr Nervenenden an den Muskel andocken zu lassen? Das Zauberwort heißt: Maximalkrafttraining. Diese Trainingsform mit intensiven Trainingsreizen im Bereich von etwa 95 bis 100 Prozent der Maximalkraft bewirkt eine Verbesserung der sogenannten intramuskulären Koordination. Das bedeutet, dass innerhalb des Muskels (= intramuskulär) möglichst viele bis alle Muskelfasern gleichzeitig organisiert und koordiniert werden. In Bereichen zwischen 95 und 100 Prozent der Maximalkraft bedeutet das jedoch sehr viel Belastung für den Körper. Wir sprechen hier auch von einer sogenannten Ausbelastung: Unsere Muskulatur muss wirklich alles geben. Viel Last bedeutet aber auch viele Möglichkeiten von zu hohen und unkontrollierten Scher- und Fehlkräften an unseren Gelenken und Strukturen. Besonders im Maximalkrafttraining wird verständlich, warum der Punkt Stabilität und Schutz eine so wichtige grundlegende Basis darstellt.

Superkompensation – Entwicklung zwischen Belastung und Pause

Im Zuge der Trainingsanpassung fällt oft im gleichen Atemzug der Begriff der Superkompensation. Verfolgt man die Kurve in der Grafik, so erkennt man, dass die Leistungsfähigkeit während eines Trainings abnimmt. Was bedeutet das genau?

Die Arbeitsweise eines Muskels beim Klettern kann man mit der eines Holzofens vergleichen. Genau wie die Energie im Muskel brennt im Ofen nur dann Feuer, wenn man immer wieder Brennmaterial nachlegt. Und genau wie beim Holzofen hat auch der Muskel einen kleinen Brennmaterialvorrat des Energiestoffs ATP (Adenosintriphosphat) direkt neben der Feuerstelle. Es wäre absolut unsinnig, wegen jedes Holzscheits nach draußen zum großen Holzstoß zu laufen. Der Ort in unserem Körper, an dem der große Vorrat für den Brennstoff im Muskel liegt, ist die Leber. Wir wären nicht in der Lage, einen einzigen Kletterzug zu machen, wenn wir jedes Energiemolekül einzeln aus der Leber beispielsweise in den Unterarm transportieren müssten. Jedoch können im Ofen die Flammen nur überleben, wenn ausreichend Sauerstoff vorhanden ist, so wie wir bei Kletteraktionen ausreichend Sauerstoff und ATP benötigen, damit der Muskel arbeiten kann.

Die lokalen Speicher in unseren Muskeln leeren sich während eines Trainings, da wir das ATP verbrennen. Das Problem bei intensiven Belastungen ist, dass es zu lange dauern würde, bis sich im Muskel aus einer anfänglich kleinen Flamme ein heißes, loderndes Feuer entwickelt: Wir brauchen sofort vom ersten Griff an die volle Kraft in unseren Muskeln, sobald wir in eine Klettertour einsteigen. Diesem zeitlichen Engpass

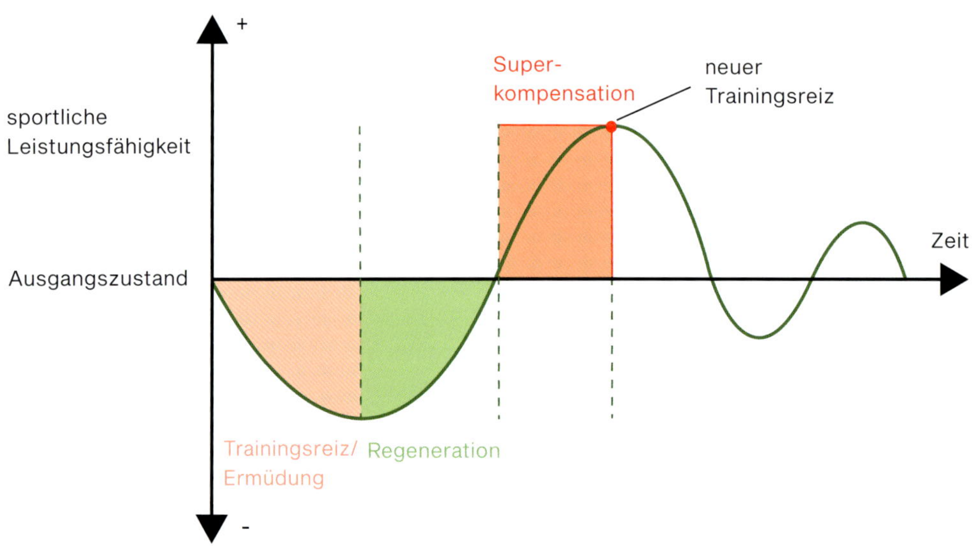

Die Superkompensationskurve zeigt das Verhältnis von Belastung und Pause im Trainingsprozess.

und der Höhe der benötigten Leistung ist es geschuldet, dass in unseren Muskeln der Sauerstoff für eine saubere Verbrennung nicht ausreicht und das ATP nicht vollständig verbrannt wird. Also läuft dieser beschriebene Energiegewinnungsprozess biochemisch etwas modifiziert ab. Das ATP wird im Muskel nicht vollständig zerlegt, somit bleibt mit dem Abfallstoff Laktat – auch Milchsäure genannt – ein Rückstand übrig. Diese erhöhte Laktatkonzentration bewirkt, dass der Muskel bei intensiver mechanischer Beanspruchung nicht mehr kräftig arbeiten kann und zusätzlich kleine Mikrofaserrisse erleidet. Beenden wir nun unser Training, so erholt sich der Körper und repariert seine kleinen Verletzungen wieder. Er kompensiert seine durch Training erfahrene Schwächung. Er erholt sich jedoch nicht bis auf sein ursprüngliches Ausgangsniveau, sondern überkompensiert, wie uns die Kurve der Superkompensation zeigt. Unser Körper packt eine kleine Schippe neuer Leistungsfähigkeit oben drauf. Mit dieser Strategie funktioniert trainingsbedingte muskuläre Anpassung.

Superkompensation in der Praxis

Das Bild der Superkompensation ist aber ehrlicherweise nur ein Modell. Die grundsätzlichen Aussagen über Ab- und Aufbau stimmen zwar, allerdings nur theoretisch. Denn wenn jeder Trainingsprozess genau so eins zu eins ablaufen würde, wären wir Menschen linear unendlich trainierbar. Da wir aber Grenzen in unserer sportlichen Anpassungsfähigkeit erfahren, müssen noch weitere Faktoren in diese Entwicklung mit hineinspielen. Dennoch ziehen wir auf jeden Fall aus diesem Modell die Erkenntnis, dass Anpassung und Adaption nicht während, sondern nach dem Training passieren, also im Zeitraum der Regeneration. In der Pause wächst der Muskel, besagt ein Sprichwort. Gleichzeitig bedeutet es, dass wir Aufbauprozesse unterbinden, sollten wir die Regenerationsphasen durch neue und zu früh gesetzte Trainingsreize stören. Also: Füße stillhalten und die Erholung zelebrieren.

Die Regenerationszeiten richten sich nach der Höhe der vorausgegangenen Trainingsreize. Man kann sich vorstellen, dass bei einem Maximalkrafttraining mit einer Trainingsintensität von 90 bis 100 Prozent der maximalen Muskelleistung eine deutlich längere Regeneration notwendig ist als bei einem Hypertrophietraining mit einer Trainingsintensität von 60 bis 80 Prozent der Maximalleistung. Führen wir uns den Prozess von Muskelanpassung nochmals vor Augen, so ist Regeneration hochgradig geprägt vom Stoffaustausch. Energiestoffe, die verbraucht wurden, müssen neu antransportiert und Abfallprodukte, die zu viel vorhanden sind, sollten schleunigst abtransportiert werden. Unsere Transportwege für An- und Abtransport von Stoffen sind unsere Blutbahnen. Für die angesprochene Muskelreparatur brauchen die Zellen wieder neues Baumaterial, das rasch die verletzten Bereiche erreichen muss. Wollen wir uns also nach dem Training etwas Gutes tun, sollten wir die Transportwege möglichst freihalten oder diesen Transportprozess unterstützen und beschleunigen. Einen positiven Effekt haben Gewebsausstreichungen, wie man sie von Massagen kennt. Zur Selbstmassage eignen sich auch sogenannte Foamroller, die in den wichtigsten Bereichen am Körper effektiv eingesetzt werden können. Wie wir strategisch klug diese Phase unterstützen und die Regenerationszeiten verkürzen können, erfährst du in Kapitel 5, in dem es um die aktive Regeneration geht.

Grundlagen der Trainingsplanung

Wir haben nun besprochen, welche verschiedenen Aspekte innerhalb der motorischen Einheit hinsichtlich der Funktion zusammenspielen müssen, und haben verdeutlicht, welche Trainingsinhalte es gibt und wie Trainingsreize im Körper wirken. Wie bringen wir nun diese Punkte zusammen, um daraus einen sinnvollen Plan zu erstellen?

Die Trainingsplanung und -steuerung sind die Kernpunkte eines Athleten, der sich zielgerichtet entwickeln möchte. Ähnlich wie bei einer Reise mit dem Auto oder Fahrrad müssen für die strategische Planung zunächst zwei Punkte geklärt werden: Von wo starte ich und wo geht die Reise hin? Der aktuelle Leistungszustand und damit der Startpunkt sind zu bestimmen. Je besser dein Kletter- oder Boulderniveau ist, desto schwieriger wird es, die leistungsrelevanten Punkte für dein persönliches Training zu ermitteln. Hier solltest du dir Hilfe von einem erfahrenen Trainer oder Sportwissenschaftler mittels professioneller Leistungs- und Funktionsdiagnostik holen. Nur wer seine Schwächen und die Gründe dahinter kennt, kann diese zielführend durch Training Stück für Stück abstellen. Du solltest auch das Ziel klar vor Augen haben: Wo geht deine Trainingsentwicklung hin? Was willst du aufbauen und sportlich erreichen? Was hilft dir, dich zu verbessern oder belastbarer zu werden? Ein grundlegendes Trainingsziel sollte dir jedoch klar sein: die Funktion. Dein Körper muss so funktionieren, dass er klettertypische Belastungen stetig steigernd umsetzen kann.

Die Periodisierung: Makro-, Meso- und Mikrozyklus

Wenn Start- und Zielpunkt nun bekannt sind, geben wir sie sozusagen in unser Navi ein und kümmern uns dann um die Marschroute. So sollte dir auch klar werden, welche Zeitspanne du einplanst, bis du dein Ziel erreichst. Liegt ein Trainingsziel zu weit in der Ferne, ist es sinnvoll, kleinere Zwischenziele mit kürzeren Einzeletappen anzupeilen. Die zeitliche Organisation des Trainings nennt man Periodisierung. Wir können beispielsweise ein Jahresziel aufstellen: In einem Jahr möchte ich einen bestimmten Schwierigkeitsgrad klettern können. Diese Planung über einen großen Zeitraum nennt man in der Trainingswissenschaft einen Makrozyklus.

Da aber Klettern eine Sportart ist, die man sowohl in der Halle als auch am Fels ausüben kann, hat man im Winter oder Sommer unterschiedliche Trainingsmöglichkeiten. So könnten wir die Zeit des Indoorkletterns anders gestalten als die Outdoorsaison. Eine Periode von mehreren Wochen bis Monaten ist ein Mesozyklus.

Die kleinste geplante Trainingsphase ist der Mikrozyklus und umfasst wenige Trainingseinheiten über mehrere Tage bis Wochen hinweg. Es geht sogar noch kürzer: Selbst jede Trainingseinheit sollte im Vorfeld inhaltlich gut durchdacht sein. Die Erfahrung zeigt, dass die Zielrealisierung im Makrozyklus von der Qualität der Planung im Mikrozyklus von jeder einzelnen Trainingseinheit abhängig ist.

Wie füllen wir nun sinnvoll die Perioden? In Entwicklungsprozessen gibt es eine einheitliche

Vorgehensweise. Es muss sichergestellt sein, dass aufeinander aufbauende Stufen sinnvoll und nahtlos ineinander übergehen und nicht übersprungen werden. Dabei gilt:

Koordination vor Stabilität vor Kräftigung

Das ist der inhaltliche Verlauf einer sinnvollen Trainingsplanung. Primär entsteht jede Bewegung und Muskelaktion als Bewegungsidee im Gehirn, daher sollte dieser Bereich grundlegend motorisch gut arbeiten können. Die Muskelaktion als tatsächliche Anspannung folgt kurz darauf. Inhaltlich starten wir daher mit dem Entwickeln und Optimieren der organisatorischen Gehirnleistung. Somit befinden wir uns im Ansteuerungs- und Koordinationstraining mit dem Ziel, gehirnzentrale Prozesse mit der Kommunikation zu den Muskeln in die Weiten des Körpers zu verbessern. Steht die Datenverbindung, so folgt das Erarbeiten der Stabilität, die uns in den beweglichen und verletzungsanfälligen Gelenken gegen äußere Last Schutz bietet. Ist diese Sicherheit hergestellt, folgen zunächst grundfunktionelle Inhalte, die sicherstellen, dass sportartspezifische Bewegungsmuster in ihren speziellen Belastungen sinnvoll umgesetzt, aufgenommen und verarbeitet werden können.

Ziel jedes kletterspezifischen Trainings ist es, Fähigkeiten zu erwerben, um Kletterzüge mit der entsprechenden Intensität und Komplexität des gewünschten Schwierigkeitsgrads oder Projekts lösen zu können. Kletterathletische Inhalte schaffen hierzu die notwendige Basis und begleiten die komplexen Trainingsimpulse an der Boulder- und Kletterwand.

WAS TRAINING MUSS UND KANN – UND WAS NICHT

Das Training muss zwei Punkte erfüllen: Es muss effektiv sein und sicher. Damit du am Ende deines Trainingsprozesses auch dein Ziel erreichst, sind wichtige Punkte zu beachten und andere wiederum zu vermeiden. Verfolge diese Punkte stets bei deinem Training und du kommst deinem Ziel Stück für Stück näher.

1. **Regeneriere ausreichend**
   Zu deiner eigenen Sicherheit trainiere nur im ausgeruhten und regenerierten Zustand. Ein ermüdeter Körper kann unter Umständen nicht die gewünschten motorischen Fähigkeiten aufbringen, um dich beim Einwirken intensiver Belastungen vor Fehltechniken oder Verletzung zu schützen.

2. **Trainiere schmerzfrei**
   Schmerzen oder Krankheit haben im Trainingsgeschehen nichts verloren. Es gibt im Training keine logische Notwendigkeit, sich ins Unwohlsein zu belasten. Die Motivation hierzu ist absolut fehl am Platz. Der Körper ist aufgrund seiner Überlebenstriebe darauf getrimmt, Schmerzen zu umgehen. Wenn du daher bewusst in diese Situationen hineintrainierst, so riskierst du, durch das Umgehen von Schmerz Fehlmuster und -ansteuerungen einzuschleifen und zu festigen. Diese Alternativbewegungen laufen immer etwas unökonomisch ab, sodass die Gefahr neuer Verletzungen in diesen Phasen grundsätzlich deutlich erhöht ist.

3. **Trainiere Phase für Phase**
Trainiere stets Entwicklungsstufen fertig aus, bevor du neue angehst, bedenke: Koordination vor Stabilität vor Kraft. Wir wissen bereits, dass sich viele Punkte mit einer gewissen Logik gegenseitig bedingen. Vor allem die vermeintlich unpopulären Inhalte wie Stabilität und Koordination sind wichtige Eckpfeiler des Kletter-Athletiktrainings. Wer nicht konsequent seine Bewegungen oder Positionen korrekt halten und führen kann, läuft Gefahr, bei schnellen und intensiven dynamischen Belastungen Schmerzen zu provozieren.

4. **Beachte deine Tagesform**
Berücksichtige die Tagesform zu den Zeiten deines Trainings. Kein Training gleicht dem anderen. Bestehende Spannungsverhältnisse im Gewebe oder die fehlende Konzentrationsfähigkeit sind nur zwei Beispiele von möglichen situativen Störfaktoren. In der Trainingsplanung stellt man sich zwar eine stetige Verbesserung mit einer linearen Weiterentwicklung vor, aber wir dürfen unsere Tagesschwankungen akzeptieren und müssen sie nicht sofort als Rückentwicklung sehen.

5. **Sei konzentriert**
Bleib im Training konzentriert bei dir. Lass dich nicht von anderen aus deinem strukturierten Training drängen. Geh dein Tempo. Motivation von Trainingspartnern oder Freunden ist absolut in Ordnung, solange sie dich nicht von deinem konstruktiven Weg abbringen. Andere Kletterer und Boulderer trainieren im Athletikbereich wahrscheinlich etwas anders, da sie andere Voraussetzungen mitbringen – im Positiven wie im Negativen.

6. **Verfolge konsequent dein Ziel**
Es ist durchaus sinnvoll, im Trainingsprozess Zwischenziele anzupeilen und zu verfolgen. Psychologisch gesehen kommt man so erfolgreicher ans Ziel. Verliere im Detail aber niemals das große Ganze aus den Augen. Am Ende soll das erreicht werden, was du dir in deiner Trainingsplanung als Kletterziel gesteckt hast.

7. **Lass dir Tipps geben**
Hol dir Rat, wenn dir im Trainingsprozess etwas unverständlich oder untypisch vorkommt. Die wenigsten Kletterer und Boulderer sind ausgebildete Sportwissenschaftler, Physiotherapeuten oder Ärzte. Diese jedoch haben durch ihre tägliche Arbeit mit Funktionen und Belastbarkeit des menschlichen Körpers zu tun und führen einen wichtigen Erfahrungsschatz mit sich. Hol dir so viel Unterstützung, wie sinnvoll und notwendig ist.

DER START IN DEIN PERSÖNLICHES TRAINING

In diesem Kapitel hast du bereits viele Hintergrundinformationen über Training, Funktion und Anpassung erhalten. Dir sind körperliche Abläufe im Trainingsprozess geläufig und du kennst jetzt den funktionellen anatomischen Aufbau deines Körpers. Zuletzt hatten wir besprochen, welche Dinge du im Training berücksichtigen musst, um dich sowohl im Sinne der Leistungsverbesserung als auch gleichzeitig der Verletzungsprophylaxe konstruktiv und zielführend entwickeln zu können. Nun geht es um dein persönliches Training.

Ich zeige dir, wie du das bisher erworbene Wissen nutzt, um deine kletterrelevanten Ziele verwirklichen und umsetzen zu können.

Häufigkeit, Intensität und Pausen

Der Erfolg deines Trainings ist von drei grundlegend wichtigen Faktoren abhängig, die wir innerhalb einer Trainingseinheit miteinander in Einklang bringen müssen, und zwar von:

- Trainingshäufigkeit
- Trainingsintensität
- Trainingspausen

Die Trainingshäufigkeit beschreibt, wie häufig ein Training stattfindet, also in welchen Zeitabständen. Motorische und körperliche Entwicklung findet nur dort statt, wo gezielte Trainingsreize immer wieder auf den Körper einwirken. Der Faktor der Trainingsintensität ist ebenfalls ein sehr wichtiger Parameter in der zielgerichteten Adaption und Anpassung. Die Intensität beschreibt die Stärke der Belastung, die in Form von Gewichten, Hebellasten oder Haltezeiten auf uns wirkt. Der dritte wichtige Punkt sind die Pausen, die – wie wir bereits erfahren haben – ausschlaggebend für die Verbesserung und auch die Verletzungsminimierung sind.

Aus dem Zusammenspiel dieser drei Faktoren ergibt sich: Je höher die Intensität deines Trainings ist, desto größer müssen auch deine Pausen sein, was wiederum bedeutet, dass deine Trainingshäufigkeit gering ist. Ist jedoch deine Trainingsbelastung gering, so können die Pausen kürzer ausfallen und somit Trainingseinheiten in kürzeren Abständen abgehalten werden. Egal ob Einsteiger, Fortgeschrittener oder Profi, für alle gilt dabei immer die eiserne Regel, dass bei aufeinanderfolgenden Trainingseinheiten ohne Pausentag die Übungsintensität herabgesetzt wird, um eine Überbelastung oder Verletzungen zu vermeiden. Orientiere dich je nach Leistungsstand an folgenden Trainingshäufigkeiten:

- Einsteiger trainieren zwei- bis dreimal pro Woche. Die optimale Regenerationspause ist mindestens ein Tag zwischen den Trainingseinheiten.
- Fortgeschrittene haben ihren Körper bereits auf Trainingsbelastungen eingestellt und entsprechend entwickelt. Sie trainieren am besten drei- bis viermal pro Woche.
- Profis und ambitionierte Sportler gehen zumeist mit viel Sicherheit und der notwendigen Routine ans Werk. Sie kennen ihren Körper und haben gelernt, ihre Belastbarkeit richtig einzuschätzen. Sie trainieren im Optimalfall mehr als viermal pro Woche.
- Einsteiger trainieren in einem Umfang von circa 30 bis 45 Minuten, Fortgeschrittene wählen eine Trainingszeit von 45 bis 75 Minuten und Profis trainieren in den spezifischen Inhalten meist mehr als 75 Minuten.

Trainingspläne für jedes Leistungsniveau

In Kapitel 4 findest du über 80 kletterathletische Übungen, die in unterschiedliche kletterrelevante Körperbereiche unterteilt sind. Aus diesen Übungen kannst du deinen persönlichen Trainingsplan zusammenstellen. Um dich in dieser Fülle zurechtzufinden, gebe ich dir nachfolgend beispielhaft drei Trainingspläne an die Hand.

Bereits in der Kletteranalyse wurde beschrieben, dass Klettern eine sehr rumpflastige Sportart ist. Du findest daher in jedem der drei Beispieltrainingspläne entsprechende Übungen für diesen Körperbereich und solltest sie bei deinen eigenen Plänen auch immer berücksichtigen. Weitere Hinweise zum Trainingsziel findest du auf Seite 73. Egal, ob du eine eher allgemeine oder eine sehr spezifische Einheit planst – du kannst sämtliche Übungen zielführend kombinieren und dir eine enorme Vielfalt an variierenden Trainingskombinationen zusammenstellen.

Kletterathletik für Einsteiger **Dauer ca. 45 Minuten**

Mit diesem Trainingsplan trainierst du Basisfunktionen für alle wichtigen Körperpartien, die beim Klettern oder Bouldern relevant sind. Wir ziehen aus jedem Körpersegment eine Übung und bekommen so ein effektives Ganzkörper-Workout.

Übung	Körperbereich	Trainingsziel	Wiederholungen/ Haltedauer	Trainingsgeräte
Gegendruck Hüftbeugung mit Stab (S. 76)	Rumpf	Ansteuerung	3 x 20 Wiederholungen	Matte und Stab
Kniebeuge im Ausfallschritt auf dem Stab (S. 100)	Sprunggelenk	Stabilität	3 x 10 Wiederholungen pro Seite	Stab
Adduktion im Schlingentrainer (S. 111)	Hüfte	Ansteuerung	3 x 12 Wiederholungen pro Seite	Schlingentrainer
Armstrecken im Schwimmer (S. 128)	Brustwirbelsäule	Beweglichkeit	3 x 14 Wiederholungen	Matte
Frontales einarmiges Rudern mit Oberkörperrotation und Superband (S. 130)	Schulterblatt	Stabilität	3 x 10 Wiederholungen pro Seite	Superband
Kapselstretch mit Superband (S. 148)	Schulter	Beweglichkeit	2 x 14 Wiederholungen pro Seite	Superband
Klatschen mit Miniband (S. 164)	Handgelenk	Stabilität	3 x 45 Sekunden	Miniband

Kletterathletik für Fortgeschrittene **Dauer ca. 60 Minuten**

Das Ziel dieses Trainingsplans ist etwas komplexer als der Einsteigerplan. Wir trainieren hier ein Streckmuster. Diese Funktionen benötigen wir beispielsweise bei dynamischen Zügen mit Körperwelle.

Übung	Körper-bereich	Trainingsziel	Wiederholungen/ Haltedauer	Trainings-geräte
Halbes Aufrollen (S. 75)	Rumpf	Ansteuerung	3 x 12 Wiederholungen	Matte
Oberkörperrotation aus dem Fersensitz (S. 88)	Rumpf	Beweglichkeit	3 x 10 Wiederholungen pro Seite	Matte
Unterstützte Pistol (S. 103)	Sprung-gelenk	Stabilität	3 x 10 Wiederholungen pro Seite	Valslide oder andere Rutschunter-lage
Deadlift mit Kettlebell (S. 124)	Hüfte	Kräftigung	3 x 14 Wiederholungen	Kettlebell
Tiefer Ausfallschritt mit Gewicht (S. 127)	Brustwirbel-säule	Beweglichkeit	3 x 10 Wiederholungen pro Seite	Gewicht
Vertikales Rudern mit Kettlebell (S. 132)	Schulter-blatt	Stabilität	3 x 14 Wiederholungen	Kettlebell
Turkish Get Up 1 mit Kettlebell (S. 141)	Schulter	Stabilität	3 x 10 Wiederholungen pro Seite	Kettlebell
Rückenputzen (S. 145)	Schulter	Beweglichkeit	3 x 12 Wiederholungen pro Seite	Band oder Handtuch

Kletterathletik für Profis **Dauer ca. 90 Minuten**

Die Trainingspläne von Kletterprofis und leistungsambitionierten Kletterern und Boulderern sind meist sehr spezifisch. Hier handelt es sich um gezielte Inhalte, die das Training an der Kletterwand punktuell unterstützen und ergänzen. Unser Beispiel zielt auf Übungen für die funktionelle Verbesserung der Fingerkraft.

Übung	Körper-bereich	Trainingsziel	Wiederholungen/ Haltedauer	Trainings-geräte
Fersentipp aus der Rückenlage (S. 74)	Rumpf	Ansteuerung	3 x 10 Wiederholungen pro Seite	Matte
Vorlage im Schlingentrainer (S. 77)	Rumpf	Stabilität	3 x 16 Wiederholungen	Schlingen-trainer
Seitneigung im Schwimmer mit Gewichtsball (S. 129)	Brustwirbel-säule	Beweglich-keit	3 x 10 Wiederholungen pro Seite	Matte und Gewicht
Klimmzug am langen Arm (S. 133)	Schulter-blatt	Mobilität	3 x 12 Wiederholungen	Klimmzug-stange
Oberkörperrotation im Unterarmstütz auf dem Gymnastikball (S. 139)	Schulter	Stabilität	3 x 10 Wiederholungen pro Seite	Gymnastikball
Rotation aus der Liegestützposition (S. 144)	Schulter	Beweglich-keit	3 x 8 Wiederholungen pro Seite	Matte
Klimmzug im Schlingentrainer (S. 154)	Schulter	Kräftigung	3 x 14 Wiederholungen	Schlingen-trainer
Handgelenkkippen mit Superband (S. 171)	Handgelenk	Beweglich-keit	3 x 12 Wiederholungen pro Seite	Superband und Stab
Deadhang an Kugeln oder Zylindern (S. 177)	Finger-gelenke	Kräftigung	5 x 25 Sekunden	Kugel

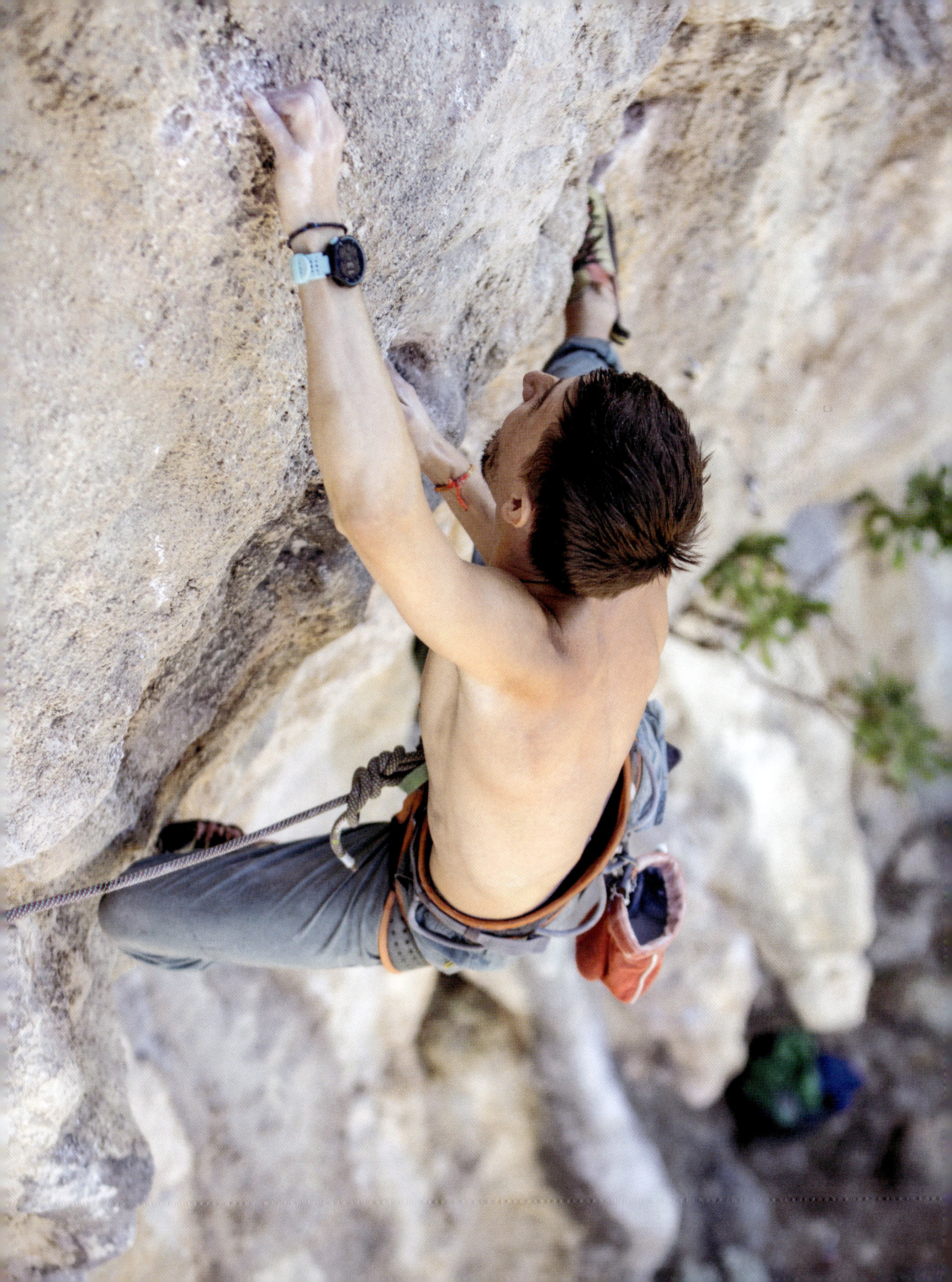

3

TRAININGSGERÄTE im ATHLETIKTRAINING

Kletterer sind es – etwas mehr als Boulderer – gewohnt, spezielles Material im Training zu nutzen. Klettergurt, dynamische Seile, Sicherungsgeräte, Crashpad und Chalkbag gehören zum festen Equipment eines Kletterers oder Boulderers. Im athletischen Bereich ist das Training der Kletterbewegung deutlich in die Nähe der Belastungsfunktionen des Kletterers und Boulderers gerückt. Um effektive und sinnvolle kletterathletische Trainingsreize zu setzen, haben sich bestimme Trainingsgeräte durchgesetzt und bewährt.

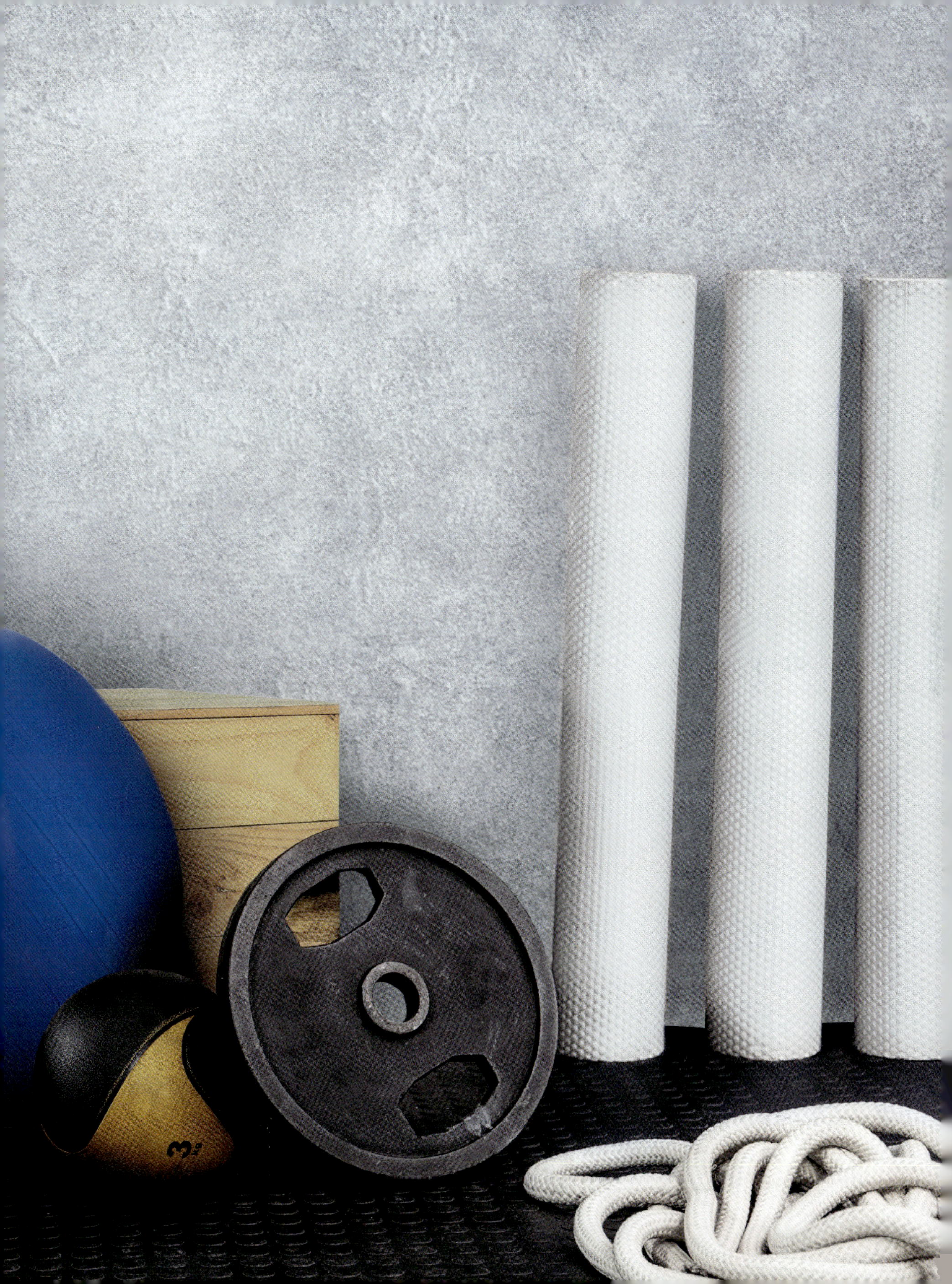

WAS DU FÜR DEIN TRAINING BRAUCHST

Körperliche Belastbarkeit und motorische Leistungsfähigkeit im Klettersport sind – wie du bereits weißt – sehr komplex. Betrachtest du die vielen Facetten von motorischer und athletischer Entwicklung, so wird rasch klar, dass wir eine große Bandbreite an Übungsinhalten an ein kletterspezifisches Athletiktraining stellen müssen. Von feinen Belastungen für die koordinative Entwicklung über entlastende Aufgaben, um die Beweglichkeit zu verbessern, bis hin zu intensiven bis ausbelasteten Übungen für die Steigerung der Kraftfähigkeit finden wir das komplette Belastungsspektrum wieder. Je effektiver du trainieren willst, desto punktgenauer und zielgerichteter müssen Trainingsreize gesetzt werden. Die Organisation von Trainingsequipment und -möglichkeiten ist hierbei einer der wichtigsten Faktoren beim Umsetzen von zielgerichteten Intensitäten. So liegt es auf der Hand, dass wir für unser Training auf das eine oder andere Equipment setzen. Für die Übungen in diesem Buch haben wir einige Kleingeräte verwendet, die eine sinnvolle Ergänzung darstellen. Weiter erkläre ich dir, für welche Trainingsinhalte du sie zielgenau und passend einsetzt.

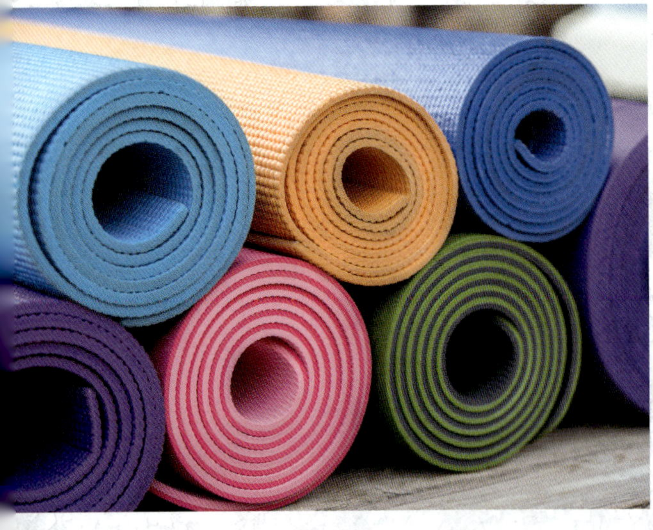

Mittlerweile haben sich neben den dickeren Gymnastikmatten auch Yogamatten im Training durchgesetzt.

DIE TRAININGSMATTE – EIN VIELFÄLTIGES BASISWERKZEUG

Wir starten bei den kletterathletischen Trainingsgeräten mit der einfachen und oft unterschätzten Matte. Du hast sie eventuell als weiche Gymnastikmatte im Fitnessstudio oder in der Therapiepraxis bereits benutzt. Die dünneren und auch härteren Varianten finden beispielsweise im Yoga ihren Einsatz. Grundsätzlich haben die 0,5 cm bis 1,5 cm dicken Matten als Trainingsmittel zwei Aufgaben: Die dickeren Gymnastikmatten bieten aufgrund ihrer leicht nachgebenden Materialeigenschaft einen komfortablen und weichen Trainingsuntergrund, dünne Matten hingegen übertragen direkt Druckkräfte in den Boden und sind damit für Stand- und Stützpositionen eine optimale rutschfeste Unterlage. Je nach Einsatz ist entweder eine weiche oder harte Variante sinnvoll.

Abhängig von der Preiskategorie bekommst du Matten aus einfachem PVC-Kunststoff bis hin zu hochwertigen Naturmaterialien. Man sollte auf jeden Fall an die Langlebigkeit denken. Eine mechanische Beanspruchung durch längeren oder kurzen intensiven Druck lässt sich nicht vermeiden, doch sollte das Material beispiels-

INFO

TRAINING AUF DER WEICHBODENMATTE ODER DEM CRASHPAD?

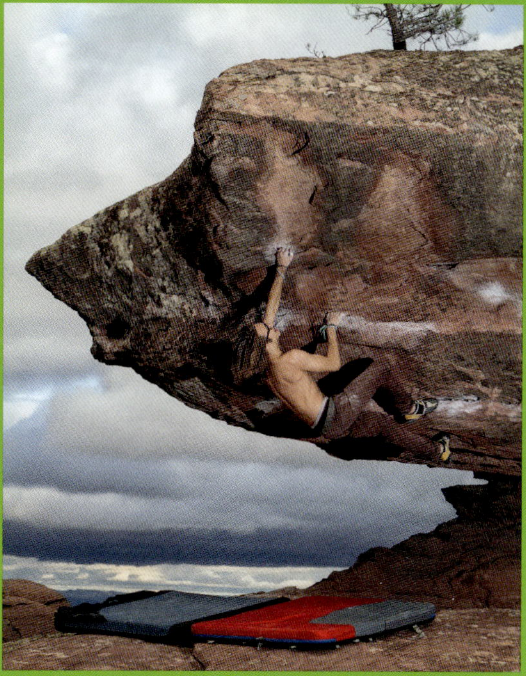

In den Kletter- und Boulderhallen suchen sich einige Sportler für ihr athletisches Training einen ruhigen Platz auf der großen und bereits vorhandenen Weichbodenmattenfläche. Der Komfort würde für sich sprechen. Betrachtet man diese Übungssituation aber aus der Sicht des Trainingsreizes, dann bieten Schaumstoffmatten bei Standübungen keine gute Unterstützung. Der übermäßig instabile Untergrund nimmt oftmals die Wahrnehmung aus übungsrelevanten Körperregionen und lenkt sie auf die wackligen Beine. Ein weiteres Problem stellt das Einnehmen einer korrekten Startposition dar. Es ist auf einer weichen und weit nachgebenden Unterlage nicht möglich, eine physiologisch saubere Körperposition sowohl im Stütz als auch in der Rücken- oder Seitenlage einzunehmen. Alle Bewegungen hieraus verzerren die so wichtige Wahrnehmung und nehmen die Möglichkeit einer bewussten Korrektur. In der Summe der Betrachtung schaffen Weichbodenmatte oder Crashpad keine guten Trainingsvoraussetzungen für das athletische Klettertraining. Nutze diese Matten besser nur in ihrer ursprünglichen Hauptfunktion, dem sicheren Abfangen von Stürzen beim Klettern und Bouldern.

weise vor Schweiß mit einer Handtuchauflage geschützt werden.

Matten eignen sich bestens für sogenannte Bodyweight-Übungen. Das sind Belastungen mit oder gegen das eigene Körpergewicht, die wir beispielsweise aus dem Pilates oder Yoga kennen. Mattenübungen können je nach Inhalt großen Wahrnehmungs- und koordinativen Ansteuerungscharakter besitzen. Doch auch Stabilitäts- und Beweglichkeitsaufgaben lassen sich in reinen Mattenübungen ohne Zusatzequipment hervorragend umsetzen. Die Trainingsmatte ist, wie beschrieben, ein Universalwerkzeug mit vielen Einsatzmöglichkeiten. Ob allein oder in Kombination mit anderen Geräten, gehört sie zum Standardequipment eines Kletterathletiktrainings.

WICHTIGE KLEINGERÄTE

Viele sinnvolle Trainingsreize trainierst du optimal mit kleinen und handlichen Geräten. Sie passen daher in jede Trainingstasche und du hast sie immer mit dabei, egal, wo das Training stattfindet.

Super- und Minibänder in verschiedenen Stärken und Längen lassen sich perfekt in ein Training integrieren. Sie eignen sich bestens, um freie Übungen zu variieren, indem sie den Kraft- oder Koordinationscharakter zielgerichtet verändern. Da die wenigsten Trainierenden einen Seilzug oder Ähnliches zu Hause haben, lassen sich mit den passenden Zugstärken bekannte Übungen auch hervorragend mit den Bändern trainieren. Ein weiterer Faktor, der für diese Bänder spricht, ist die stets variierende Belastungsstärke. Je mehr du ein Band in die Länge ziehst, desto mehr Zug und Widerstand gibt es dir. Das kann je nach Übung ungemein von Vorteil sein. Unsere Muskeln weisen in Abhängigkeit von der betroffenen Gelenkstellung unterschiedliche Kraftfähigkeiten auf. So ist beispielsweise bekannt, dass der Bizeps im Oberarm im gestreckten Ellbogengelenk weniger Kraft rekrutieren kann als in angewinkelter Gelenkstellung. Trainierst du daher beispielsweise das einarmige Rudern – eine typische Kraftübung für den Ellbogenbeuger und die Schulter – gegen den ansteigenden Widerstand eines Superbands, so passt sich die Belastung der physiologischen Kraftfähigkeit des Muskels in der Bewegung an. Auch für Stabilisationsübungen sind Mini- und Superbänder hervorragend geeignet.

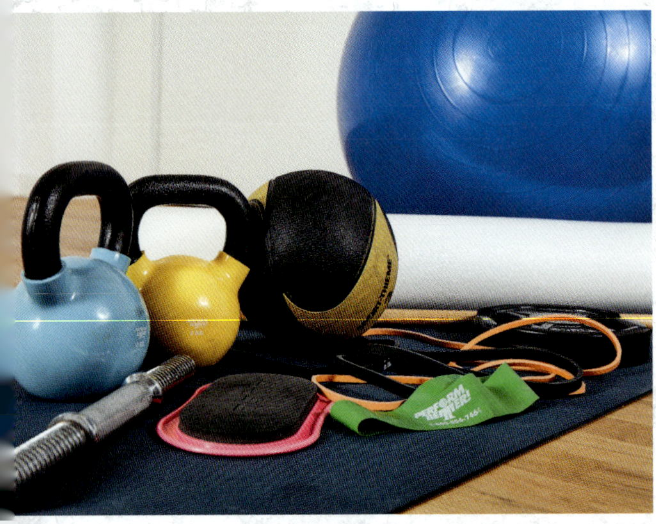

Diese Kleingeräte sind sehr hilfreich für die unterschiedlichsten Übungen im Athletiktraining.

Rutschunterlagen wie der Valslide oder ähnliche Geräte werden bei Übungen gegen das eigene Körpergewicht im Bereich der Stabilität sowie der dynamischen Kraftfähigkeit eingesetzt. Wir verwenden sie bei koordinativen Ganzkörperübungen und gezielt für das Setzen von Trainingsreizen in Armen und Beinen.

Auch der Gewichtsball ist ein effektives Trainingsgerät für die Kletterathletik. Mit ihm lassen sich kontrolliert dynamische wie auch explosive Übungen zielführend umsetzen. Rollen, Heben, Werfen – die Belastungsvarianten von leicht bis hoch intensiv sind enorm.

Ein stabiler Holzstab kann dir effektive und zielführende Trainingsreize verschaffen. So kannst du beispielsweise über Druckbelastung deine Kraftfähigkeit verbessern oder bei Balanceübungen deine Koordination fördern.

Weitere Geräte, die wir als Hilfsmittel für einige Übungen in diesem Buch genutzt haben, sind die

Hantelstange für Schulter- und Handgelenkrotationen, eine Faszienrolle in Kombination mit dem Schlingentrainer, eine Pilatesrolle sowie eine Gewichtsscheibe.

DER SCHLINGENTRAINER – MIT INSTABILITÄT ZUM ERFOLG

Schlingentrainer gibt es in vielen verschiedenen Varianten, die jedoch einige Gemeinsamkeiten teilen. Jeder Schlingentrainer besteht aus zwei mobilen Armen, an denen sich verschiedene Schlaufen und Griffmöglichkeiten für verschiedenste Übungen befinden. Die Arme sind aus frei beweglichem Material wie Seilen, Bändern oder Gurten. Das Trainingsgerät wird an seinem obersten Punkt beziehungsweise seinen obersten Punkten an der Decke oder einer anderen höhergelegenen Vorrichtung befestigt. Alle Geräte lassen sich in ihrer Länge einstellen und variieren. Dieses grundlegende Prinzip einer herabhängenden instabilen Trainingseinrichtung haben alle Schlingentrainer gemein. Unterschiede finden wir in der Anzahl der Aufhängepunkte, der Griff- und Schlingenauswahl, der Art der Höhenverstellbarkeit und der Dicke der Seile beziehungsweise Gurte.

Starten wir mit den Aufhängepunkten. Zwei Seilführungen sind im Schlingentrainer möglich: Bei einem sogenannten Triangelsystem hängen beide Seile an einem einzigen Aufhängepunkt und fallen von dort aus im gemeinsamen Lot nach unten, beim Parallelsystem (siehe Abbildung) fallen die Seilarme parallel voneinander senkrecht herab. Grundsätzlich sind beide Schlingentrainertypen für ein kletterathletisches Training geeignet.

Wollen wir beispielsweise einen Liegestütz im Schlingensystem durchführen, müssen wir beim Triangelsystem erst beide Seilarme des Trainers auseinanderziehen, um sie auf Schulterbreite im Stütz senkrecht nach unten belasten zu können. Bei einem Parallelsystem entfällt das seitliche

GRIFFE, SCHLAUFEN, SCHLINGEN UND CO.

INFO

Wie ist der Schlingentrainer optimal ausgestattet? Die meisten Systeme haben kombinierte Schlingen, Schlaufen oder Griffe und werden für alle möglichen Körperteile verwendet. Im Trainingskapitel sprachen wir davon, dass Klettern und Bouldern von diagonalen Belastungen lebt, weshalb wir den Schlingentrainer sehr gern in Körperseitenlage verwenden. Hierbei werden optimal funktionelle Seitenunterschiede deutlich sicht- und spürbar. Diese können durch Training effektiv wieder ausgeglichen werden, daher sollte ein optimaler Schlingentrainer nicht nur über Griffmöglichkeiten verfügen, sondern auch über die für eine Vielzahl an Übungen notwendigen breiten Schlingen.

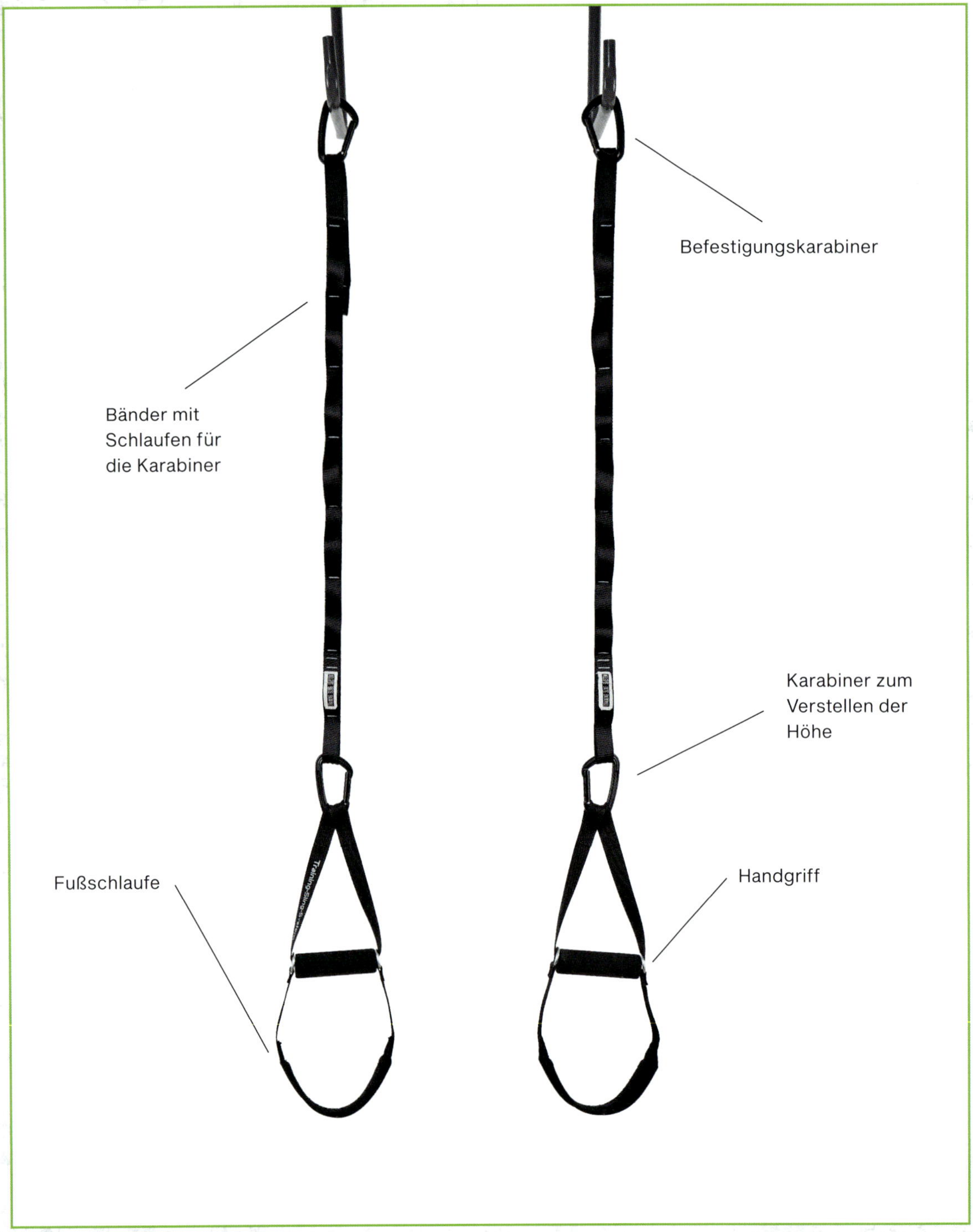

Hier sind Aufbau und Bestandteile eines parallelen Schlingentrainers dargestellt.

Aufziehen in die eigentlich gewünschte Übungsposition, da beide Seilarme bereits an unterschiedlichen Punkten senkrecht nach unten fallen. Hier kann sofort achsengerecht losgelegt werden. Im athletischen Trainingsbereich ist dieser kleine Unterschied wohl nicht von Bedeutung, beim feinmotorischen Arbeiten im Rahmen einer Therapie ist dieser Faktor jedoch essenziell.

Ein großer Trainingsvorteil des Schlingentrainers ist seine Instabilität. Die Stützposition in einem Schlingentrainer ist in den beweglichen Griffen deutlich wackeliger als der Stütz auf einem festen Boden. Es kommt hinzu, dass der Körper in einem instabilen System aufgrund seiner Last körpereigene Schwingungen erzeugt, die es zu kontrollieren gilt. Je dünner ein Band oder Seil ist, desto stärker wirken körpereigene Schwingungen und Auslenkungen, was die Trainingskomplexität und den Trainingsreiz erhöht. Neben den Aufhängepunkten wird daher oftmals auch die Materialdicke diskutiert. Selbstverständlich darf an dieser Stelle gesagt werden, dass alle gängigen Schlingentrainer unabhängig von ihrem Seildurchmesser sehr gute Trainingsvoraussetzungen schaffen, sofern sie in Bezug auf Trainingsintensität und Sicherheit korrekt genutzt werden.

Hebelarm und Körperposition im Schlingentrainer

In seiner instabilen Beschaffenheit eignet sich der Schlingentrainer perfekt, um Koordination und Stabilität zu trainieren. Hierzu werden die

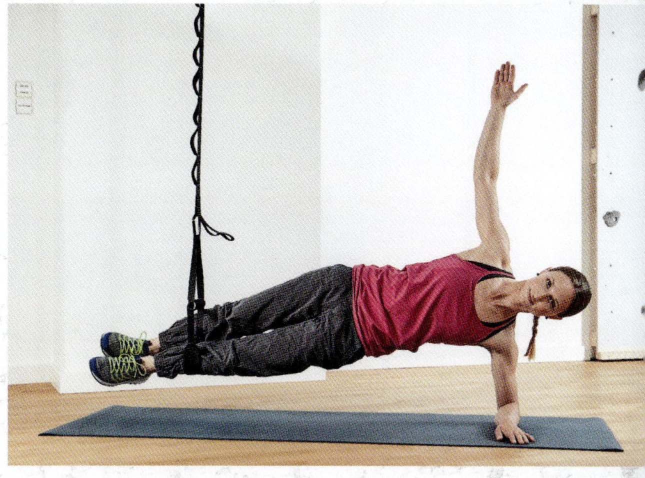

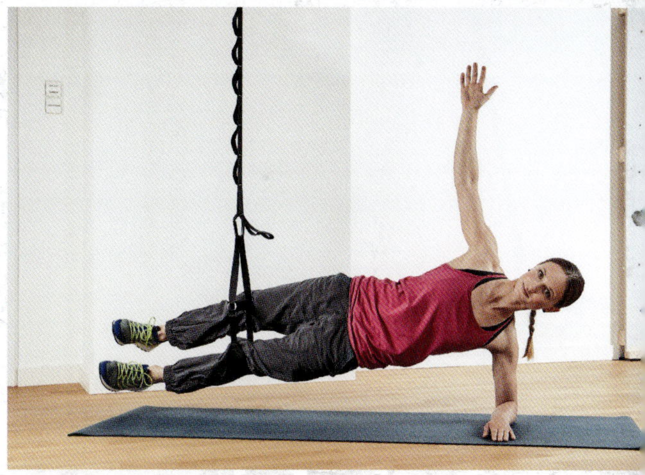

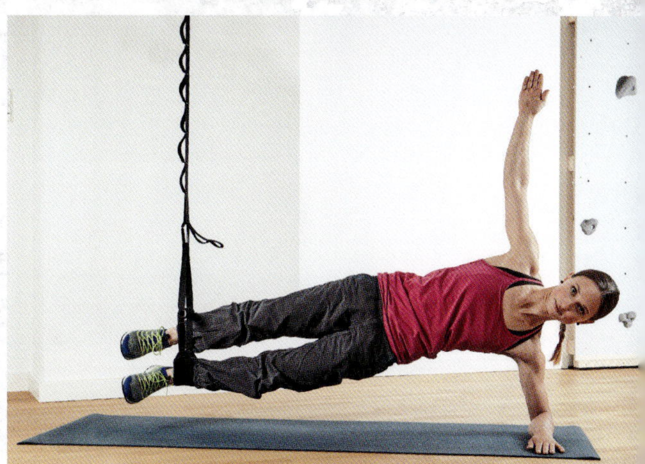

Die Übungspositionen im Schlingentrainer zeigen eine mittlere Hebelbelastung (oben), eine niedrige Belastung und einen verkürzten Hebel (Mitte) sowie eine hohe Belastung und einen verlängerten Hebel (unten).

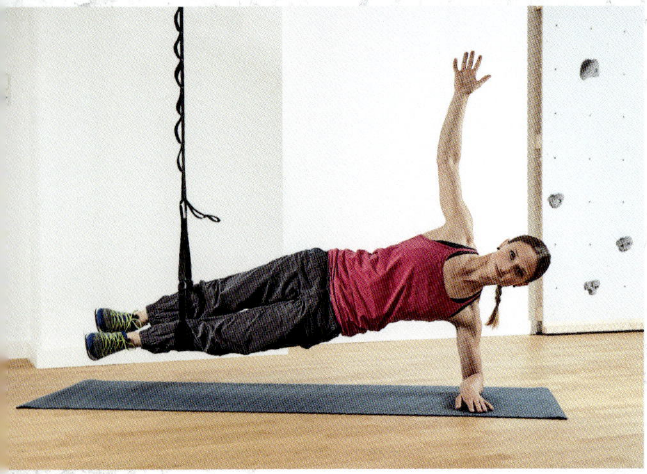

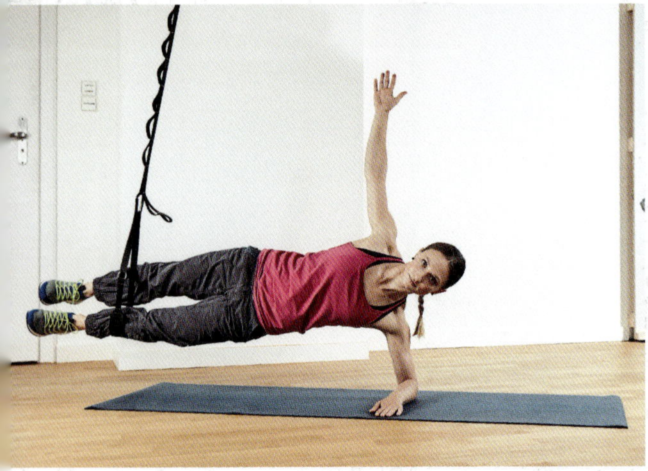

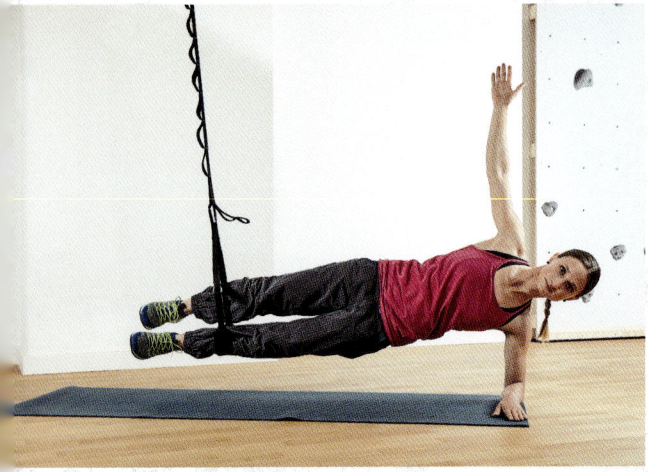

Übungen langsam und kontrolliert ausgeführt. Auch für intensive Kraftübungen ist der Schlingentrainer bestens geeignet: Sowohl symmetrische als auch für das Klettern und Bouldern empfohlene asymmetrische Belastungen lassen sich in dynamischen Kraftübungen für Arme, Beine und Rumpf umsetzen. Im Bereich der Schnell- oder Explosivkraft sind uns im Schlingentrainer jedoch Grenzen gesetzt. Diese Inhalte werden nur außerhalb von instabilen Übungsformen optimal trainiert. Hierzu stelle ich dir bessere Trainingsmethoden vor.

Schlingentraining ist Arbeit gegen einen Hebel. Hier kommen klassische physikalische Gesetzmäßigkeiten zum Tragen. Auch wenn die einfache Bauweise nicht den Anschein macht, kann man die Übungsintensitäten dennoch unglaublich fein und in einem hohen Maß verändern. Folgende Punkte helfen dir, deine individuell optimale Intensität zu finden.

Den Hebelarm variieren

Je länger der Hebelarm zwischen Stützarm am Boden und Schlingenkontakt am Bein ist, desto größer ist der muskuläre Anspruch. Bei vielen Übungen kannst du selbst bestimmen, auf welcher Körperhöhe dich die Schlinge unterstützt. Wähle hier den maximalen Hebel, bei dem noch eine saubere Übungsausführung möglich ist.

Die dargestellten Übungspositionen im Schlingentrainer zeigen die Grundposition mit lotrechtem Kraftverlauf (oben), die erleichterte Position mit Körperschwerpunkt unter der Aufhängung (Mitte) und die erschwerte Position mit Körperschwerpunkt von der Aufhängung entfernt (unten).

Die Körperposition zum Aufhängepunkt

Auch bei Übungen, bei denen beispielsweise die Griffposition der Hände am Schlingentrainer festgelegt ist, hast du die Möglichkeit, Intensitäten zu variieren. Beachte in diesem Zusammenhang immer deine Körperposition in Relation zum Aufhängepunkt. Die Grundposition einer Übung setzt meist bei senkrecht herabhängenden Seilen an. Somit ist der Druckpunkt im Schlingentrainer direkt unter dem Aufhängepunkt an der Decke. Schiebst du aus dieser Position heraus deinen Körperschwerpunkt zum Aufhängepunkt hin, so verkleinert sich wiederum der Hebel und erleichtert das Trainieren. Entfernst du hingegen den Körperschwerpunkt vom Aufhängepunkt, erschwerst du die Übung durch die Hebelvergrößerung.

Rolle und Gymnastikball – Kontrolle halten als Training

Der zuvor beschriebene Schlingentrainer arbeitet bereits mit instabilen Elementen, dennoch steht bei den Seilen der muskuläre Anspruch im Vordergrund. Bei Übungsaufbauten mit der Rolle oder dem Gymnastikball sind Trainingsgeräte involviert, die vorrangig koordinative Inhalte bedienen. Dieses Equipment reagiert auf Druck sehr sensibel: Bei der kleinsten Lastverschiebung antworten die Wackelgeräte mit einer schnellen und kompromisslosen Lage- oder Positionsveränderung. Auf diese schnelle Aktion muss der Körper mit einer schnellen Gegenreaktion antworten, um die Kontrolle über das Gerät zu behalten. Daher optimierst du auf diesem koordinativ anspruchsvollen Trainingsequipment die so wichtige feinmotorische und schnelle Zusammenarbeit von Gehirn und Muskulatur.

Arbeite auch in diesen Übungen stets maximal sauber und kontrolliert. Nimm bei koordinativen Aufgaben die Geschwindigkeit heraus und konzentriere dich auf die beste Bewegungs- oder Haltequalität. Bei koordinativen Übungen muss zur effektiven und sicheren Umsetzung zudem ein wichtiger Punkt immer berücksichtig werden: Grundsätzlich werden bei allen Aufgaben die Bereiche am deutlichsten wahrgenommen, die unmittelbar von einem Trainingsgerät betroffen oder belastet sind. Bei einem Liegestütz auf einem Gymnastikball beispielsweise arbeiten die meisten Sportler sehr sauber im Schultergürtel und Armbereich, da sie diese Bereiche aufgrund des wackligen Untergrunds sehr deutlich spüren und darauf den Fokus legen. Wir Trainer sehen hierbei jedoch deutlich häufiger durchhängende Wirbelsäulen, überstreckte Knie und abgekippte Sprunggelenke als beim Standardliegestütz. Es scheint, als würde der erhöhte Anforderungscharakter des Gymnastikballs die Konzentration auf den Stützbereich bündeln und den Rest unkontrolliert mitführen. Behalte bei langkettigen und komplexen Übungsaufgaben also stets den Überblick über alle belasteten Bereiche.

Kurzhantel und Kettlebell – mit Masse zur Klasse

Muskeln brauchen Last, um sich zu entwickeln. So ist es unabdingbar, dass wir für ein kletterspezifisches Athletiktraining auch entsprechendes Equipment zu Hilfe nehmen. Kurzhanteln

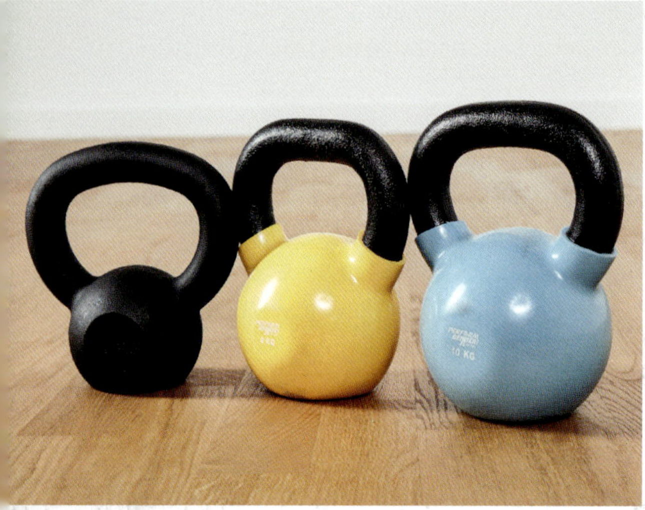

Kettlebells sind Krafttrainingsgeräte mit vielen Variationsmöglichkeiten.

und Kettlebells gibt es in den verschiedensten Ausführungen mit einem Gewicht von 2 bis 50 Kilogramm. Je nach Übung ist mehr oder weniger Gewicht gefordert. Wer optimal trainieren will, sollte sich daher einen entsprechenden Pool unterschiedlich schwerer Geräte zulegen. Alternativ zu kompakten Einzelgewichten gibt es Kurzhantel- und Kettlebell-Varianten, deren Gewicht an die gewünschte Intensität angepasst werden kann, indem man Gewichtsscheiben hinzufügt oder wegnimmt.

Das Ziel dieser Trainingsgeräte ist es, eine Last von außen aufzubauen, die auf den Körper wirkt. Das saubere muskuläre Aufnehmen und Verarbeiten der Belastung während der Übungsausführung ist sowohl für die Gesunderhaltung als auch für die Leistungssteigerung enorm wichtig. Je mehr Gewicht du bewegst oder auch je schneller du eine Masse beschleunigst, desto besser muss das Verständnis von Bewegungsablauf und richtiger Übungstechnik sein. Vor allem beim kraftorientierten Einsatz von Trainingsgeräten solltest du immer auf die Rückmeldung deines Körpers hören. Schmerz hat bei Hantel- oder Kettlebell-Übungen nichts verloren! Bereits bei den ersten Anzeichen einer negativen körperlichen Reaktion während oder nach einer Krafteinheit überprüfe die Technik im Hinblick auf das verwendete Gewicht. Reduziere gegebenenfalls die Last oder die Übungsgeschwindigkeit für einen schmerzfreien Übungszustand. Nutze die Rückmeldung deines Körpers, damit du im Trainingsverlauf deine persönliche Entwicklungsgeschwindigkeit abschätzen und die Belastung entsprechend darauf einstellen kannst.

Ist die Übungsausführung klar und auch umsetzbar, dann eröffnet dir das geräteunterstützte Gewichtstraining einen komplett neuen Trainingshorizont jenseits des Körpergewichtstrainings. Durch die kompakte Form der Trainingsgeräte sind neben kontrollierten und ruhig ausgeführten Übungen auch schnell- und explosivkräftige Inhalte möglich. Diese Übungen sind insofern wichtig, da du in diesen Intensitätsbereichen den so wichtigen Kraftaufbau optimal generierst.

Kurzhantel oder Kettlebell lassen sich für dynamisches Schwingen, explosives Stoßen oder kontrolliertes Führen einsetzen. Die Kettlebell hat aufgrund ihrer Masseverteilung zum Griff einen großen Vorteil, der sich für das Klettertraining nutzen lässt. Während das Gewicht einer Kurzhantel seitlich neben dem Haltegriff symmetrisch und somit ausbalanciert angebracht ist, fällt bei der Kettlebell bereits im Stand auf, dass sich der Griff über der Gewichtskugel befindet. Bei bestimmten Haltepositionen wird die Kettlebell zu einem wackligen Trainingsobjekt. Diese

INFO

Lang- oder Kurzhantel?

Im Übungsteil wirst du einige Kraftübungen finden, die du vielleicht bereits aus anderen Sportarten oder Trainingsbereichen kennst. Sehr häufig werden diese Übungen dort mit einer Langhantel geübt. Bedenke hierzu jedoch folgende Punkte. Da eine Langhantel mit zwei Händen und somit mit der Kraft beider Arme gehalten oder bewegt wird, kann in diesen Übungsausführungen auch mit entsprechend viel Gewicht gearbeitet werden. Die Kurzhantel oder Kettlebell hingegen wird meist nur mit einem Arm genutzt, daher ist das Gewicht aufgrund des einseitigen Einsatzes geringer als bei der beidseitigen Langhantel. Führen wir uns aber noch mal kurz vor Augen, dass beim Klettern und Bouldern ein wechselseitiges Bewegen mit vielen einseitigen Belastungen dominieren, dann wird schnell klar, dass du für ein kletterspezifisches Training mit kleineren Geräten, die du mit jeder Hand einzeln führst, bestens ausgestattet bist.

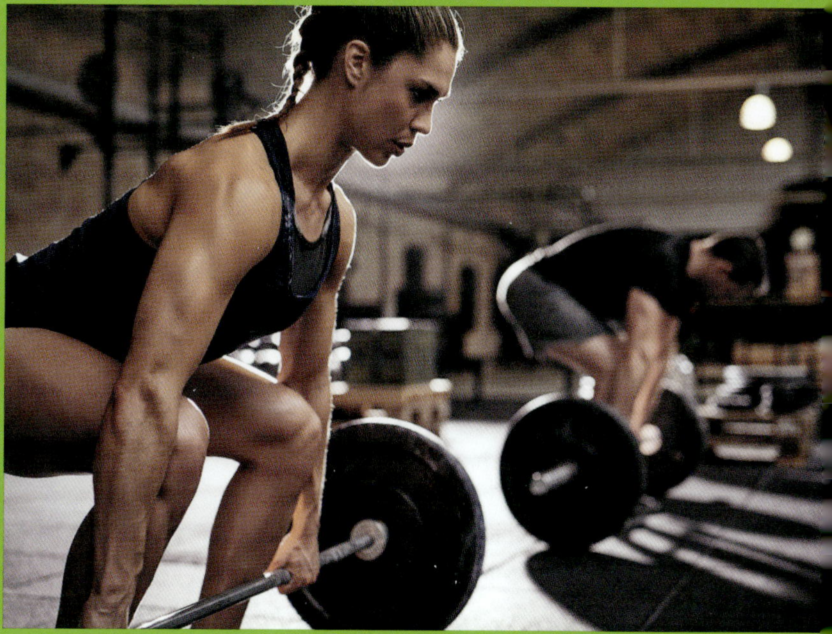

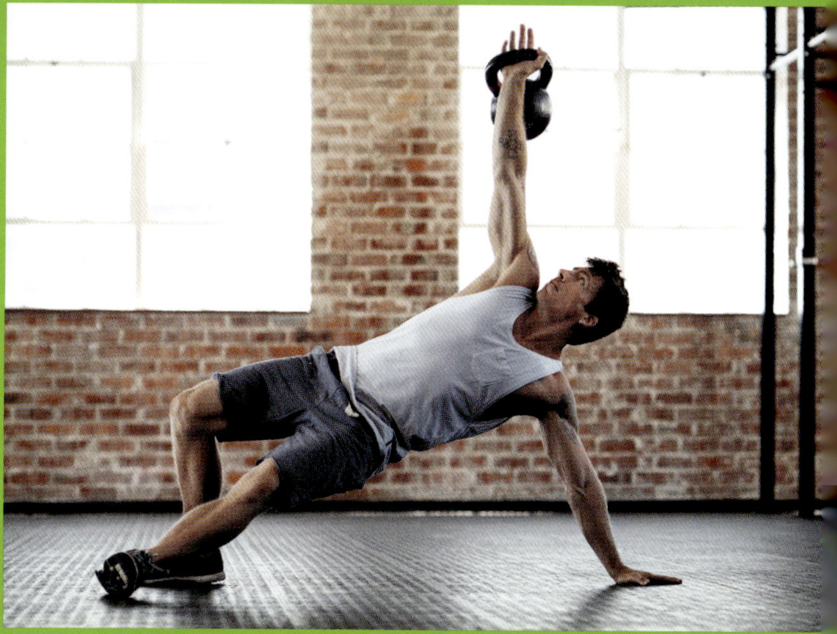

Beidarmige Übung mit der Langhantel versus einseitige Übung mit der Kettlebell.

Situation kann nur gelöst werden, wenn du mit der Hand entsprechend stark am Griff zupackst. Hierbei werde ich dir im Übungsteil Übungen für die Unterarmmuskulatur vorstellen.

Hangboard, Campusboard, Steckbrett – das Überkopftraining

Trainingsgeräte wie Hangboards, Campusboards oder Steckbretter sind oftmals nur im Klettersport bekannt. Die gewünschten Trainingsreize orientieren sich an den typischen Belastungen vom Fels- und Hallenklettern. Man schafft sich kraftorientierte Trainingssituationen, die analog zum Klettern und Bouldern in den Armen über Kopfhöhe stattfinden. Typische Übungsinhalte sind sowohl statisches Halten als auch dynamisches Weitergreifen oder Ziehen.

Diese spezifischen Trainingsgeräte sind im kletterathletischen Bereich ein Bindeglied zwischen Trainingsmitteln zum Erarbeiten von Grundfunktionen – wie beispielsweise Schlingentrainer, Kettlebell oder Gummiband – und der Kletter- oder Boulderwand, an der die sportarttypische Leistung abgefragt wird. Um an den Boards sauber und mit effektiv hohen Trainingsreizen trainieren zu können, müssen die für eine saubere Technik grundlegenden motorischen Fähigkeiten in den belasteten Regionen bereits vorhanden sein. Diese Motorik wird vorab mittels allgemeiner Übungen an den grundfunktionellen Geräten wie dem Schlingentrainer sinnvoll trainiert. In den kontrollierten Hangübungen an den Boards oder am Steckbrett können dann im richtig dosierten Maß klettertypische Überkopfbelastungen optimal simuliert und trainiert werden. Diese antrainierte Kraftfähigkeit wird anschließend an der Kletter- oder Boulderwand in komplexe Kletterbewegungen eingebettet.

Besonderheiten der Überkopftrainingsboards

Das Belastungsspektrum dieser Trainingsboards ist insofern relativ eingeschränkt, da sie grundsätzlich stets alle Strukturen zwischen Schulterblatt und Fingerspitzen mit entsprechender Rumpfbeteiligung ansprechen und nicht einzelne Strukturen isoliert trainiert werden können. Die Muskelkette ist bei Übungen an den Boards immer konstant lang und lässt sich nicht verkürzen. Im inhaltlichen Einsatzbereich sind mit reinen Zug- oder Blockiermustern ebenfalls deutliche Grenzen gesetzt, innerhalb derer sich jedoch kräftige und koordinativ anspruchsvolle Übungen für erfahrene bis professionelle Kletterer und Boulderer kreieren lassen. Aufgrund der komplexen und durchaus intensiven Belastungen der Muskeln wie auch der feinen Knochen- und Bänderstrukturen ist es ratsam, vorab Grundkompetenzen in Rumpf-, Schulter- und Armmuskulatur aufzubauen. So legst du den Grundstock für die Verletzungsprävention und deine sportliche Weiterentwicklung.

Das Hang- und Campusboard besteht aus verschieden großen Leisten, an die man sich mit aktiver Muskelkraft hängt. Je nach Breite der Leiste kann mit unterschiedlich viel oder wenig Auflagefläche gedrückt oder gehalten werden. Doch nicht nur der Kraftanspruch wird erhöht, je dünner die Leiste wird, sondern auch die strukturelle Belastung.

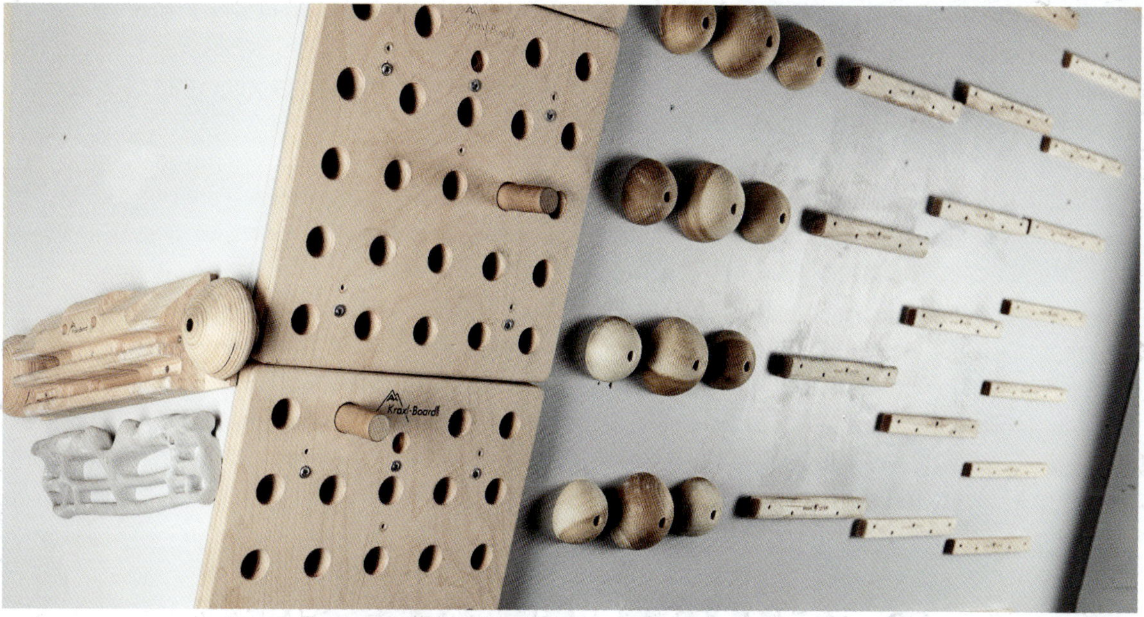

Für klettertypische Überkopfübungen werden Hangboard (links), Steckbrett (Mitte) und Campusboard (rechts) genutzt.

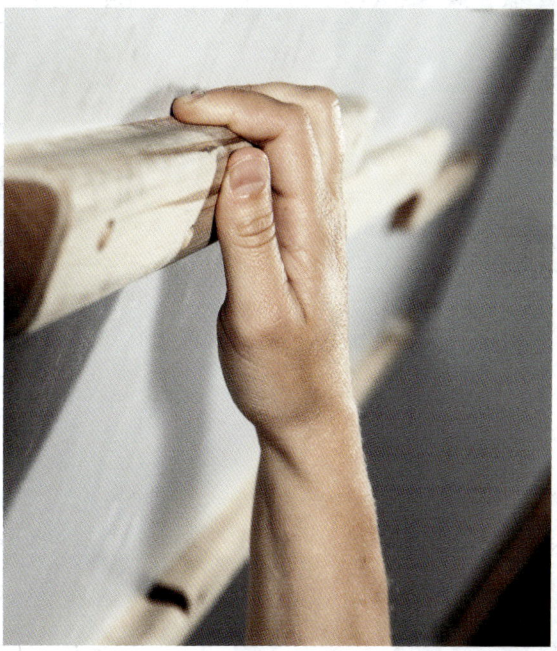

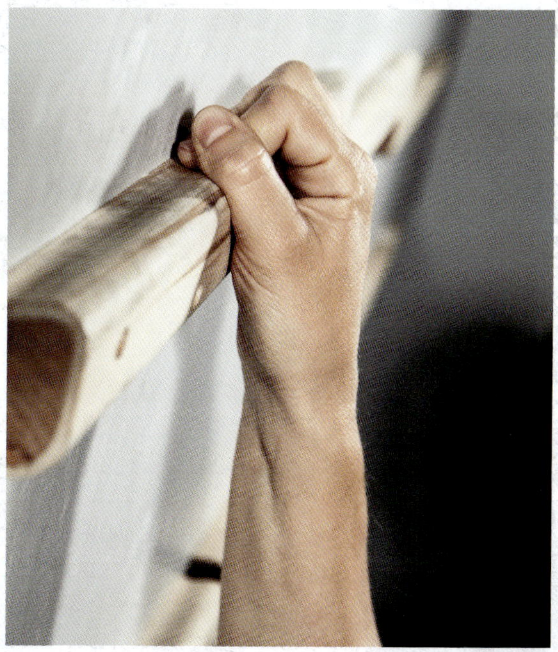

Hängende (links) und aufgestellte (rechts) Finger stellen zwei unterschiedliche Belastungsvarianten dar.

Die Fingerposition am Campusboard

Beim Hängen an Trainingsleisten unterscheidet man zwei Fingerpositionen: Sowohl über hängende als auch über aufgestellte Finger kann Druck auf das Trainingsgerät gebracht werden. Für passive Strukturen wie Sehnen und Bänder wird die hängende Position der Finger favorisiert. Durch das flache Auflegen der Finger werden verletzungsgefährdende Belastungsspitzen vermieden. Die aufgestellten Finger bekommen vor allem in den feinen Ring- und Kreuzbändern sehr viel Stress, da die hohen Kräfte, die den Körper halten oder bewegen, an ihnen punktuell entlang der Finger umgelenkt werden. Um Verletzungen zu vermeiden, bauen sich Übungen an den Boards methodisch von großen zu kleineren Leisten auf.

An Hangboard, Campusboard oder Steckbrett sind neben der intensiven Trainingshärte im Hang auch viel Körpergespür und Vernunft gefragt. Vermeide auch hier jegliche schmerzhafte Übungsbewegung und -belastung. Trainiere diese komplexen Aufgaben nur im erholten Zustand und gib deinem Körper nach diesen belastenden Trainingseinheiten genügend Zeit zum Regenerieren.

INFO

WIRKUNG VON STRESS AUF DIE UNTERSCHIEDLICHEN STRUKTUREN

Bei allen intensiven Fingerübungen, die du am Hang- oder Campusboard gegen die Körperlast trainierst, werden sowohl die entsprechenden Muskelstrukturen als auch die damit in Verbindung stehenden passiven Sehnen-, Bänder- und Kapselstrukturen belastet. Der menschliche Körper ist so ausgerichtet, dass er sich durch einwirkende Belastung weiterentwickelt. Du solltest dir jedoch im Sinne deiner Gesunderhaltung im Klaren darüber sein, dass sich deine Muskeln schneller anpassen als deine Sehnen und Bänder. Steigere daher nicht nach deinem muskulären Empfinden, sondern nach dem Anpassungstempo deiner passiven Bindegewebsstrukturen. Dies ist leichter gesagt als getan, da Überprüfungstechniken fast nicht möglich sind. Nimm die Rückmeldung deiner Fingergelenke ernst und gib ihr Vorrang vor der muskulären Ermüdung der Unterarme. Achte auf deinen Körper und seine leisen Signale.

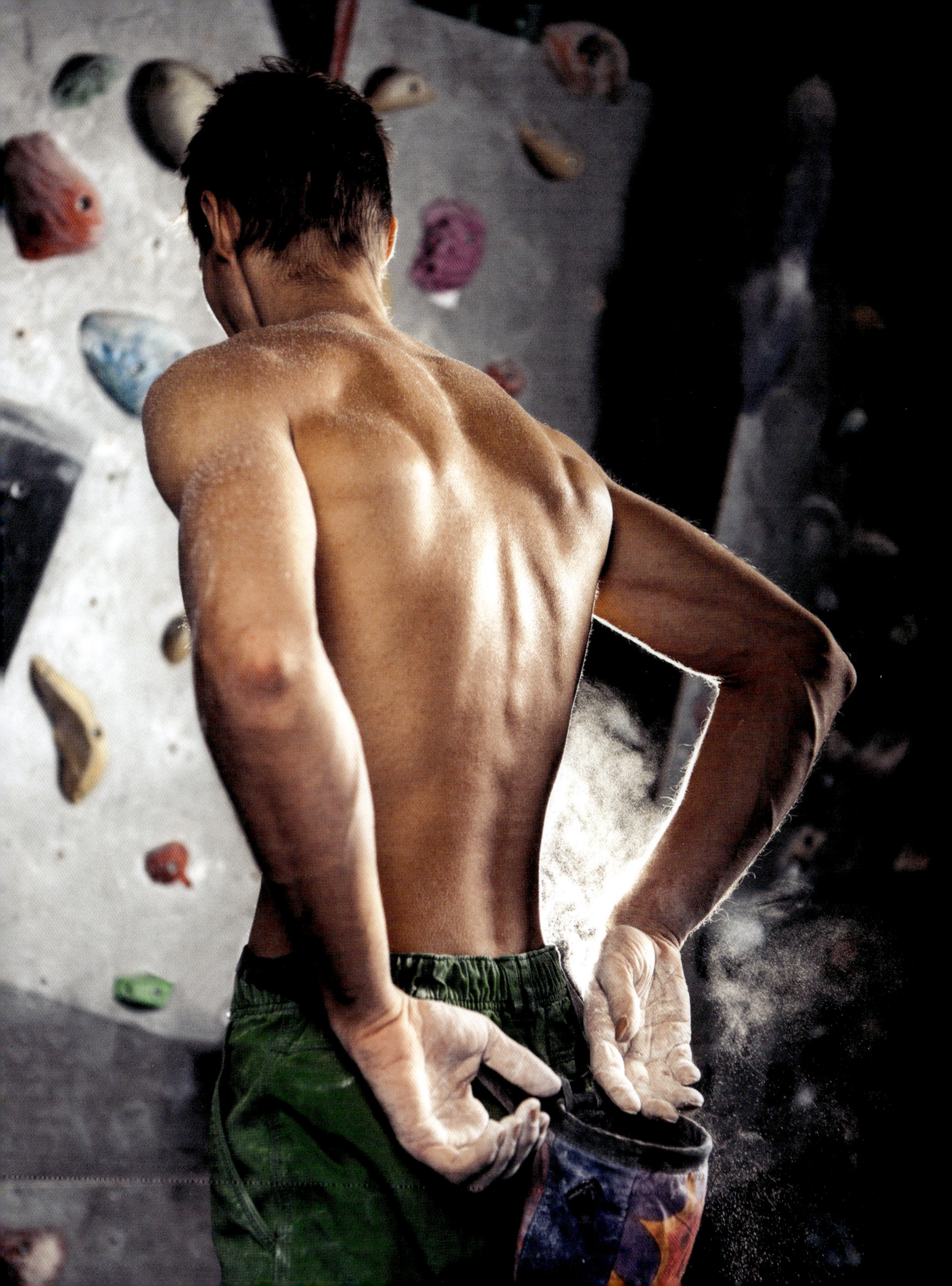

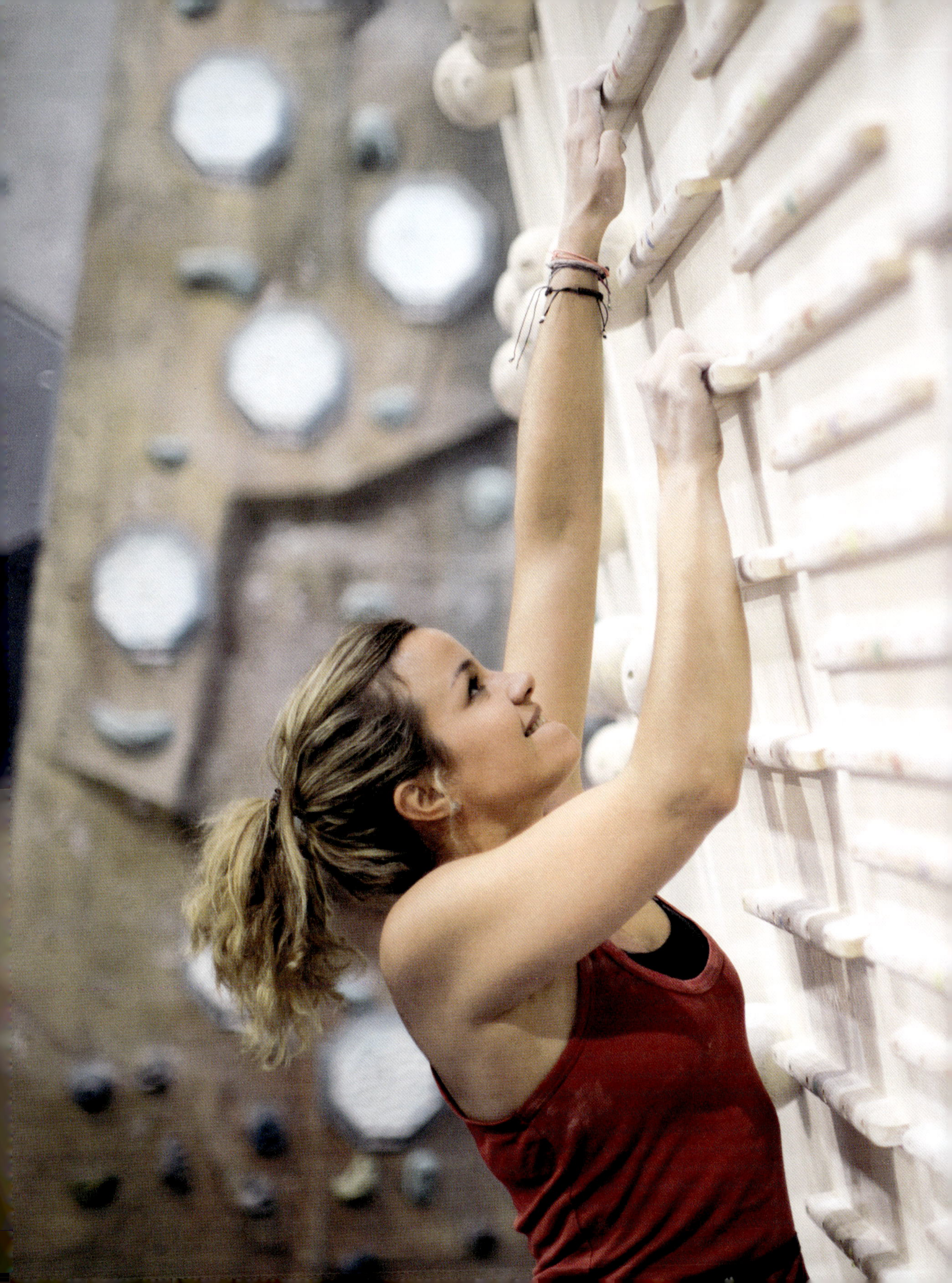

4

ÜBER 80 ÜBUNGEN fürs KLETTERN und BOULDERN

Es gibt kaum komplexere Bewegungen im Sport als beim Klettern. Klettern und Bouldern sind die Sportarten mit der längsten aktiven Muskelkette – von den Zehen- bis zu den Fingerspitzen. Kein Kletterzug gleicht dem anderen. So muss diese Fülle an Muskeln immer neue Aufgaben erfüllen und für eine Kletterpassage oder ein Boulderproblem eine Bewegungslösung finden. Auch das intensive und variantenreiche Überkopfarbeiten ist eine motorische Herausforderung für unseren Körper. Dieses Kapitel zeigt dir, mit welchen Übungen und Inhalten du dich kletterathletisch weiterentwickelst.

Unsere Anatomie – eine funktionelle Bahnfahrt durch den Körper

In Kapitel 2, in dem es um die optimale Trainingsplanung und -steuerung ging, sind körperlich relevante Zusammenhänge im Trainingsprozess dargestellt worden. Hier bekommst du nun einen anatomischen Überblick über kletterrelevante Körperregionen. Wir betrachten einen Kletterer oder Boulderer in seiner Leistungsfähigkeit immer als ein Ganzes, das aus vielen einzelnen kompetenten und funktionstüchtigen Teilen aufgebaut ist. Vor diesem Hintergrund fragen wir nach den Hauptfunktionen einzelner Gelenke oder Körpersegmente. Diese stellen wir in funktionellen Zusammenhängen schlüssig und verständlich dar. Hierbei geht es um ein grundsätzliches Verständnis des Körpers sowohl in seinen einzelnen Bauteilen wie auch im kletterspezifischen Zusammenwirken dieser einzelnen Kettenglieder. Um das unabhängig vom rein medizinischen Fachwissen logisch veranschaulichen zu können, bedienen wir uns passender Bilder, die diese funktionellen Zusammenhänge darstellen.

Stelle dir als ersten Schritt die Straßenkarte einer größeren Stadt vor. Ohne ins Detail zu gehen, siehst du dort das Straßennetz sowie alle Verbindungsmöglichkeiten der öffentlichen Verkehrsmittel von Bus, U- und S-Bahn sowie Tram. Du findest in der Kartenmitte den belebten Stadtkern und am Randbereich die ruhigen Vororte. Für unser Verständnis von anatomischer Funktion picken wir uns das Bahnnetz der Stadt heraus. Wir steigen in einen Hubschrauber und betrachten die Stadt von oben. Wir folgen einem Zug auf seiner Fahrt durch die Stadt und verstehen dabei krafttypische Impuls- und Funktionsbahnen in unserem Körper. Los geht's!

Der Rumpf – die U-Bahn im System

Im Helikopter weit oben über den Dächern der Stadt nehmen wir nur das Treiben der Fußgänger, Fahrrad- und Autofahrer auf der Erdoberfläche wahr. Obwohl wir sie nicht sehen, wissen wir aber, dass unter dem Stadtzentrum die U-Bahn ununterbrochen Menschen befördert. Aus der Vogelperspektive lässt sich nicht erkennen, ob die U-Bahn ihre Arbeit verrichtet oder nicht, aber wir sehen die Auswirkungen, sobald sie stillsteht: Das Treiben an der Oberfläche würde sich verdichten und vielleicht sogar wegen der zusätzlichen Menschenmassen im Chaos versinken. Man könnte sagen, dass die U-Bahn tief im Verborgenen ihre Arbeit macht, um das Treiben an der Oberfläche zu entlasten.

So wie die U-Bahn ein Unterstützer ist, ist auch unser Rumpfbereich vor allem mit seinen tiefen, aber auch den oberflächlichen Bauch- und Rückenmuskeln ein wichtiger und unverzichtbarer Supporter bei Bewegungen. Das geschieht meist im Verborgenen, da diese Arbeit bei Bewegungen oftmals nicht sichtbar ist. Unverzichtbar ist diese Muskulatur deshalb, weil unsere Arm- und Beingelenke ohne Rumpfkontrolle durch übermäßige Belastung gestresst werden. Sportwissenschaftlich ausgedrückt ist die Rumpfmuskulatur ein sogenannter Synergist – ein muskulärer Mitspieler, der andere Körperregionen mit seiner Arbeit unterstützt. Neben dieser synergistischen Hauptaufgabe muss die Rumpfmuskulatur unsere Wirbelsäule mit den einzelnen Wirbelkörpern stabilisieren und uns aufrichten sowie sämtliche

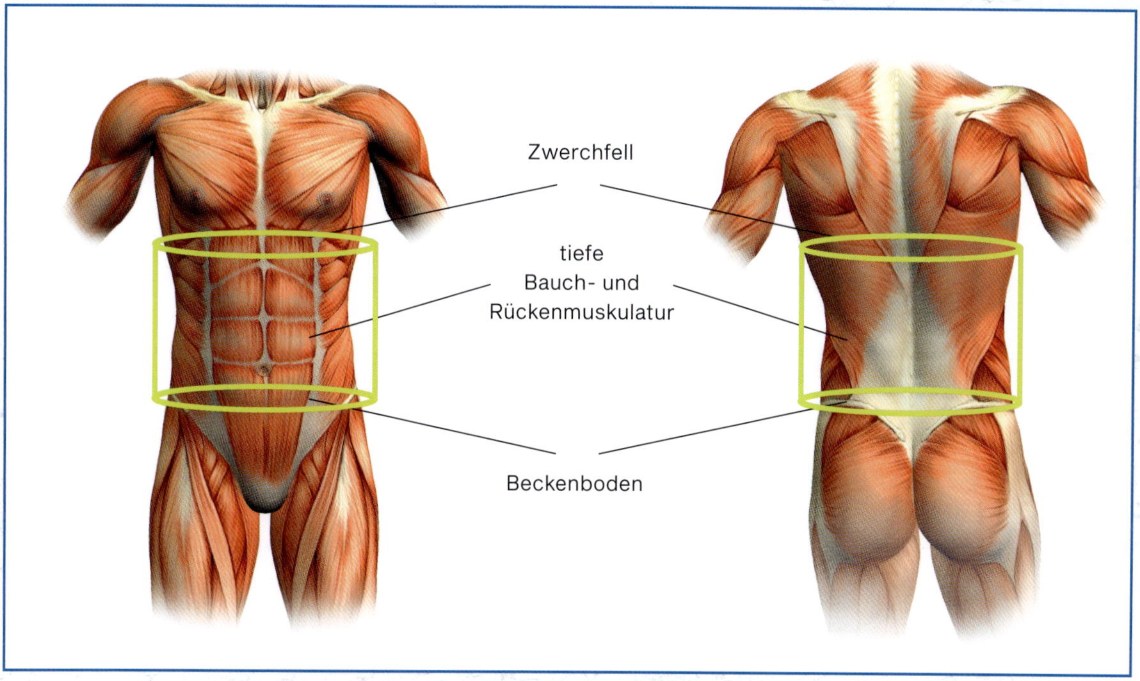

Die verschiedenen Muskelpartien im Rumpf bilden einen schützenden Zylinder.

Bewegungen ermöglichen. So wie möglicherweise ein Chaos ausbricht, wenn die U-Bahn stillsteht, wäre die Leistungsfähigkeit in unserem Körper ohne die Arbeit des Rumpfes chaotisch gestört.

Der Rumpf besteht aus einem muskelgeschlossenen Zylinder um den Wirbelsäulenbereich und Bauchraum herum – vergleichbar mit einem Topf mit Deckel. Auf der Vorderseite befindet sich die quergestreifte Bauchmuskulatur. Diese zieht sich nach hinten bis zur tiefen Rückenmuskulatur, die sich – sehr klein – nur über einzelne Wirbelkörper erstreckt. Bauch- und Rückenmuskulatur bilden einen schützenden Ring um den Rumpf. Dieser entspricht den Wänden unseres Kochtopfs. Den Boden des Muskelzylinders bildet der Beckenboden, und das Zwerchfell, das wir eher mit der Atmung in Verbindung bringen, ist der Deckel. An der Oberfläche dieses Rumpfkerns befinden sich auf der Bauchseite eine längs sowie zwei schräg liegende Muskelschichten, die mobilisierende Aufgaben im frontalen Oberkörpereinrollen und -rotieren erfüllen. Im Rücken ziehen sich unterschiedlich lange Muskeln entlang der Wirbelsäule. Sie haben die Hauptaufgabe, die Wirbelsäule zu strecken.

Unteres und oberes Sprunggelenk – die Startbahnhöfe im Schienennetz

Zurück im Helikopter widmen wir uns dem oberirdischen Bahnnetz. In den äußeren Randbereichen der Stadt liegen Startbahnhöfe, in denen Züge warten, die nicht im Einsatz sind. Sie werden dort geparkt oder gewartet. Von diesen Bahnhöfen aus starten sie ihre Einsatzfahrten auf

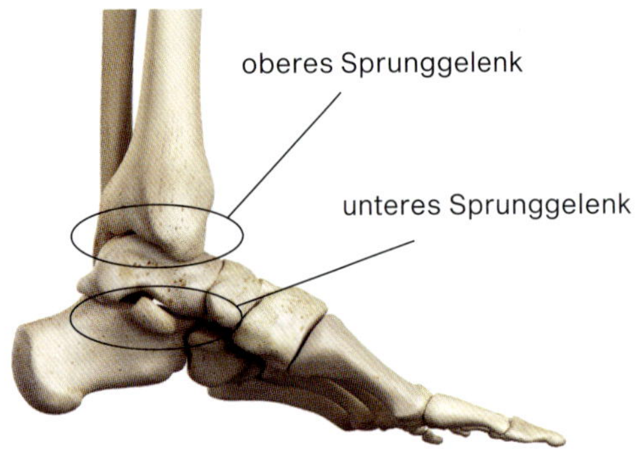

Oberes und unteres Sprunggelenk

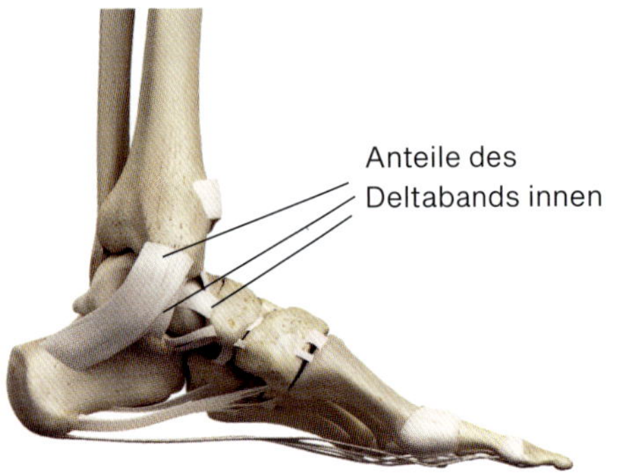

Sprunggelenkinnenseite

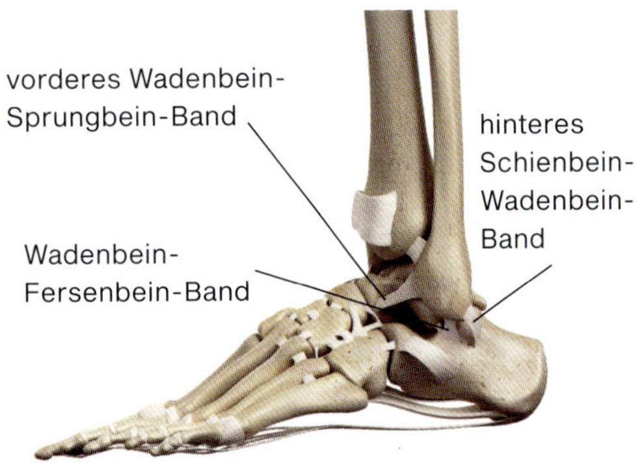

Sprunggelenkaußenseite

den ihnen zugewiesenen Bahnlinien. Obwohl es von oben wie ein gewöhnlicher Bahnhof aussieht, wird dort enorm viel Arbeit verrichtet.

Auch unser Sprunggelenk ist für die meisten Aktionen der Startpunkt. Es ist zeitlich gesehen das erste große Gelenk, das nach den Zehen in Aktion kommt, wenn wir beispielsweise hochspringen oder losrennen wollen. Alle weiteren an einer Aktion beteiligten Gelenke, die sich anatomisch darüber befinden, folgen minimal verzögert in ihrer Kraftentfaltung. Der Grund hierfür ist die Schwerkraft, der wir auf der Erde ausgesetzt sind. Physikalisch gesprochen geben wir Druck in den Boden, um vom Boden wegzukommen. Das Sprunggelenk ist des Weiteren ein tragendes Gelenk, das bei jedem Aufsetzen eines Schrittes die meiste Körperlast aufnehmen und im Abdruck beschleunigen muss. Kein weiteres Gelenk hat im Stand mehr Last zu tragen als das Sprunggelenk.

Prüft man die Beweglichkeit des Sprunggelenks, so fällt auf, dass sich der Fuß kreisen lässt. Es wäre daher eine logische Annahme, dass das Sprunggelenk wie die Hüfte oder Schulter ein Kugelgelenk ist. Der Schein trügt aber, denn das Sprunggelenk besteht aus zwei direkt übereinanderliegenden Gelenken. Das untere Sprunggelenk lässt den Fuß seitlich kippen. Das obere Sprunggelenk hat ebenfalls nur eine Kipprichtung. Es zieht den Fuß nach oben in Richtung Schienbein oder streckt ihn nach unten. In der Bewegung hat jedes Gelenk eine eigene Grundfunktion, die es hauptsächlich erfüllt: Das untere Sprunggelenk ist ein stabilisierendes Gelenk, das obere Sprunggelenk dagegen ein klassisches mobilisierendes Gelenk. Diese beiden Punkte nehmen wir oft beim Laufen wahr. Wie lästig es ist, immer wieder spontan umzuknicken, wissen viele. Hierbei verfehlt das untere Sprunggelenk seine Aufgabe. Der aktive Abdruck im Schritt kommt aus einem sanften Aufsetzen des angezogenen Fußes und dem weiten Abrollen bis zum Abdruck in der Gelenkstreckung. Diese geradlinige Aktion übernimmt das obere Sprunggelenk. Da der gesamte Bereich hohen statischen und dynamischen Kräften ausgesetzt ist, wird er mit vier Hauptbändern seitlich verstärkt.

Die Hüftregion – ein Rangierbahnhof mit Anbindung in den Untergrund

Nach dem Startbahnhof passiert unser Zug ein paar unscheinbare Bahnhöfe, bis er wenig später kurz vor dem Stadtzentrum in einen Rangierbahnhof einfährt. Dieser ist von oben betrachtet etwas größer als seine kleineren Vorgänger. An diesem Bahnhof werden ein paar essenzielle Weichen gestellt und die Züge hier unterschiedlich koordiniert. Ein paar werden von diesem Rangierbahnhof aus als U-Bahn in den Untergrund weitergeleitet, andere an der Oberfläche ihren Schienenweg wie gewohnt weiterfahren. Wiederum andere Züge werden umgeleitet und fahren ab hier Bahnhöfe an, die an anderen Linien liegen. Dieser Knotenpunkt ist gespickt mit modernster Überwachungstechnologie und braucht sehr viel Koordinationskompetenz. Werden hier Züge falsch umgeleitet, so entsteht Chaos im Stadtkern.

Unsere Hüftregion ist in gleicher Weise ein motorischer Knotenpunkt für körperliche Funktionen. Kräfte, die vom Fuß aufsteigen, müssen hier über die tiefe Rumpfmuskulatur aufgenommen und verarbeitet werden. Aus biomechanischer Sicht nennt man das Impulsweiterleitung. Stelle

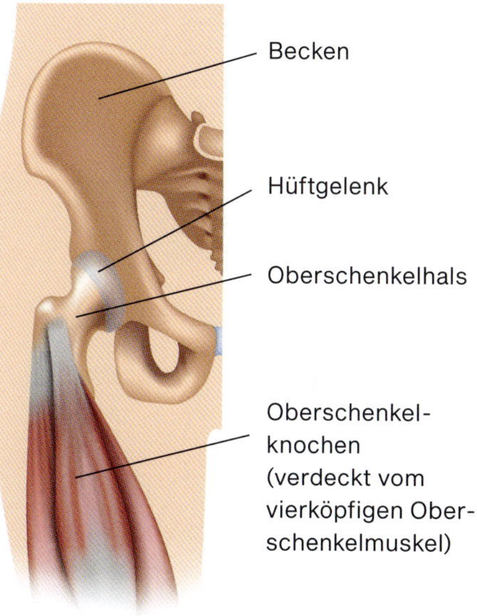

Der Oberschenkelkopf liegt sicher in der Hüftpfanne, unterstützt von starken Muskeln.

dir als Beispiel einen Gewichtheber vor. Dieser drückt aus seinen Beinen heraus die Langhantel samt Gewicht nach oben, um sie mit den Armen über Kopf stemmen zu können. Damit der Impuls der Beine sich in einer Armbewegung entlädt und nicht zwischendrin verpufft, ist im Rumpf eine Impulsweiterleitung über die angespannte Tiefenmuskulatur nötig. Andere Aktionen wiederum laufen teils stabilisiert über die tiefen, aber auch dynamisch über oberflächliche Muskeln. Ein Diskuswerfer beispielsweise startet eine Wurfbewegung, indem er nach dem letzten Schritt seines Anlaufs kurz vor der Abwurflinie einen kräftigen Stemmschritt ausübt. Über diesen Stemmimpuls bringt der Werfer sein Becken in eine beschleunigte Drehbewegung. Diese muss der Oberkörper dynamisch aufrechterhalten, sodass er eine aktive Rotation über die

INFO

WICHTIG BEIM DYNAMISCHEN KLETTERN

Vor allem beim dynamischen Klettern sind bestimmte Abläufe entscheidend. Die Hüfte streckt sich dabei wie bei einem Sprung durch einen kräftigen Abdruck in den Tritt. Damit beschleunigst du deinen Körperschwerpunkt nach oben in Richtung des Zielgriffs, den du fassen möchtest. Diesen Zielgriff erreichst du meist mit einer Hand, über die du mit Spannung in Rumpf und Schultergürtel gegen ein ungewolltes Aufdrehen und Abfallen von der Wand arbeiten musst. Der richtige zeitliche Impulseinsatz des Hüftgelenks ist hierbei essenziell. Sehr oft wird die Bewegung nicht konsequent bis zum Abschluss durchgeführt. Vor allem oberkörperkräftige Kletterer und Boulderer neigen dazu, den Impuls nicht aus den Beinen, sondern aus den Armen zu generieren. Wiederum andere Klettersportler können aufgrund von Bewegungseinschränkungen in der Hüfte keine hohen Schübe über die Tritte in den Oberkörper übertragen. Auch hierbei ist die dynamische Kletterleistung herabgesetzt. Die Hüftbeweglichkeit ist ein Punkt, den jeder Kletterer und Boulderer stets auf seiner Liste stehen haben sollte.

oberflächliche schräge Bauchmuskulatur durchführen kann. Andere Sportarten brauchen für die aktive Aufrechterhaltung einer Bewegung weniger die schräge als vielmehr die gerade Bauch- oder Rückenmuskulatur.

Motorisch spielen in diesem Bereich viele Dinge auf engstem Raum zusammen. Anatomisch gesehen ist das Hüftgelenk ein sogenanntes Kugelgelenk, das sowohl gebeugt und gestreckt als auch abgespreizt und herangezogen sowie rotiert werden kann. Obwohl der Oberschenkelkopf knöchern sehr sicher in der tiefen Hüftpfanne geführt wird, halten ihn auch starke Muskeln und ein straffer Bandapparat fest in der Hüftpfanne. Wenn man sich vorstellt, dass ein Fußballspieler beim Schießen das Hüftgelenk so stark beschleunigt, dass er einen Ball mit mehr als 200 km/h kickt, dann wird klar, wie stark dieses Gelenk geführt werden muss. Die hüftangrenzende Muskulatur ist mit die stärkste im menschlichen Körper.

Die aktive Hüftstreckung ist sehr wichtig bei intensiven und klettertypischen Überkopfarbeiten, da der komplette Körper den nach oben gerichteten Armen folgen und sich somit strecken muss. Kann die Hüfte hierbei die benötigte Beweglichkeit nicht ausspielen und verbleibt sie in einer kleinen Restbeugung, so muss der Rumpf die fehlende Streckung kompensieren. Genau dann streikt sozusagen die U-Bahn und es entsteht ein biomechanisches Chaos.

Brustwirbelsäule, Schulterblatt, Schulter – die oberen Bahnhöfe

Im Helikopter über unserer Stadt schwebend, haben wir unseren Zug aus dem Startbahnhof im Sprunggelenk losfahren sehen, er wurde mit den richtigen Weichen im Hüftbereich teils oberirdisch weitergeleitet und teils in die U-Bahn geschickt. Außerhalb des Stadtkerns angekommen, passiert der Zug nun eine ganze Reihe von Bahnhöfen, die in ihrer Arbeit miteinander verbunden sind. Jeder dieser Bahnhöfe hat an unserem Zug eine wichtige, nur ihm aufgetragene Aufgabe zu verrichten. Sie laden Stück für Stück die Waggons aus. Der erste Bahnhof das meiste, der zweite und dritte jeweils etwas weniger. Ziel ist es, beim Einfahren in die Endstation möglichst wenig Restballast im Zug zu transportieren. Wenn ein vorgelagerter Bahnhof seine Arbeit nicht korrekt verrichtet, müssen die nächsten Bahnhöfe umso mehr Arbeit stemmen. Es könnte durchaus sein, dass sie aufgrund der Mehrbelastung streiken oder sich zugrunde schuften.

Genau so kann man sich den Kräfteverlauf in unserem Körper vorstellen. Anatomisch am Rumpf angrenzend befinden sich Brustwirbelsäule, Schulterblatt und Schultergelenk. Funktionell bauen diese aufeinander auf. Eine physiologisch aufgerichtete und mobile Brustwirbelsäule schafft optimale Voraussetzungen für das Anheften und kontrollierte Gleiten der Schulterblätter. Ist die Brustwirbelsäule übermäßig nach vorn gekrümmt, fallen die Schulterblätter nach außen und können nicht mehr zur Wirbelsäule zurückkorrigiert werden. Das Schulterblatt (lateinisch Scapula) wird von Muskeln geführt und gehalten. So wird es bei Armbewegungen muskulär in einem bestimmten Ausschlag mitbewegt. Diesem sogenannten skapulären Rhythmus ist es zu verdanken, dass wir unseren Arm für Überkopfaufgaben bei sauberen Lastaufnahmen heben kön-

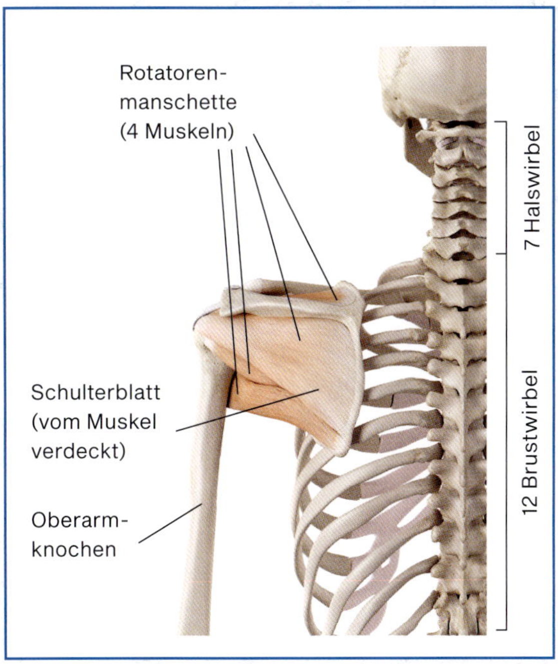

Das Schultergelenk ist umgeben von den vier Muskeln der Rotatorenmanschette.

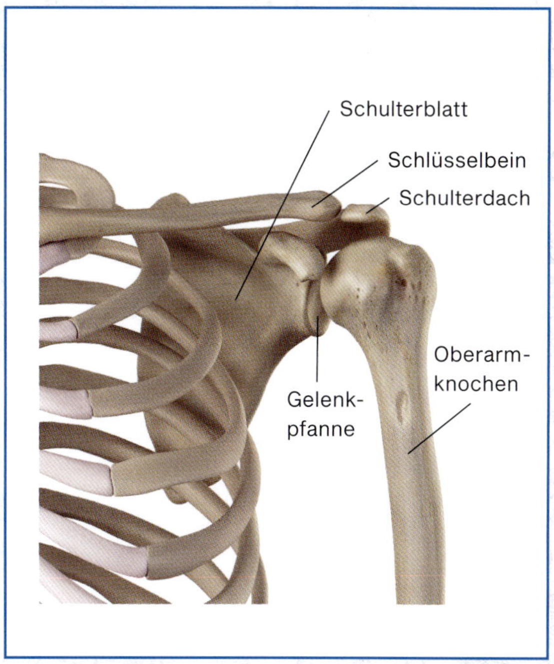

Die Gelenkpfanne ist im Vergleich zum Oberarmkopf sehr klein.

TIPP: FEHLENDE BEWEGLICHKEIT SCHAFFT ÜBERLASTUNG

Das Schultergelenk ist ein Kugelgelenk, das aufgrund seiner geringen knöchernen Beschränkung ausgesprochen beweglich ist. Dies ist für Kletter- und Boulderbelastungen enorm wichtig, da sehr viele belastende Aufgaben über Kopf in einer entsprechend weiten Schultergelenkstreckung stattfinden. Ist nun diese Beweglichkeit aufgrund einer Spannung im Gewebe eingeschränkt, können wir den Arm nur schwer aus diesem Gelenk heraus an den über uns befindlichen Griff heben, geschweige denn daran Zug nach unten ausüben, um uns hochzuziehen. Um den Griff dennoch zu erreichen, kompensieren wir, indem wir mit der Spannung in der Brust- oder Lendenwirbelsäule nachlassen und überstrecken. Funktionell stellt das Aufgeben von Spannung im Rumpfbereich unter Last aber eine Schwächung des Systems dar, da ein wichtiger Schutz sowohl für die Wirbelsäule als auch für andere belastete Regionen verloren geht. Die Schulterbeweglichkeit durch die Zusammenarbeit der entsprechenden Bereiche Brustwirbelsäule, Schulterblatt und Schultergelenk ist für den Kletterer essenziell, sodass die Belastbarkeit und Gesunderhaltung stets durch ein gezieltes Training erhalten oder gefördert werden sollte.

nen. Ist dieses rhythmische Mitbewegen des Schulterblatts gestört, sind angrenzende Regionen wie beispielsweise der Nacken ungewollt davon betroffen und arbeiten mit. Wenn es um kräftige Überkopfbelastung geht, ist es essenziell, diese Mechanik zu erhalten oder nach einer Verletzung wieder zu ermöglichen.

Das Schulterblatt bildet am äußeren Rand mit seiner kleinen Pfanne einen Teil des Schultergelenks. Der Gelenkpartner dazu ist der Oberarmkopf – eine Halbkugel, die sich an die Pfanne anlegt. Die Gelenkpfanne der Schulter ist verglichen mit der Größe des Oberarmkopfes ungemein klein. Somit wird das Schultergelenk von den vorhandenen Knochenstrukturen nur sehr wenig gegen ein Auseinandergleiten der Gelenkpartner – wir sprechen hierbei von einer Luxation – gesichert. Für die Lastaufnahme und Kraftentwicklung im Gelenk ist eine sichere Führung jedoch unbedingt notwendig, daher besitzt die Schulter eine Muskelgruppe, die den Oberarm in stabilisierender Funktion am Schulterblatt hält. Diese vier Muskeln gehören zur sogenannten Rotatorenmanschette. Sie stabilisiert die knöchernen Strukturen in der Tiefe, damit die oberflächliche Muskulatur den Oberarm in die klettertypischen Überkopfpositionen heben kann.

Ellbogen, Handgelenk, Fingergelenke – die funktionellen Endstationen

Wir haben uns die funktionelle Kraftentwicklung und -weiterleitung wie einen Zug vorgestellt, den wir über verschiedene Bahnhöfe und spezifische Schienenverbindungen durch den Körper fahren lassen. Klettern und Bouldern lebt von der Fähigkeit, in den Armen und Fingern viel Kraft aktivieren zu können. Daher haben wir unsere Lokomotive aus den Füßen losgeschickt, damit wir genügend Kraft in den Armen und Fingern rekrutieren können, um den nächsten Kletter- oder Boulderzug zu schaffen. Am Ende der Strecke fährt unser Zug in einen großen Endbahnhof ein. Er hat sein Ziel weit außen in den ruhigen Vororten der Stadt erreicht.

Anatomisch gesprochen sind diese Endstationen unsere Unterarmmuskeln, die im Ellbogenbereich entspringen, mit langen Sehnen das Handgelenk passieren und bis nach vorne in die Fingerspitzen reichen. Zählen wir nach, so durchlaufen die Muskeln je nach Lage und Länge fünf Gelenke: das Ellbogen- und Handgelenk sowie – den Daumen ausgenommen – drei Gelenke, die die einzelnen Finger beugen und strecken. Auffallend ist, dass die Knochen und Gelenke immer kleiner und filigraner werden, je weiter wir Richtung Fingerspitzen wandern. Die Größe von lastaufnehmenden Strukturen unterliegt im Körper einer logischen Grundlage. Je größer die knöchernen Gelenkpartner sind, desto mehr Last kann damit verarbeitet werden. Somit ist auch verständlich, warum vor allem die zarten Fingerbereiche im Klettersport sehr oft von Verletzungen betroffen sind.

Auch was die Knochen angeht, hat dieser Funktionsbereich einiges zu bieten. Elle und Speiche sind hier die zwei größten Knochen und bilden den Unterarm. Es folgen acht Handwurzelknöchelchen, die die Handfläche formen. Jeder Fingerstrahl beginnt bereits mit einem Knochen in der Handfläche. In der Summe zählt man 19 Fingerknochen pro Hand. Alle 29 Knochen in diesem Funktionsbereich pro Körperseite sind teilweise mit echten, also beweglichen Gelenken, oder unechten und somit unbeweglichen Gelenken verbunden. Die komplexe Mechanik in Händen und Fingern wird hauptsächlich von den Muskeln im Unterarm umgesetzt. Der Ort der Muskelarbeit im Unterarm und der Ort der Druckaufnahme in den Fingern sind somit sehr unterschiedlich lokalisiert. Damit diese räumliche Trennung dennoch überbrückt werden kann, befinden sich im Handgelenk sowie in den Fingern eine Vielzahl an Kreuz- und Ringbändern, die die langen Sehnen in die richtigen Bahnen lenken, sie halten und arbeiten lassen.

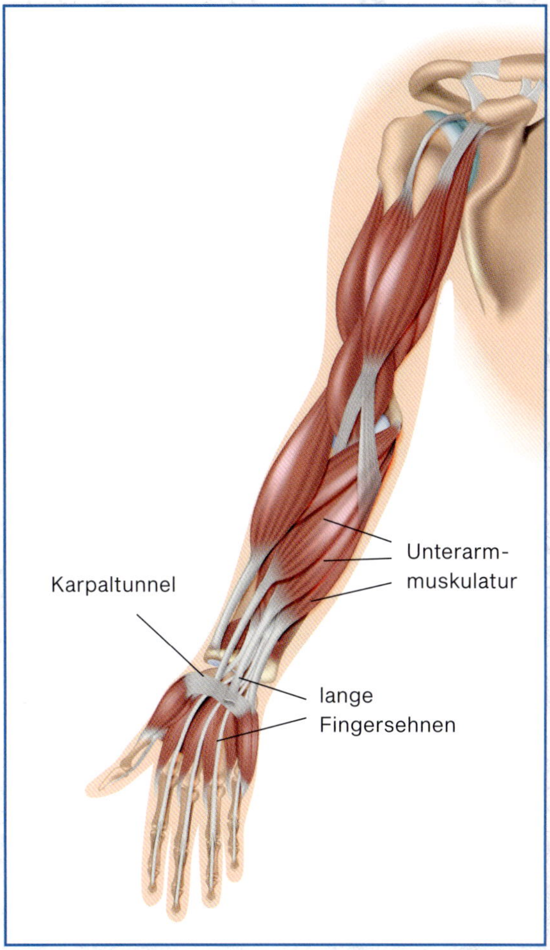

Die langen Sehnen der Unterarmmuskulatur reichen bis in die Fingerspitzen.

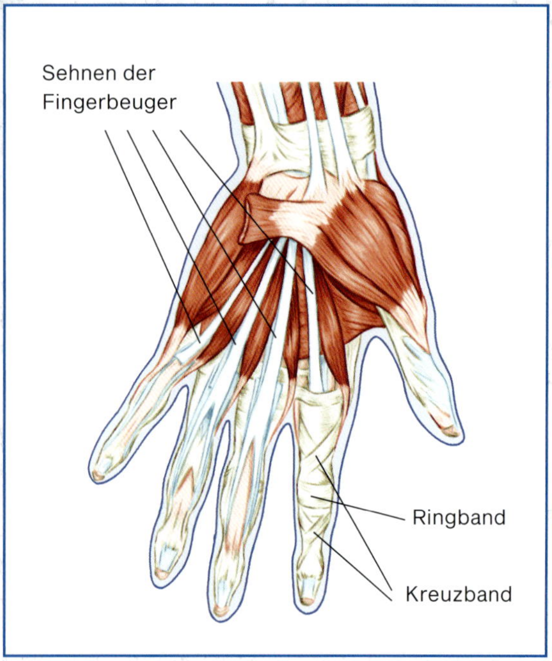

In den Fingern befinden sich zahlreiche Ring- und Kreuzbänder.

Für die Belastung solltest du eines daher immer im Hinterkopf behalten: Die Leistungsfähigkeit der vorderen Arme und Hände ist zum einen von der Muskelleistung der Unterarme abhängig, zum anderen aber auch von der Sehnen- und Bandfestigkeit der Finger und Hände. Beides muss trainiert werden, jedoch brauchen Anpassungsprozesse von Sehnen und Bändern wesentlich länger als die von Muskeln. In allen Bereichen, wo für vermeintlich einfache Bewegungen viele Muskeln, Knochen und Bänder gefordert sind, ist vor allem die Koordination untereinander enorm wichtig. Auch das sollte in diesem Bereich ein wichtiger Trainingsinhalt abseits von einer großen bis maximalen Trainingshärte sein.

ÜBUNGEN IM FUNKTIONELLEN ÜBERBLICK

Analog zur funktionellen Anatomie des Menschen sind die folgenden kletterathletischen Übungen in einer sinnvollen Trainingsreihe angeordnet. Unsere Reise durch den Körper hat gezeigt, dass sich bestimmte Prozesse und Faktoren im Körper gegenseitig bedingen. So muss beispielsweise die Stabilität im unteren Sprunggelenk vorhanden sein, um das Hüftgelenk im Stand kräftig zu bewegen. Weiter braucht es die angepasste Muskelleistung im Rumpf, um die Schultergelenke zu führen. Auf diese Zusammenhänge wurde bei der Auflistung der Übungen Rücksicht genommen, sodass die Funktionsbereiche aufbauend behandelt werden. Daraus ergibt sich eine Sortierung der Übungen auf den Seiten 74 bis 179 in folgende Körperbereiche:

- Rumpf
- Sprunggelenk
- Hüfte
- Brustwirbelsäule
- Schulterblatt
- Schulter
- Handgelenk
- Fingergelenke

So findest du dich bei den Übungen zurecht

Die Übungen sind in jedem Körpersegment nach der gleichen funktionellen Logik aufgelistet und wie folgt aufgebaut:

1. **Ansteuerung:** koordinative Übungen zur Muskelaktivierung
2. **Stabilität:** festigende Übungen für kontrolliertere Bewegungen
3. **Beweglichkeit:** Übungen zur Verbesserung der aktiven Mobilität
4. **Kräftigung:** dynamische Übungen für mehr Stärke

Direkt nach dem Übungsnamen findest du deshalb das Stichwort »Trainingsziel«. Daran erkennst du, in welchem funktionellen Bereich du dich beim jeweiligen Körperbereich gerade befindest. Der Hintergrund dieser Sortierung ist, dass sich verschiedene motorische Funktionen gegenseitig bedingen. Selbst wenn du an deinem Trainingstag dynamische Kraft trainieren willst, starte jedes Training dennoch stets mit einer koordinativen Ansteuerungsübung, da hiermit die so wichtige Kommunikation zwischen Planungszentrale im Gehirn und ausführendem Muskel aufgebaut wird. Nimm dir anschließend ein bis zwei stabilisierende Inhalte vor, denn Stabilität schützt gegen externe Last oder Impulse. Diese Übungen dienen der Verletzungsprävention, bevor es dann in mobilisierenden Übungen darum geht, das Gelenk möglichst weit innerhalb seiner Möglichkeiten zu bewegen. Auch dies hat aber nicht nur Einfluss auf deine Beweglichkeit, sondern ist zugleich ein wichtiger Bestandteil deines Schutzsystems. Bis zu diesem Punkt sind die Übungen für eine Krafteinheit ein sinnvolles Aufwärmen mit sinnvollen Inhalten. Erst anschließend geht es an den eigentlich gesetzten Trainingsinhalt – das Trainieren von kletterspezifischen Kraftelementen.

Selbstverständlich musst du nicht in jeder Trainingseinheit jede Ansteuerungs- oder Stabilitätsübung durchführen. Wechsle ab oder arbeite vermehrt an jenen, die dir schwerer fallen. Doch nicht nur innerhalb eines Körpersegments sind die Inhalte passend aufgebaut, auch die Körpersegmente selbst bauen aufeinander auf. Solltest du zum Beispiel im Training deiner Fingerkraft stagnieren, mit Schmerzen reagieren oder ähnliche ungewollte Reaktionen erfahren, dann setze dich konstruktiv mit der vorherigen Körperregion – in diesem Fall der Schulter – und den dort angegebenen Übungen auseinander. Die Liste der Übungen ist also als Fahrplan für dein Training zu verstehen, der dir effektive Inhalte bietet und diese in einer motorisch sinnvollen Methodik aufbaut.

FERSENTIPP AUS DER RÜCKENLAGE

Trainingsziel: Ansteuerung der Rumpfmuskulatur

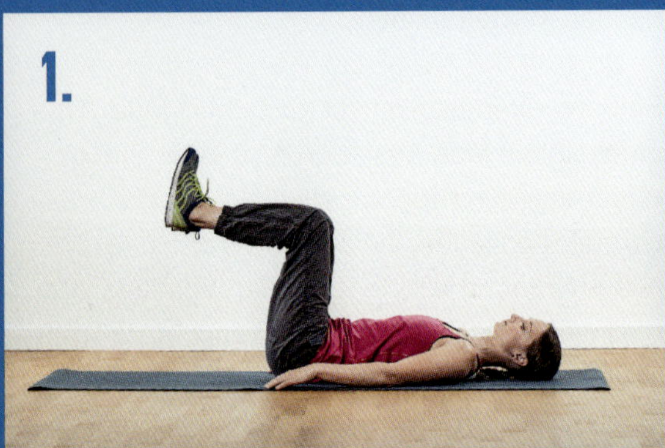

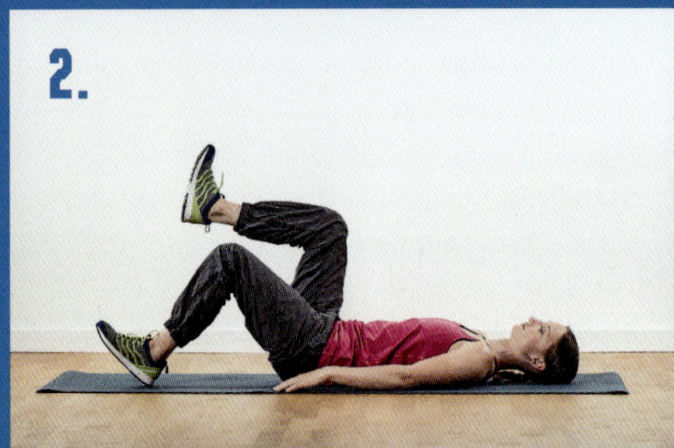

1. Lege dich auf den Rücken und hebe die Beine im rechten Winkel nach oben an. Der Kopf wird in die Verlängerung geschoben, der Nacken ist entspannt, und die Arme liegen locker neben dem Körper. Drücke die Lendenwirbelsäule aktiv auf den Boden.

2. Bewege beim Ausatmen ein Bein mit konstantem 90-Grad-Winkel im Knie Richtung Boden und tippe mit der Ferse kurz auf. Stoppe jedoch die Bewegung, sobald du spürst, dass die Lendenwirbelsäule den Bodenkontakt verliert. Hebe das Bein zurück in die Ausgangsposition und starte mit dem Gegenbein in gleicher Weise.

Hinweis: Achte auf eine ruhige und tiefe Atmung. Der Schulter-Nacken-Bereich ist über die gesamte Übung hinweg entspannt.

Training: 8 bis 10 Wiederholungen pro Bein in 3 Übungssätzen. Führe die Übung wechselseitig aus.

HALBES AUFROLLEN

Trainingsziel: Ansteuerung der Rumpfmuskulatur

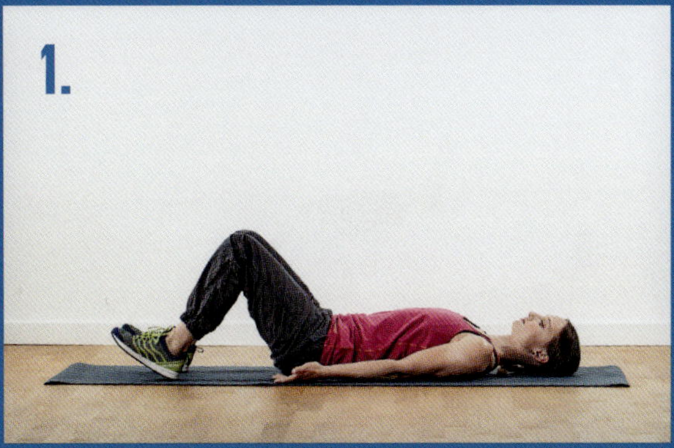

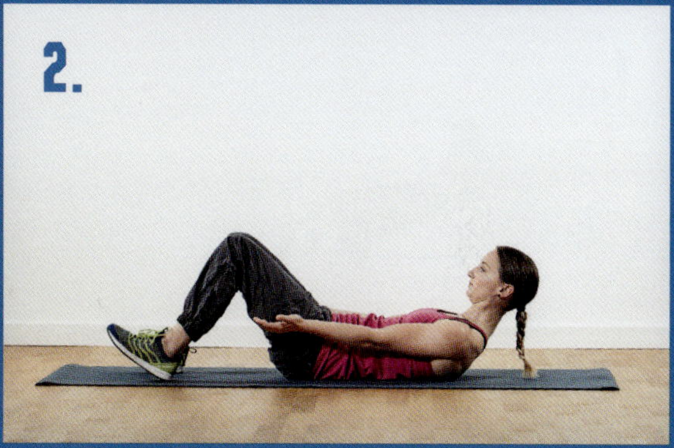

1. Lege dich auf den Rücken und stelle die Fersen auf. Die Beine sind rechtwinklig gebeugt. Drücke die Lendenwirbelsäule leicht auf den Boden und lege die Arme seitlich am Körper ab. Drehe die Handflächen nach oben.

2. Rolle dich mit dem Ausatmen aus der Brustwirbelsäule heraus so weit nach oben, dass die Lendenwirbelsäule den Druck auf den Boden halten kann. Die Knie bleiben in der Ausgangsposition.

Hinweis: Stelle dir beim Hochrollen vor, dass du dich mit dem Ausatmen im Oberkörper klein machst.

Training: 12 bis 14 ruhige Wiederholungen in 3 Übungssätzen

GEGENDRUCK HÜFTBEUGUNG MIT STAB

Trainingsziel: Ansteuerung der Rumpfmuskulatur

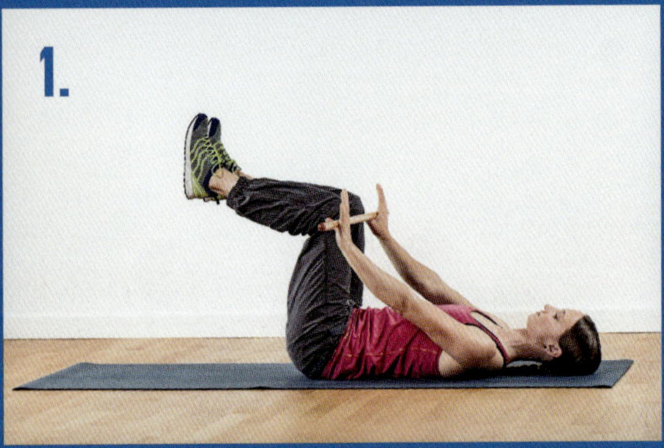

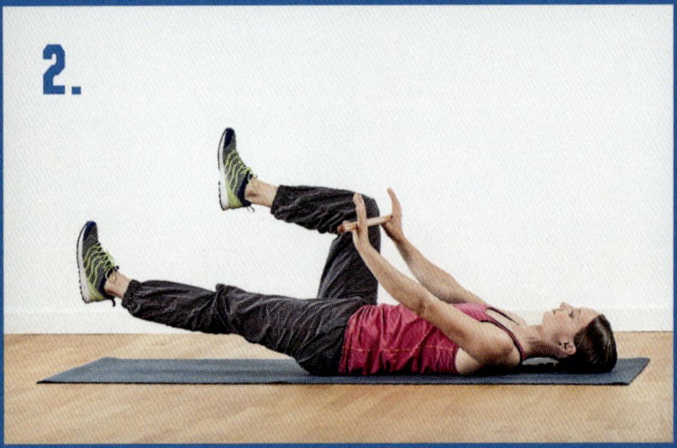

1. Lege dich auf den Rücken und hebe die Beine im rechten Winkel nach oben an. Drücke die Lendenwirbelsäule aktiv auf den Boden. Greife einen Holzstab etwas mehr als schulterbreit, klemme ihn zwischen Daumen und Zeigefinger ein und strecke die Finger nach oben. Drücke ihn gegen die angewinkelten Oberschenkel und baue somit einen Gegendruck auf.

2. Bei konstantem Druck der Arme löst du mit dem Ausatmen ein Bein vom Stab und schiebst es so weit von dir weg, wie die Lendenwirbelsäule den Kontakt zur Unterlage behält. Mit dem Einatmen ziehst du das Bein wieder zurück und wiederholst mit dem Ausatmen auf der anderen Seite.

Hinweis: Achte auf eine ruhige und tiefe Atmung. Trotz des Armdrucks ist die Halswirbelsäule mit ihren einzelnen Wirbelkörpern aufgerichtet und der Kopf schiebt auf der Unterlage weit nach hinten, wobei das Kinn etwas zur Brust sinkt.

Training: 10 bis 12 Wiederholungen pro Bein in 3 Übungssätzen. Trainiere innerhalb eines Satzes wechselseitig.

VORLAGE IM SCHLINGENTRAINER

Trainingsziel: Frontale und seitliche Rumpfstabilität

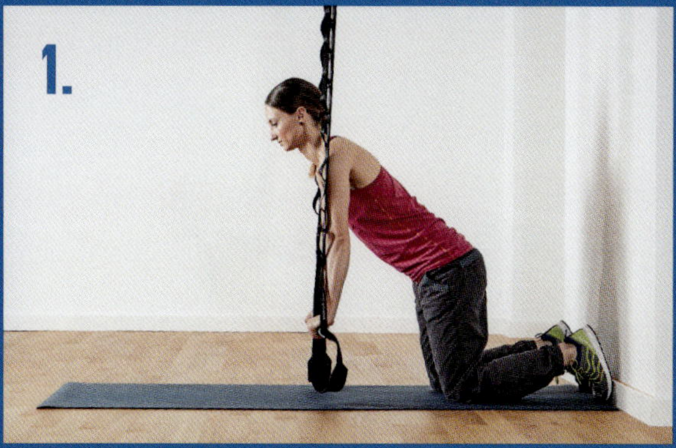

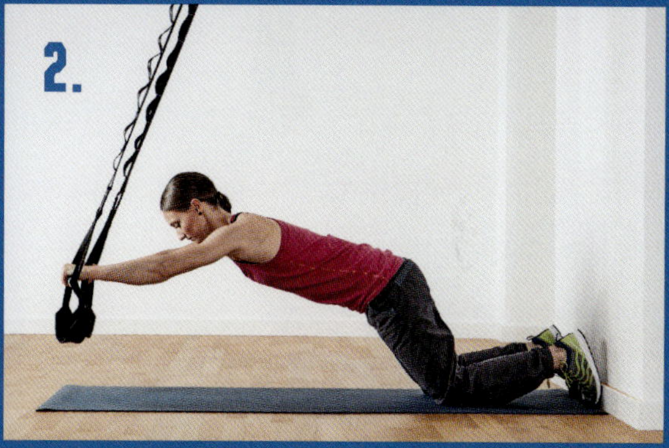

1. Greife aus einem aufrechten Kniestand heraus die auf Hüfthöhe befindlichen Handgriffe und lehne dich mit Körperspannung leicht nach vorn. Die Hüft- und Ellbogengelenke sind leicht gebeugt. Im Stütz werden die Schulterblätter aktiv nach unten gezogen, der Kopf befindet sich in Verlängerung der Wirbelsäule.

2. Verstärke mit dem Ausatmen die Vorlage, indem du die Handgriffe vom Körper weg nach vorn schiebst. Je weiter du den Körper absenkst, desto mehr Körperspannung ist nötig.

Hinweis: Achte bei dieser Übung vor allem auf die saubere Wirbelsäulenposition und einen aktiven Stütz. Hebe dabei stets den Brustkorb in die Schulterblätter hoch und verhindere dadurch, dass der Oberkörper durchhängt.

Training: 14 bis 16 Wiederholungen in 3 Übungssätzen

HÜFTSTRECKUNG AUS DER RÜCKENLAGE

Trainingsziel: Frontale und seitliche Rumpfstabilität

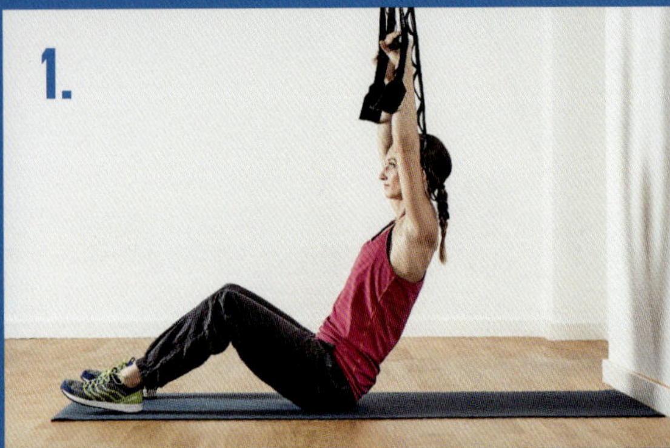

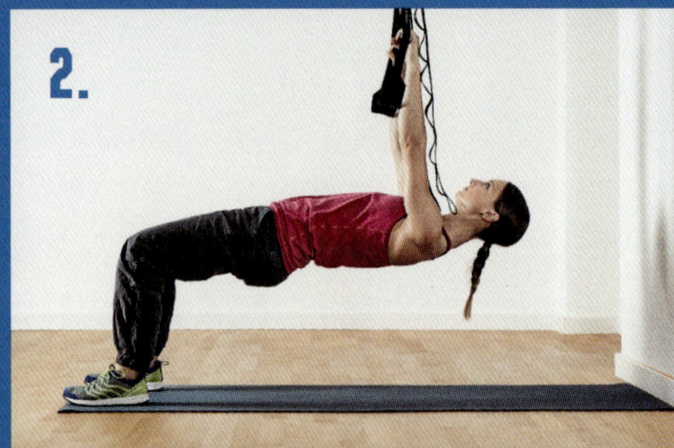

1. Starte im Sitzen unter dem Schlingentrainer. Aus einer leichten Rückenlage heraus kannst du die beiden Handgriffe mit gestreckten Armen sicher greifen, die Beine sind nach vorn angewinkelt und die Fersen haben stabilen Bodenkontakt. Halte die Wirbelsäule mit Spannung gerade.

2. An langen Armen hebst du unter Körperspannung mit dem Ausatmen das Gesäß vom Boden ab und kommst so in eine Hüftstreckung. Setze das Gesäß mit dem Einatmen wieder kontrolliert auf dem Boden ab.

Hinweis: Achte stets auf eine gerade Wirbelsäule und vermeide einen Hohl- oder Rundrücken.

Training: 14 bis 16 Wiederholungen in 3 Übungssätzen

PLANK ROTATION

Trainingsziel: Frontale und seitliche Rumpfstabilität

1. Komme in einen stabilen Unterarmstütz. Die Beine sind hüftbreit geöffnet, die Arme bilden im Stütz einen 90-Grad-Winkel zueinander. Die Bauchmuskulatur ist trotz aktiver Atmung angespannt, der Brustkorb hoch in die Schulterblätter gehoben und das Becken aufgerollt.

2. Verlagere das Gewicht auf die linke Seite und rotiere deinen Körper in dieser Haltung um 90 Grad, sodass deine Vorderseite nach rechts zeigt. Strecke den rechten Arm nach oben, das rechte Bein ist leicht angehoben. Du stützt dich jetzt nur noch auf dem linken Unterarm und der linken Fußaußenkante ab.

3. Komme kontrolliert wieder zur Startposition zurück und drehe dann den Körper in die Gegenrichtung.

Hinweis: Achte stets auf eine gerade Wirbelsäule und vermeide einen Hohl- oder Rundrücken.

Training: 7 bis 10 Wiederholungen pro Seite in 3 Übungssätzen. Trainiere innerhalb eines Satzes wechselseitig.

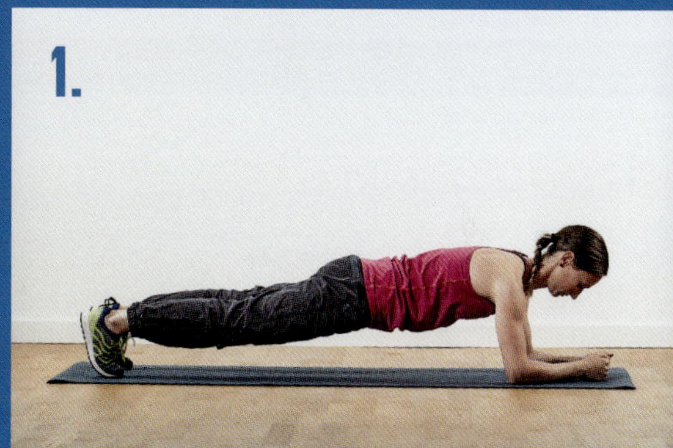

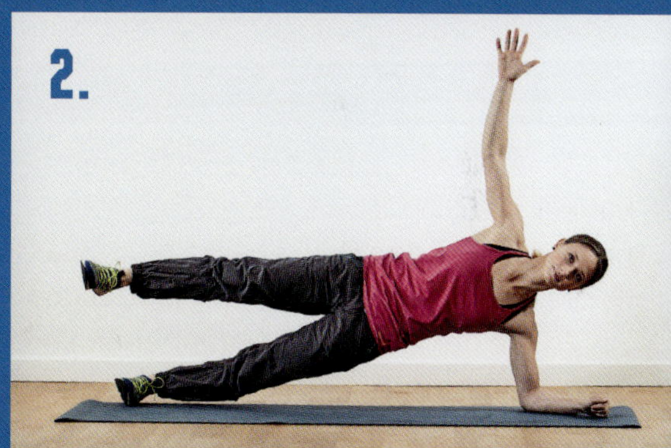

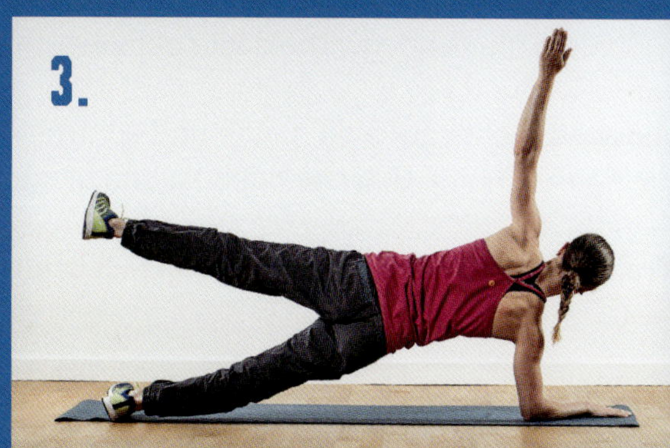

KLAPPMESSER MIT GEWICHT UND ABGELEGTER LENDENWIRBELSÄULE

Trainingsziel: Frontale und seitliche Rumpfstabilität

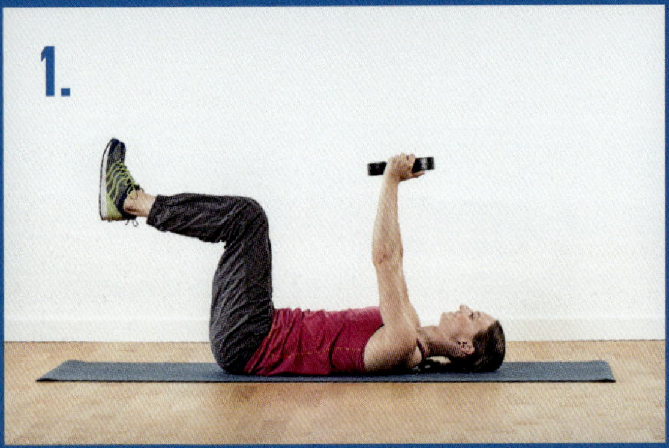

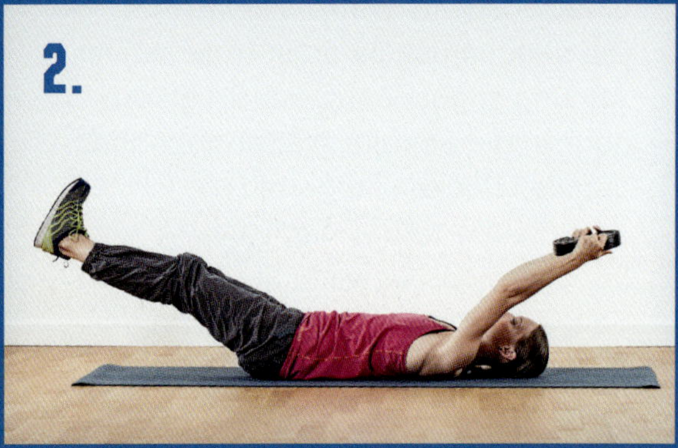

1. Lege dich auf den Rücken und hebe die Beine im rechten Winkel nach oben an. Der Kopf ist aktiv in die Verlängerung geschoben und die Lendenwirbelsäule leicht auf die Unterlage gedrückt. Die Arme heben eine Gewichtsscheibe in Richtung Decke.

2. Mit dem Ausatmen streckst du die Beine nach vorne und senkst die Arme mit dem Gewicht über Kopf in Richtung Boden. Beides geschieht in einem Bewegungsausmaß, in dem die Lendenwirbelsäule aktiv Kontakt zur Unterlage behält.

Hinweis: Achte auf eine ruhige und kontrollierte Ausführung der Bewegung bei gleichmäßiger Atmung. Beginne mit 5 kg und steigere das Gewicht je nach Können.

Training: 14 bis 16 Wiederholungen in 3 Übungssätzen

LIEGESTÜTZ MIT SCHULTERTIPP

Trainingsziel: Antirotatorische Rumpfstabilität

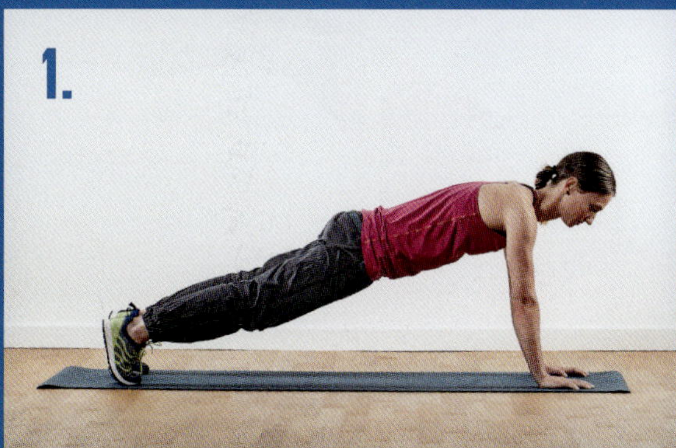

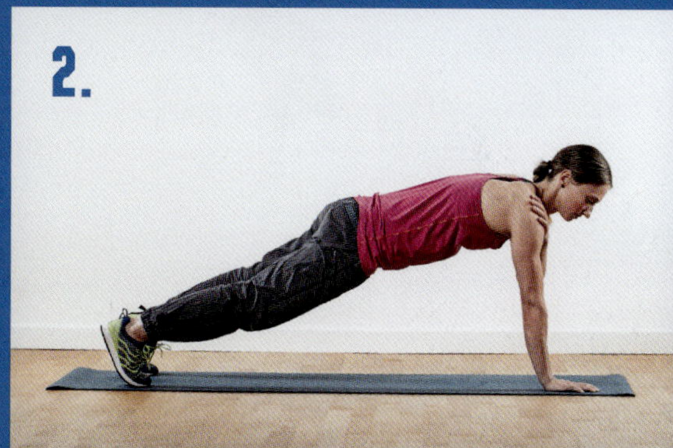

1. Starte in der Liegestützposition mit hüftbreit geöffneten Beinen. Die Hände sind im schulterbreiten Stütz und senkrecht unter den Schultern positioniert. Die Bauchmuskulatur ist trotz aktiver Atmung angespannt, der Brustkorb hoch in die Schulterblätter gehoben und das Becken aufgerollt.

2. Löse eine Hand vom Boden und berühre damit die gegenüberliegende Schulter. Dein Körper ist dabei ruhig und bewegungsfrei, die Schulterachse bleibt über den verbleibenden Stützarm parallel zum Boden.

Hinweis: Egal, welche Hand du hebst, der Brustkorb bleibt immer ins Schulterblatt gedrückt und die Halswirbelsäule gerade.

Training: 8 bis 12 Wiederholungen pro Arm in 3 Übungssätzen. Trainiere innerhalb eines Satzes wechselseitig.

KÖRPERDRUCK IN DEN GYMNASTIKBALL

Trainingsziel: Antirotatorische Rumpfstabilität

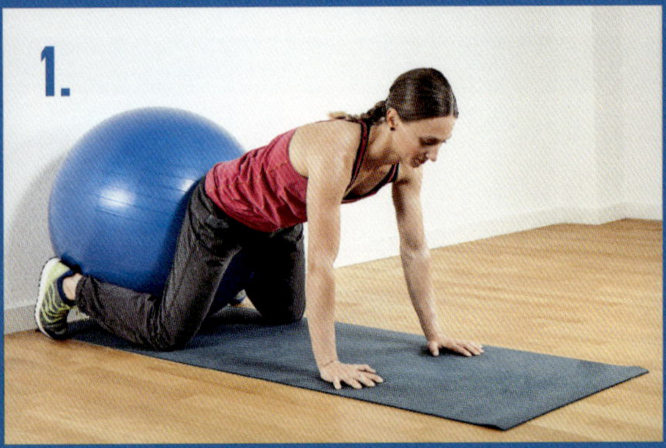

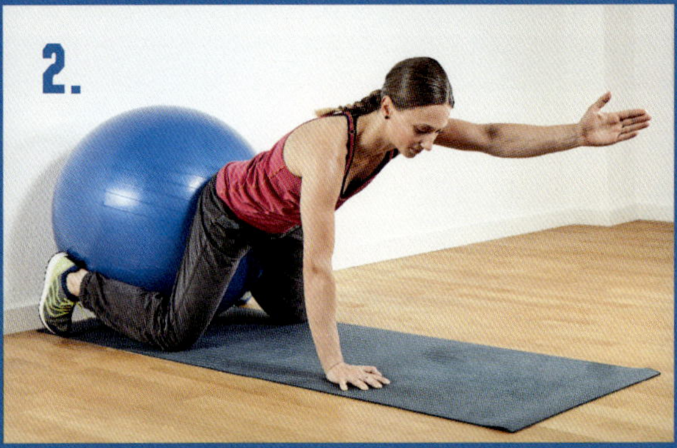

1. Komme in den Vierfüßlerstand. Dabei befinden sich die Hände senkrecht unter der Schulter und die Knie senkrecht unter der Hüfte. Drücke bei gerader Wirbelsäule einen Gymnastikball mit dem Po an die Wand. Der Brustkorb ist hoch ins Schulterblatt gedrückt und die Halswirbelsäule gerade.

2. Löse eine Hand vom Boden und strecke den Arm nach vorn. Der restliche Körper bleibt dabei ruhig in seiner Ausgangsposition bei konstantem Druck auf den Ball.

Hinweis: Je nach Handstellung im Stütz kannst du die Intensität der Übung variieren. Dabei gilt die Regel: Je breiter oder je zentraler die Handposition unter der Schulter ist, desto schwieriger ist es, die Übung sauber durchzuführen.

Training: 8 bis 10 Wiederholungen pro Arm in 3 Übungssätzen. Trainiere innerhalb eines Satzes wechselseitig.

SEITSTÜTZ MIT GEWICHT IM SCHLINGENTRAINER

Trainingsziel: Antirotatorische Rumpfstabilität

1. Beginne in einer Seitenlage. Beide Beine liegen am Sprunggelenk im Schlingentrainer. Stütze dich mit dem unteren Arm ab, greife ein Gewicht mit der anderen Hand und strecke den Arm zur Decke.

2. Hebe mit Körperspannung das Gesäß vom Boden ab und bringe den Körper in eine gerade Linie parallel zum Boden. Der Körper bleibt über die komplette Übungsdauer hinweg stabil in dieser Position.

3. Führe aus dieser Position heraus den oberen Arm aus dem Schultergelenk gestreckt vor den Körper, bis er parallel zum Boden ist. Der restliche Körper bleibt in seiner stabilen Ausgangsposition. Hebe den Arm zurück Richtung Decke und beginne durch erneutes Absenken des Arms mit der nächsten Wiederholung.

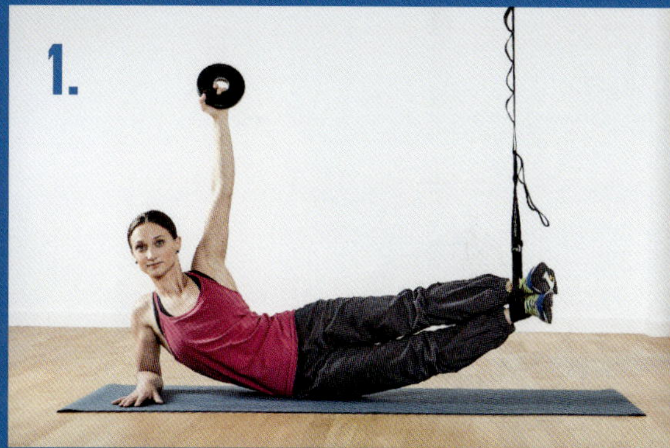

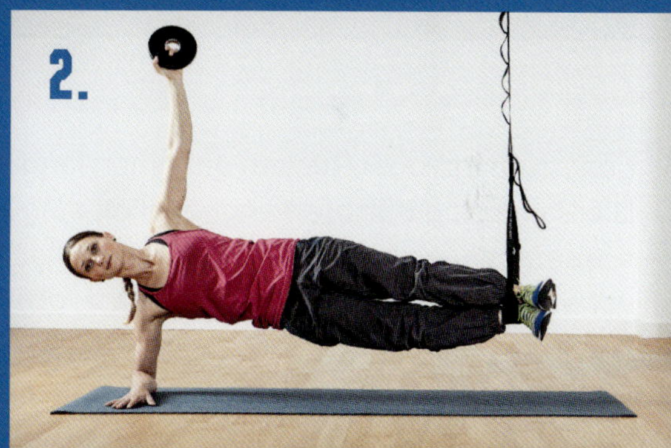

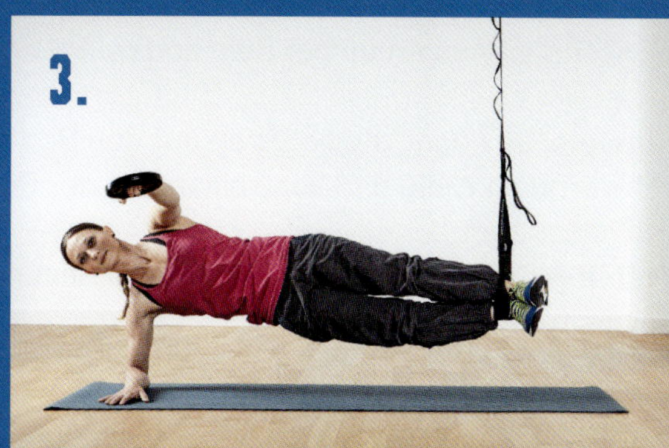

Hinweis: Du kannst statt einer Gewichtsscheibe auch eine Kurzhantel oder ein gespanntes Gummiband als Übungsprogression verwenden. Achte stets darauf, dass sich nur der Arm mit der Zusatzlast ohne Beteiligung anderer Körperpartien bewegt.

Training: 10 bis 12 Wiederholungen pro Arm in 3 Übungssätzen. Trainiere in einem Satz beide Seiten nacheinander.

BALANCIEREN AUF DER ROLLE

Trainingsziel: Antirotatorische Rumpfstabilität

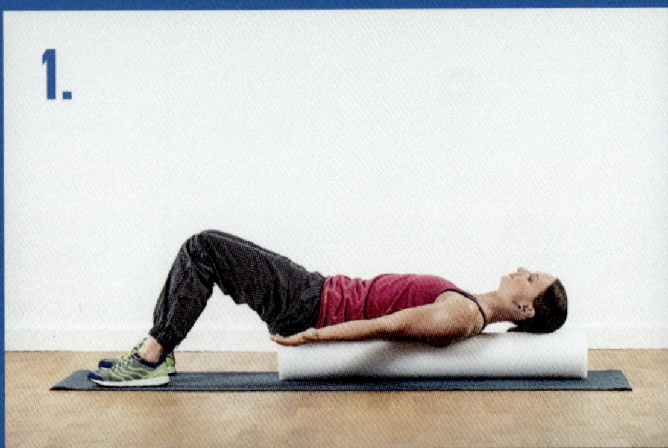

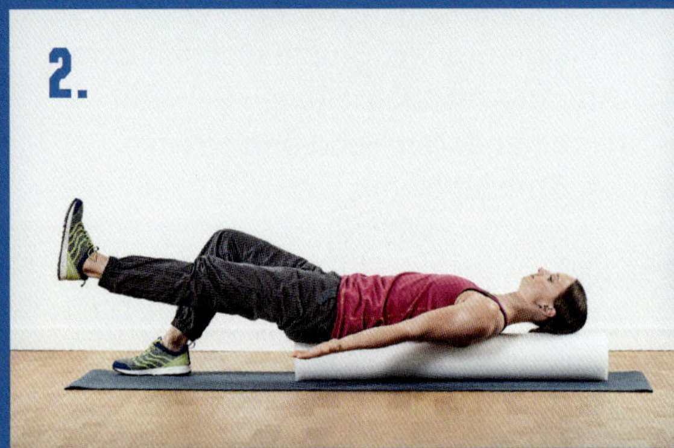

1. Lege dich mit dem Rücken auf einen langen Foamroller, eine Pilatesrolle oder ähnliches. Die Beine sind hüftbreit angewinkelt aufgestellt. Die Lendenwirbelsäule ist mittels Körperspannung in Kontakt mit der Rolle. Strecke die Arme seitlich am Körper nach vorn und drehe die Handflächen nach oben.

2. Löse mit dem Ausatmen einen Fuß vom Boden und strecke den Unterschenkel gerade nach vorn. Halte dabei deinen Körper ruhig und bewegungslos auf der wackligen Rolle. Stelle den Fuß mit dem Einatmen wieder zurück auf den Boden und starte beim nächsten Ausatmen mit dem anderen Bein.

Hinweis: Je enger du die Beine auf den Boden stellst, desto leichter ist es, den Körperschwerpunkt ruhig und kontrolliert auf der Rolle zu halten.

Training: 8 bis 12 Wiederholungen pro Bein in 3 Übungssätzen. Trainiere innerhalb eines Satzes wechselseitig.

HÜFTROLLEN

Trainingsziel: Rumpfbeweglichkeit

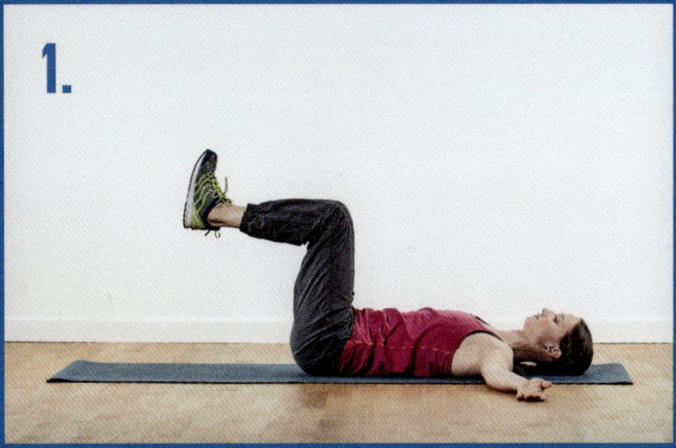

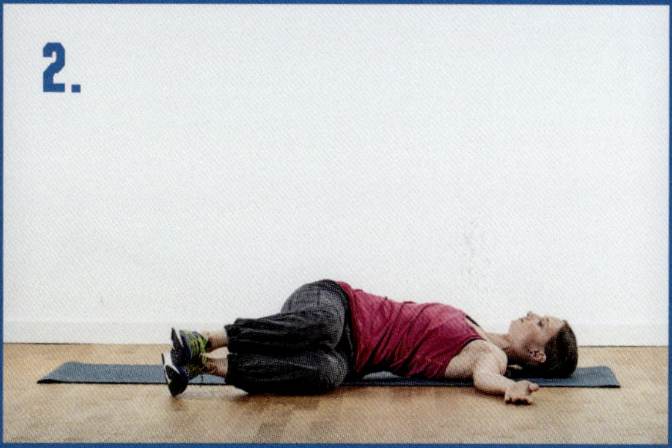

1. Komme in die Rückenlage und hebe die Beine im 90-Grad-Winkel an. Die Arme sind auf Schulterhöhe zur Seite gestreckt, die Handflächen zeigen nach oben.

2. Drehe mit dem Ausatmen das Becken und bringe die Beine angewinkelt Richtung Boden. Bewege dich nur so weit zur Seite, wie die Schulterblätter noch Kontakt zur Unterlage behalten und der Kopf in der Ausgangsposition bleibt.

Hinweis: Achte auf eine tiefe Ausatmung beim seitlichen Rollen, um eine möglichst große Beweglichkeit ausspielen zu können.

Training: 10 bis 12 Wiederholungen in 2 Übungssätzen. Trainiere innerhalb eines Satzes wechselseitig.

SKORPION

Trainingsziel: Rumpfbeweglichkeit

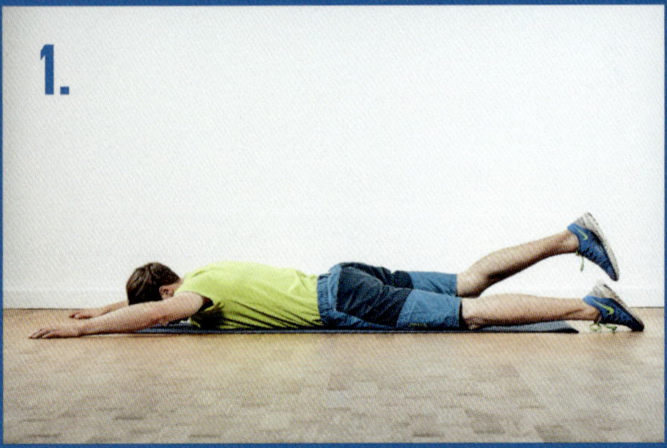

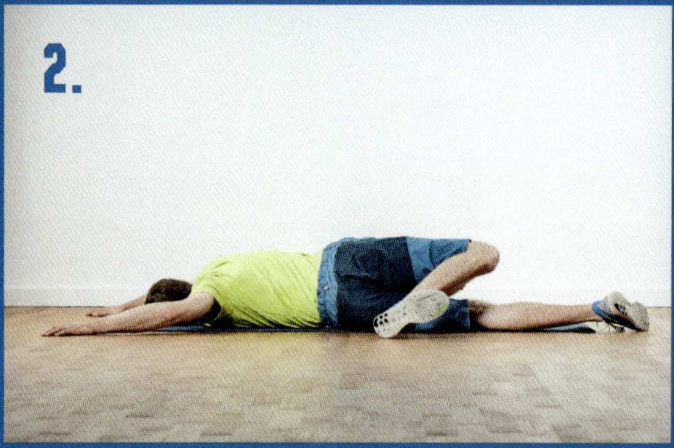

1. Starte in Bauchlage mit hüftbreit geöffneten Beinen und v-förmig geöffneten Armen über dem Kopf. Die Handflächen sind auf dem Boden.

2. Hebe mit dem Ausatmen ein Bein an und ziehe es zur Gegenseite über das andere Bein. Das Becken dreht möglichst weit mit. Tippe mit der Ferse auf Gesäßhöhe kurz auf den Boden. Drehe dann die Hüfte zurück und lege das Bein wieder ab.

Hinweis: Achte auf eine tiefe Ausatmung beim seitlichen Rollen, um eine möglichst große Beweglichkeit ausspielen zu können.

Training: 8 bis 10 Wiederholungen in 2 Übungssätzen. Trainiere innerhalb eines Satzes wechselseitig.

90-90-STRETCH

Trainingsziel: Rumpfbeweglichkeit

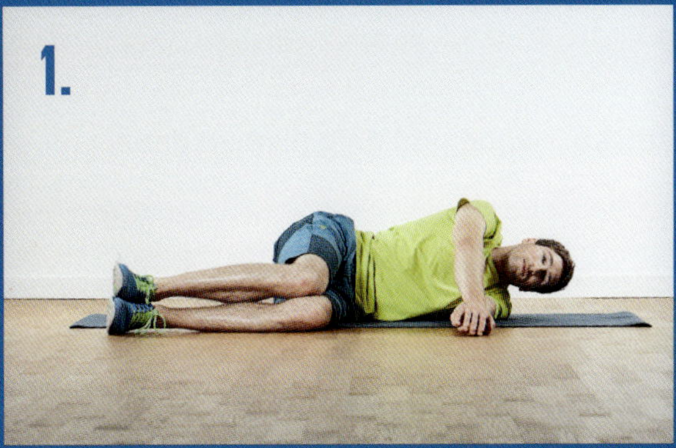

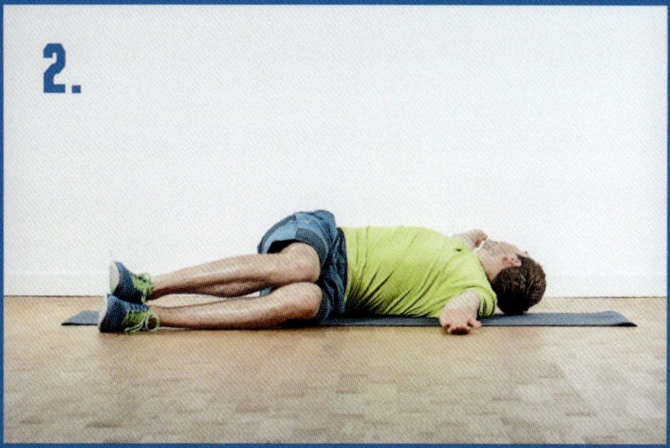

1. Komme in eine Seitenlage und lege beide Arme im 90-Grad-Winkel zum Brustkorb gestreckt ab. Die Handflächen sind übereinander. Hüfte und Knie liegen ebenfalls rechtwinklig gebeugt am Boden. Lege entweder ein Kissen unter den Kopf, um eine physiologische Halswirbelsäulenposition zu gewährleisten, oder halte ihn, sofern es deine Muskelspannung zulässt. Die Wirbelsäule ist gerade.

2. Mit dem Ausatmen drehst du den gestreckten oberen Arm so weit wie möglich zur Gegenseite. Wenn du kannst, lege ihn ab. Die Position von Becken und Knie bleibt bei dem nun geweiteten Brustkorb bestehen. Drehe dich zurück in die Ausgangsposition und wiederhole.

Hinweis: Achte auf eine tiefe Ausatmung beim seitlichen Rollen, um die volle Beweglichkeit ausspielen zu können. Klemme dir ein Kissen oder ein zusammengerolltes Handtuch zwischen die Knie, um während der Ausführung die ruhige Position in den Beinen besser halten zu können.

Training: 10 bis 12 Wiederholungen in 2 Übungssätzen. Trainiere in einem Satz beide Seiten nacheinander.

OBERKÖRPERROTATION AUS DEM FERSENSITZ

Trainingsziel: Rumpfbeweglichkeit

1. Beginne im Vierfüßlerstand. Dabei befinden sich die Hände senkrecht unter der Schulter und die Knie senkrecht unter der Hüfte. Die komplette Wirbelsäule wird mit Körperspannung in eine waagerechte Position gebracht.

2. Setze nun deinen Po nach hinten auf die Fersen ab. Hände und Knie bleiben dabei in ihrer Position.

3. Aus dieser Position streckst du den rechten Arm durch eine Oberkörperrotation senkrecht nach oben.

4. Komme wieder zurück und lege den Arm ab. Stütze dich auf die Unterarme und hebe den Oberkörper etwas an.

5. Löse die Unterarme und gleite mit der Brust knapp über dem Boden nach vorn. Die Knie bleiben am Boden.

6. Halte dabei die Hüfte dicht am Boden, schiebe den Oberkörper so weit nach oben, bis die Arme gestreckt sind und die Wirbelsäule lang ist. Komme von hier aus in den Vierfüßlerstand zurück, indem du das Becken anhebst, und wiederhole.

Hinweis: Achte bei dieser Übung auf eine fließende Bewegung und vermeide ruckartige oder reißende Aktionen.

Training: 8 bis 10 Wiederholungen in 2 Übungssätzen

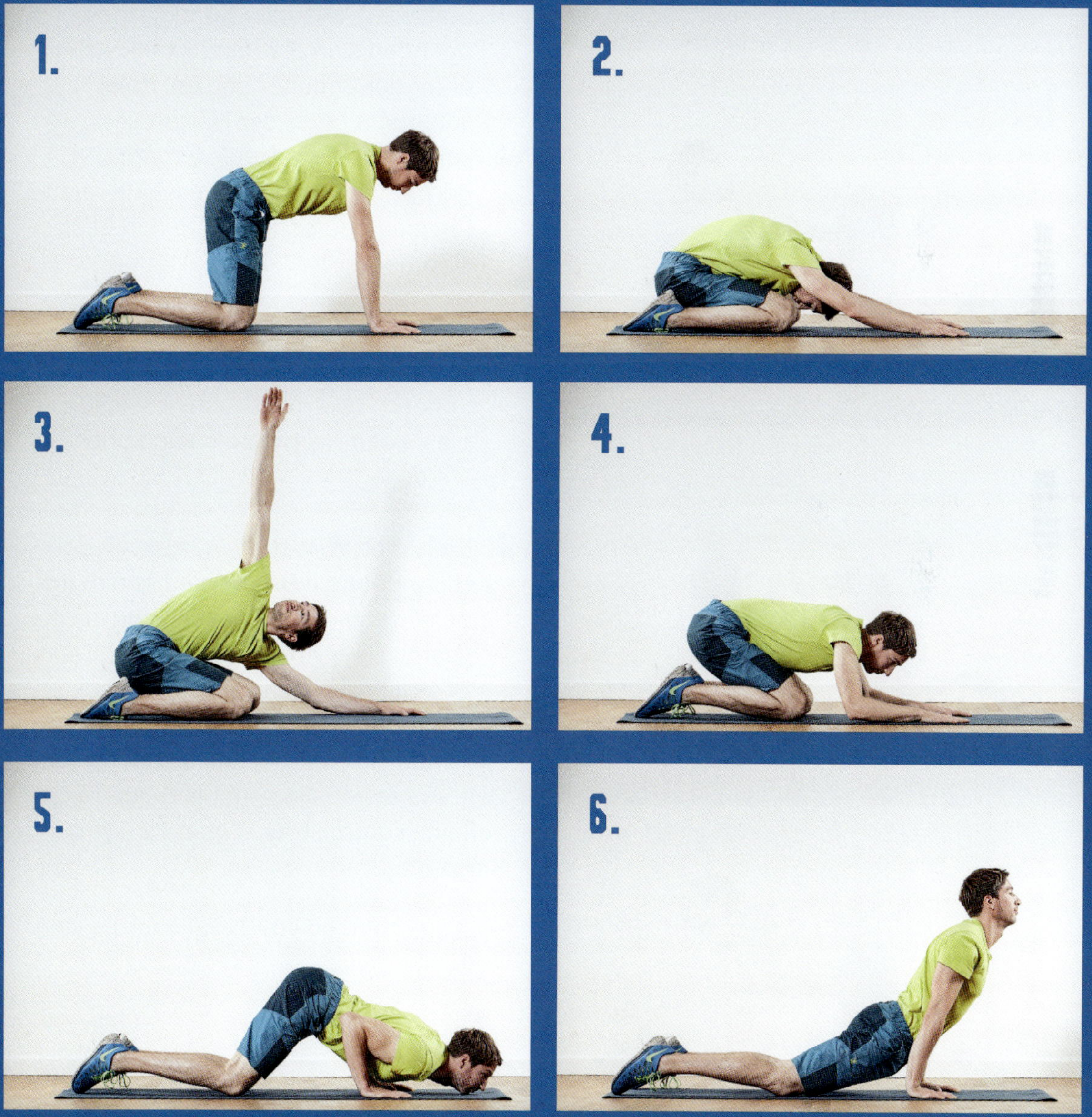
1.
2.
3.
4.
5.
6.

AUF- UND ABROLLEN DER WIRBELSÄULE

Trainingsziel: Rumpfbeweglichkeit

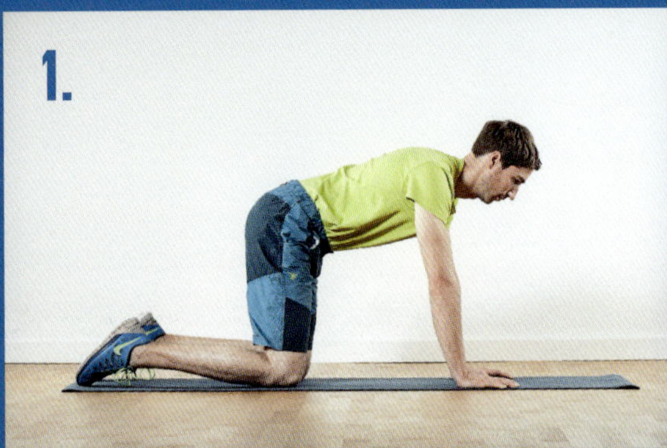

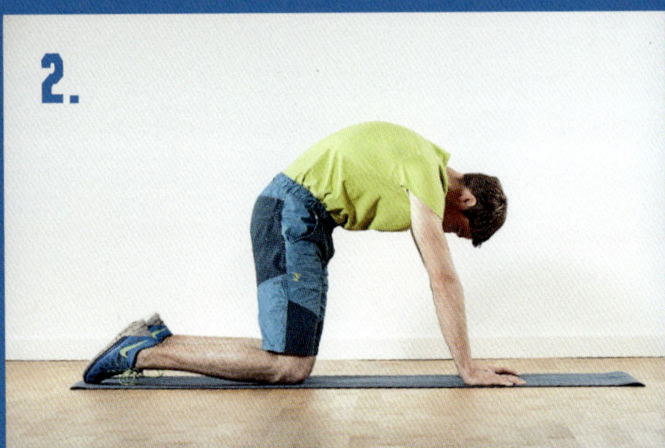

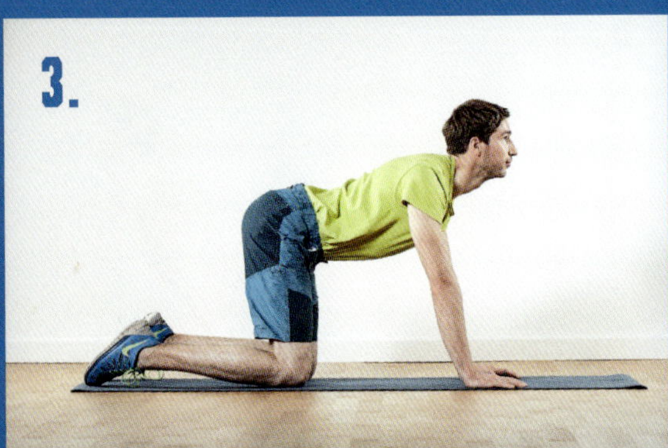

1. Starte im Vierfüßlerstand. Dabei befinden sich die Hände senkrecht unter der Schulter und die Knie senkrecht unter der Hüfte. Die komplette Wirbelsäule wird mit Körperspannung in eine waagerechte Position gebracht. Richte den Blick zum Boden.

2. Beginne nun vom Becken her die Wirbelsäule Wirbel für Wirbel von der Lenden- über die Brustwirbelsäule bis zu den Halswirbeln nach oben zu rollen.

3. Rolle dich Wirbel für Wirbel von der Hals- über die Brust- zur Lendenwirbelsäule wieder ab, sodass du in eine leichte Überstreckung kommst. Dein Blick ist nun nach vorn gerichtet.

Hinweis: Lass dir bei dieser Übung viel Zeit. Achte vor allem im Lendenbereich auf eine kontrollierte Wirbel-für-Wirbel-Bewegung.

Training: 10 bis 12 Wiederholungen in 2 Übungssätzen

AUFROLLEN

Trainingsziel: Rumpfkräftigung frontal

1. Starte in der Rückenlage mit angewinkelten Beinen und aufgestellten Fersen. Strecke die Arme seitlich neben dem Körper nach vorn und halte sie angehoben parallel zum Boden. Die Handflächen zeigen nach oben.

2. Rolle mit der ersten Hälfte deiner Ausatmung die Wirbelsäule auf. Dabei hebt sich dein Kopf nach oben und die Arme schieben Richtung Füße. Mache dich dabei so klein wie möglich. Der Nacken bleibt möglichst entspannt.

3. Rolle mit der restlichen Ausatmung fließend weiter und richte dich so weit in den Sitz auf, bis in leichter Rücklage die Wirbelsäule wieder gerade ist.

Hinweis: Achte bei jeder Rollbewegung auf eine maximal tiefe Ausatmung. Nur mit leeren Lungen kannst du die Rippen genügend zusammenziehen, um mit dem kleinstmöglichen Hebel schwungfrei und kontrolliert ins Sitzen zu kommen.

Training: 12 bis 15 Wiederholungen in 3 Übungssätzen

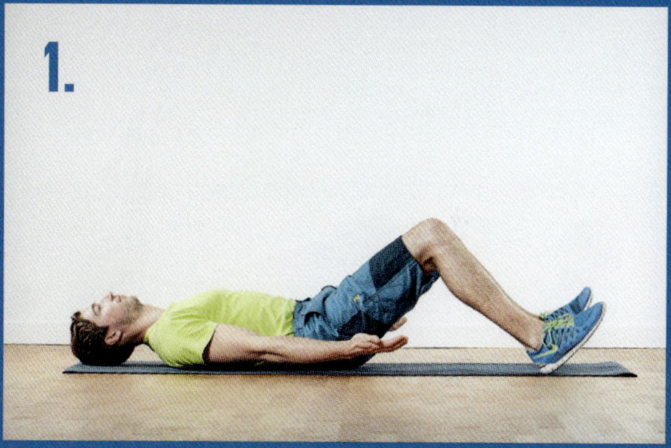

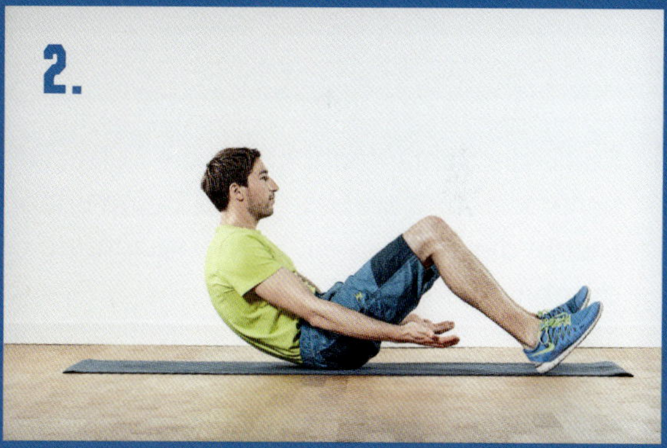

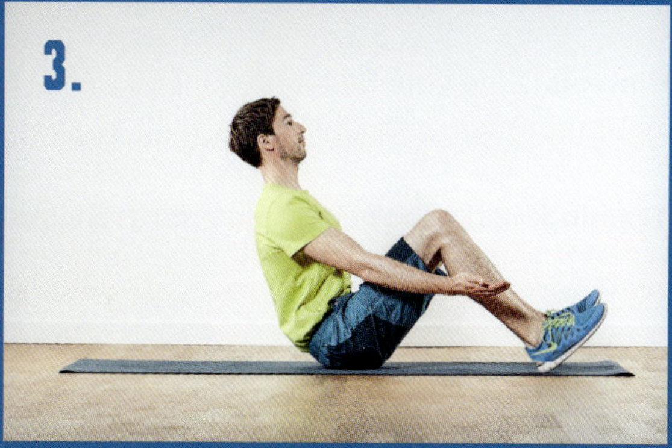

UMGEKEHRTER CRUNCH IM SCHLINGENTRAINER

Trainingsziel: Rumpfkräftigung frontal

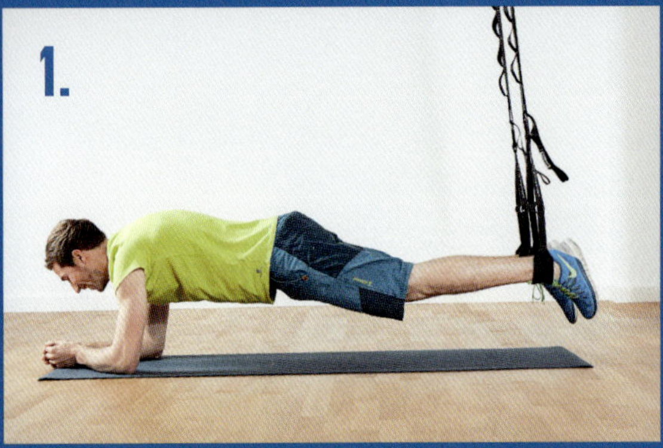

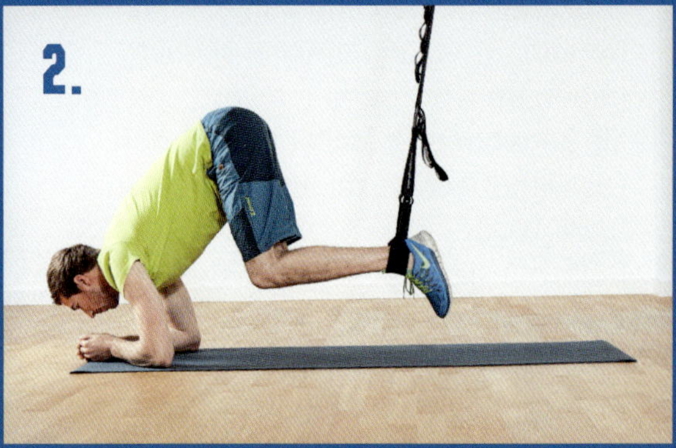

1. Stelle die Schlaufenhöhe für die Füße auf Mitte des Schienbeins ein. Komme in den Unterarmstütz und hänge die Beine knapp über dem Sprunggelenk in die Fußschlaufen. Richte das Becken mit Körperspannung so aus, dass du im Lendenbereich nicht durchhängst.

2. Ziehe die Knie möglichst weit zum Brustkorb und schiebe dabei das Gesäß nach oben. Strecke dann die Beine wieder und kontrolliere dabei die Körperspannung, sodass du in jedem Fall ein Hohlkreuz vermeidest.

Hinweis: Eine gute Steigerung ist es, wenn du die Übung mit gestreckten Armen anstatt im Unterarmstütz machst.

Training: 12 bis 15 Wiederholungen in 3 Übungssätzen

SEITLICHES AUFROLLEN

Trainingsziel: Rumpfkräftigung seitlich

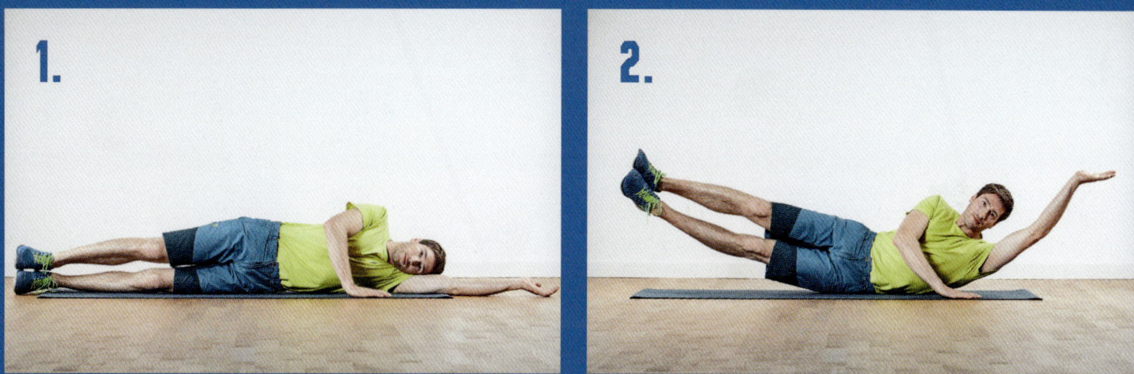

1. Starte in einer gestreckten Seitenlage. Die Schulter- und Beckenachse ist senkrecht zum Boden ausgerichtet. Lege den Kopf auf dem unteren gestreckten Arm ab, die Füße sind übereinandergelegt. Stütze die freie Hand vor dem Brustkorb ab. Damit stabilisierst du die Körperposition.

2. Rolle dich nun seitlich auf, indem du beim Ausatmen mit der Kraft aus der Rumpfmuskulatur das Becken und die Rippen auf der oben liegenden Körperseite zusammenziehst. Bringe den Körper in eine Bogenspannung, sodass sich die Beine und der untere Arm vom Boden lösen. Lege dich dann langsam und kontrolliert wieder ab und wiederhole.

Hinweis: Achte bei jedem Aufrollen auf eine maximal tiefe Ausatmung. Nur mit leeren Lungen kannst du die Rippen und das Becken zusammenziehen. Auch in der Anspannungsphase stehen Becken und Schultern senkrecht zum Boden und kippen weder nach vorn noch nach hinten.

Training: 10 bis 12 Wiederholungen in 3 Übungssätzen. Trainiere in einem Satz beide Seiten nacheinander.

HÜFTSTRECKEN AUS DEM SITZ IM SCHLINGENTRAINER

Trainingsziel: Rumpfkräftigung rückseitig

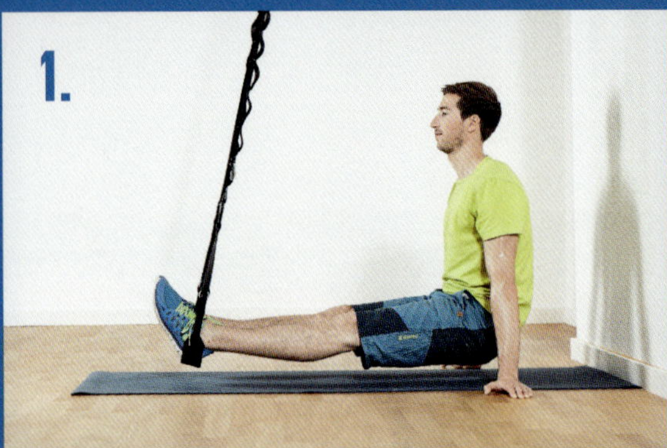

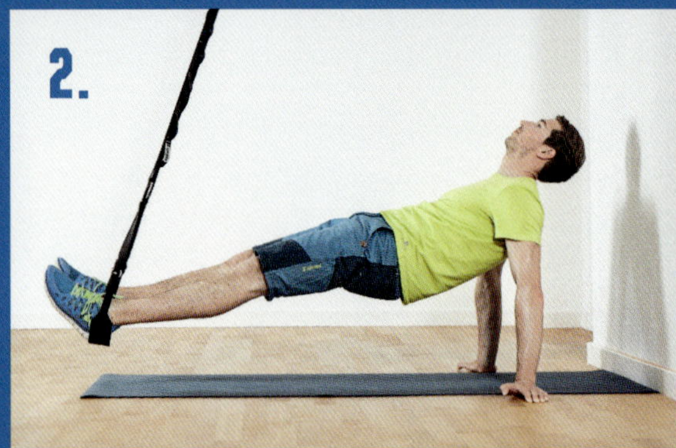

1. Setze dich aufrecht mit nach hinten abgestützten Armen vor den Schlingentrainer. Positioniere die Fersen in den Fußschlaufen, die nur ein paar Zentimeter über dem Boden hängen. Stütze dich aktiv mit den Händen vom Boden ab, sodass das Gesäß frei in der Luft ist.

2. Hebe das Gesäß so weit nach oben an, bis die Hüfte gestreckt ist. Die Schultern bleiben dabei über dem Handgelenk und die Knie halten eine kleine Restbeugung. Der Kopf hebt sich mit dem Blick schräg nach oben, die Halswirbelsäule bleibt also gerade. Senke dann das Gesäß wieder ab und achte darauf, dass du in deiner über dem Boden schwebenden Sitzposition im Lenden-, Brust- und Halswirbelbereich gerade bist.

Hinweis: Es kann vorkommen, dass die Arme kürzer sind als der Oberkörper. Somit hättest du Probleme, im aufrechten Sitz die Hände auf den Boden zu bekommen. Lege in diesem Fall etwas zur Erhöhung unter deine stützenden Arme, damit du aus einer sauberen Startposition heraus trainieren kannst.

Training: 14 bis 16 Wiederholungen in 3 Übungssätzen

OBERKÖRPERROTATION MIT SUPERBAND IM STAND

Trainingsziel: Rumpfkräftigung in der Rotation

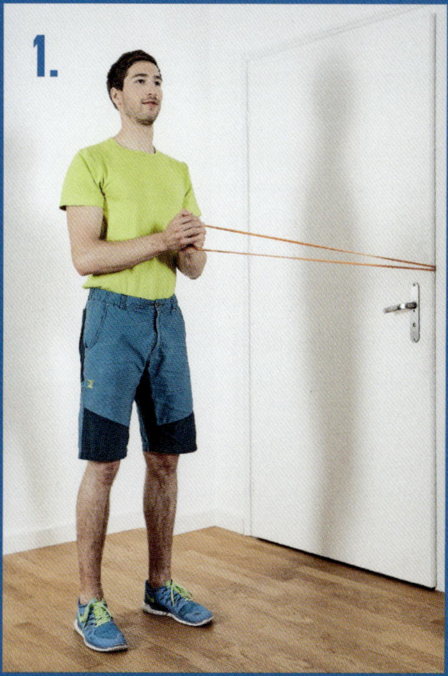

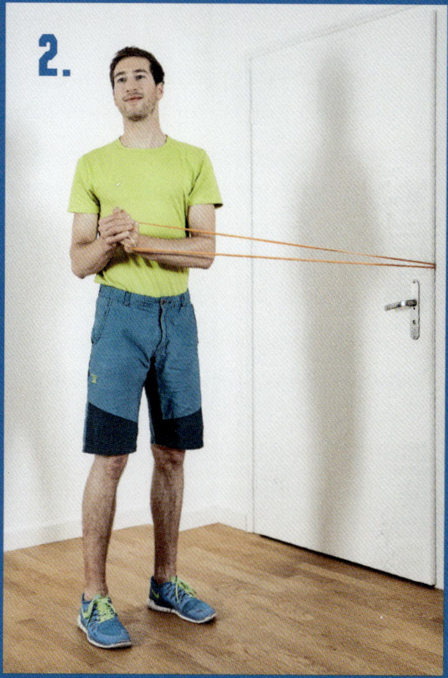

1. Klemme ein Superband knapp unter Brusthöhe in einer Tür ein. Stelle dich dann seitlich zur Tür aufrecht hin. Greife das Ende des Superbands, winkle die Arme an und halte die Oberarme eng am Körper. Das Band hat in der Startposition bereits etwas Vorspannung.

2. Halte die Hände konstant auf Höhe des Brustbeins, während du bei stabilem Becken den Oberkörper gegen den Zug des Bandes von der Tür wegdrehst.

Hinweis: Achte besonders darauf, dass die Rotationsbewegung ohne eine Neigung zur Seite ausgeführt wird, also ohne in der Hüfte abzuknicken. Kontrolliere dazu deinen Kopf, denn dieser dreht sich exakt auf seinem Platz, wenn du sauber in der isolierten Rotation bleibst.

Training: 12 bis 14 Wiederholungen in 3 Übungssätzen. Trainiere in einem Satz beide Seiten nacheinander.

OBERKÖRPERROTATION MIT GEWICHT AUS DEM UNTERARMSTÜTZ

Trainingsziel: Rumpfkräftigung in der Rotation

1. Nimm den stabilen Unterarmstütz ein. Eine Gewichtsscheibe liegt circa eine halbe Armlänge entfernt neben dir auf dem Boden.

2. Führe nun den Arm der gegenüberliegenden Seite unter deiner Brust hindurch und greife die Gewichtsscheibe. Das Becken bleibt dabei parallel zum Boden, der Brustkorb wird hoch ins Schulterblatt gehoben.

3. Ziehe die Gewichtsscheibe am Boden unter dem Körper hindurch zur anderen Seite, bis das Gewicht wieder etwa eine halbe Armlänge vom Körper entfernt ist.

4. Komm zurück in den beidarmigen Unterarmstütz und bereite deine Körperspannung darauf vor, dass bei der nächsten Wiederholung der Gegenarm angehoben wird.

5. Führe den Arm wieder unter dem Körper hindurch und greife die Gewichtsscheibe.

6. Ziehe bei stabilem Oberkörper die Gewichtsscheibe zur Gegenseite.

Hinweis: Achte bei der Durchführung darauf, dass das Becken immer parallel zum Boden bleibt. Vermeide es, den Körper nach rechts oder links pendeln zu lassen.

Training: 10 bis 12 Wiederholungen pro Seite in 3 Übungssätzen. Trainiere innerhalb eines Satzes wechselseitig.

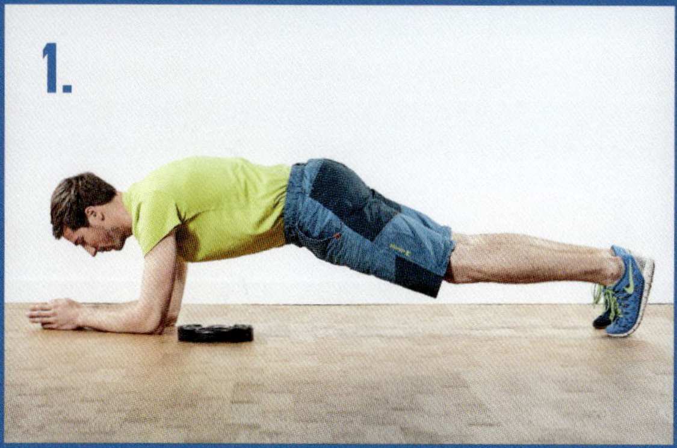
1.

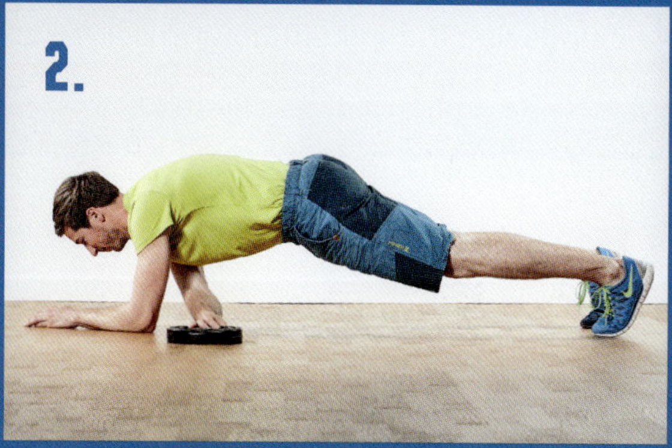
2.

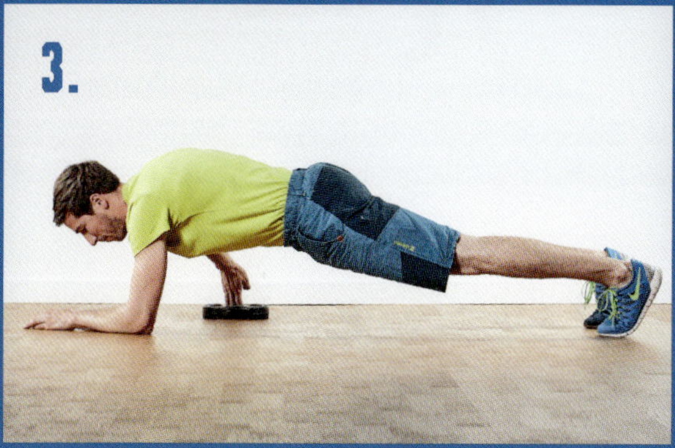
3.

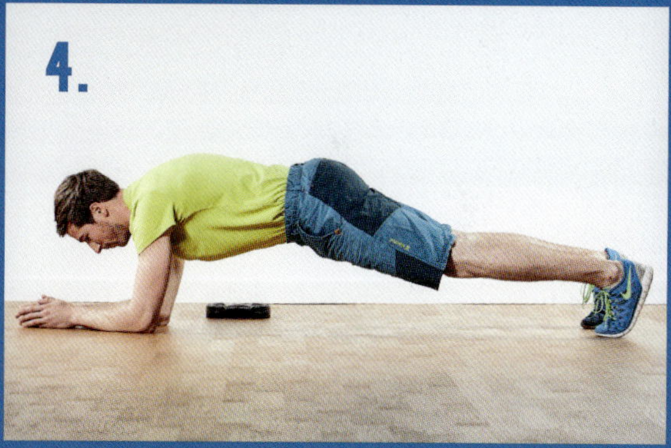
4.

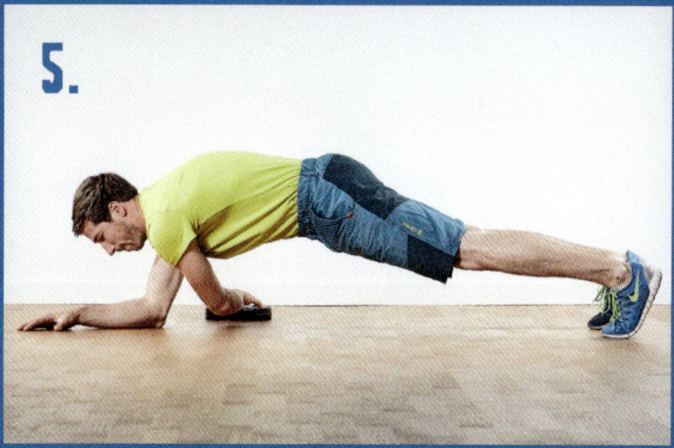
5.

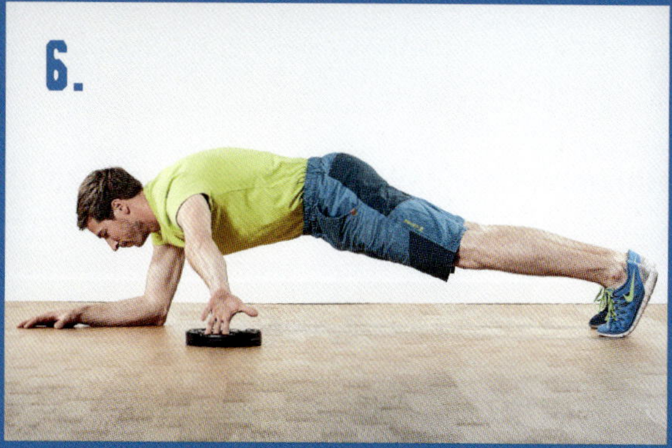
6.

OBERKÖRPERROTATION AUS DEM SEITSTÜTZ IM SCHLINGENTRAINER

Trainingsziel: Rumpfkräftigung in der Rotation

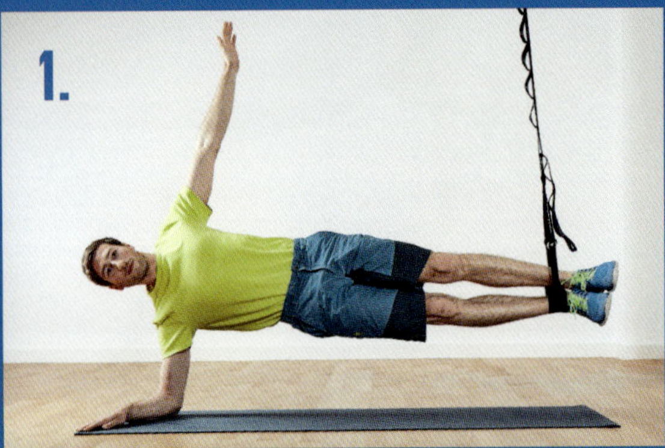

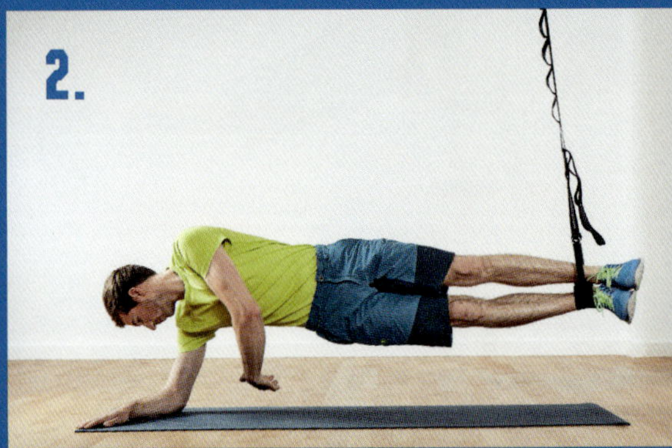

1. Stelle eine Fußschlaufe auf Kniehöhe ein. Komme in den Seitstütz und positioniere die Füße knapp oberhalb des Sprunggelenks in der Fußschlaufe. Die Beine sind übereinander. Der Körper ist gestreckt, der obere Arm zur Decke angehoben.

2. Führe den oberen Arm mit einer Oberkörperrotation unter dem Stützarm hindurch und strecke ihn dann wieder nach oben. Dabei bleibt das Becken konstant ruhig und senkrecht stehen.

Hinweis: Übungen im Schlingentrainer können über Hebelveränderung in ihrer Intensität gesteigert oder ihrer sauberen Ausführung erleichtert werden. Fällt es dir schwer, das Gesäß hoch, ruhig oder gestreckt zu halten, dann platziere die Schlinge näher am Knie und verringere dadurch die Hebelwirkung.

Training: 10 bis 14 Wiederholungen pro Seite in 3 Übungssätzen. Trainiere in einem Satz beide Seiten nacheinander.

BECKENROTATION IM SCHLINGENTRAINER

Trainingsziel: Rumpfkräftigung in der Rotation

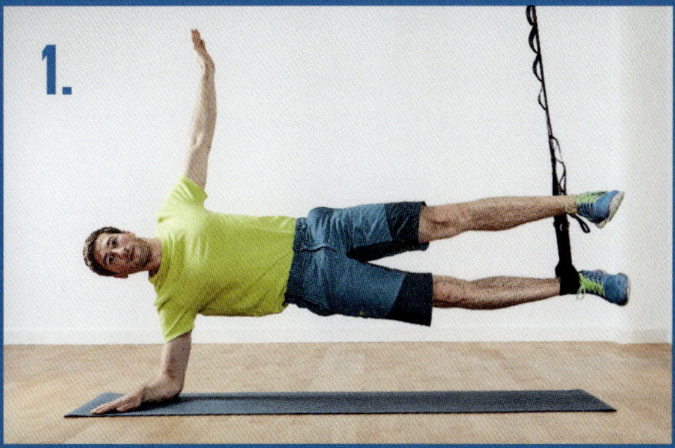

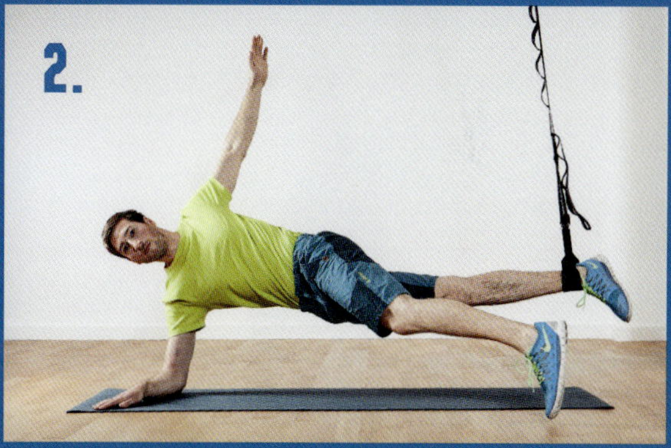

1. Stelle eine Fußschlaufe auf Kniehöhe ein. Komme in den Seitstütz und positioniere das untere Bein in der Fußschlaufe. Das obere Bein schwebt vor dem Seil knapp über dem Haltebein. Der Körper ist gestreckt, der obere Arm zur Decke angehoben.

2. Drehe das Becken über das Haltebein so weit nach vorn, dass du mit den Zehenspitzen des oberen Beins vor dem Körper auf den Boden tippen kannst. Die Schulterachse bleibt dabei bewegungsfrei und senkrecht zum Boden ausgerichtet.

Hinweis: Übungen im Schlingentrainer können über Hebelveränderung in ihrer Intensität gesteigert oder ihrer sauberen Ausführung erleichtert werden. Fällt es dir schwer, das Gesäß hoch, ruhig oder gestreckt zu halten, dann platziere die Schlinge näher am Knie und verringere dadurch die Hebelwirkung.

Training: 10 bis 14 Wiederholungen pro Seite in 3 Übungssätzen. Trainiere in einem Satz beide Seiten nacheinander.

KNIEBEUGE IM AUSFALLSCHRITT AUF DEM STAB

Trainingsziel: Stabilität im unteren Sprunggelenk

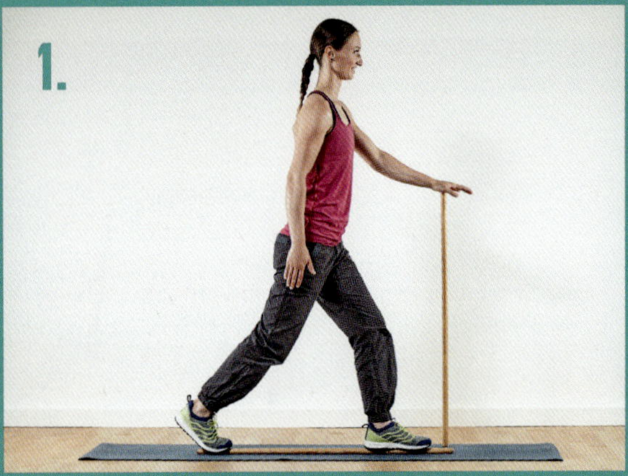

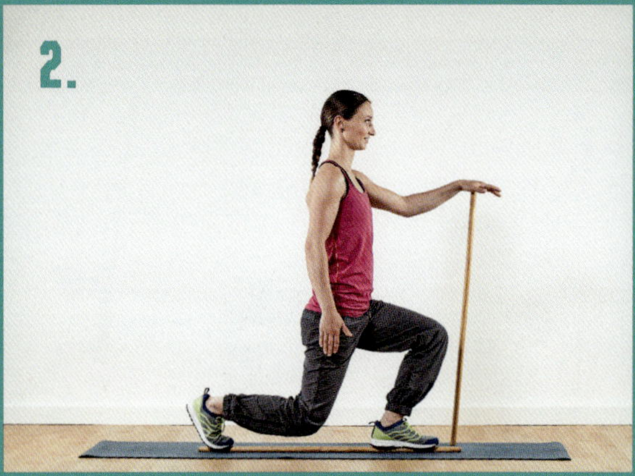

1. Nimm auf einem längs am Boden liegenden runden Stab eine stabile Schrittstellung ein: Die vordere Fußsohle ist ganz auf dem Stab, beim hinteren Fuß ist nur der große Zeh auf dem Stab aufgestellt. Der Oberkörper ist aufgerichtet. Verteile das Gewicht gleichmäßig auf beide Beine. Stütze dich mit einer Hand leicht auf einem anderen Stab ab (alternativ auch an der Wand).

2. Bewege deinen Körperschwerpunkt in der Schrittstellung kontrolliert nach unten in eine Kniebeuge bis kurz über den Stab. Der vordere Fuß bleibt stabil parallel zum Boden, das vordere Knie zeigt gerade nach vorn. Die hintere Ferse weist konstant nach oben. Komme dann wieder nach oben.

Hinweise:

- Die Hauptarbeit für die Stabilisierung übernimmt die Beinmuskulatur.
- Der Schwerpunkt dieser Übung liegt in der qualitativen Arbeit des Sprunggelenks. Richte daher bei der Durchführung auch deine Wahrnehmung und Konzentration auf diese Bereiche. Kontrolliere, stabilisiere und führe beide Sprunggelenke sauber.

Training: 12 bis 14 Wiederholungen pro Seite in 3 Übungssätzen. Trainiere in einem Satz beide Seiten nacheinander.

KNIEBEUGE IM AUSFALLSCHRITT IM SCHLINGENTRAINER

Trainingsziel: Stabilität im unteren Sprunggelenk

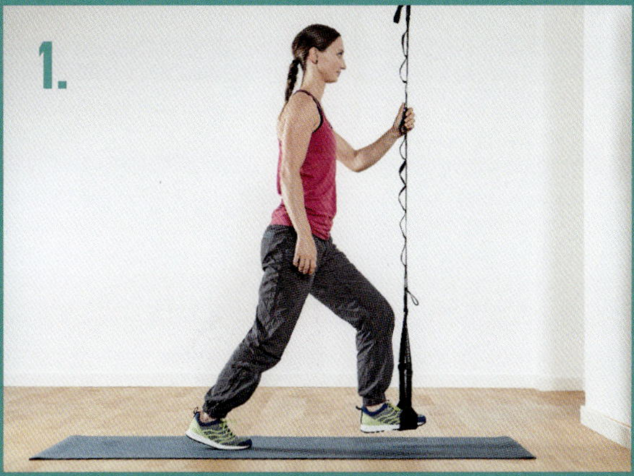

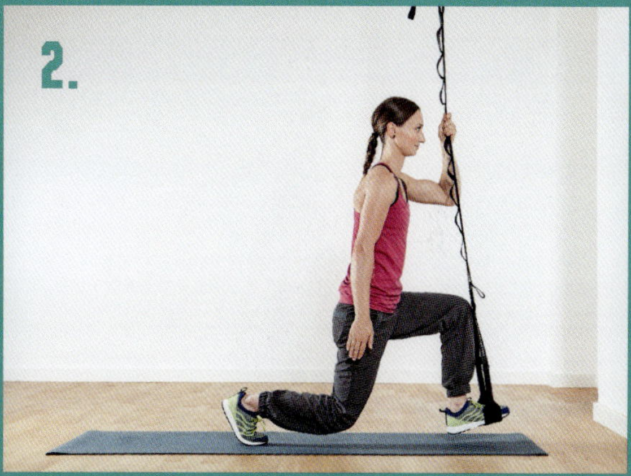

1. Starte in einer stabilen Schrittstellung. Der vordere Fuß steht in einem 90-Grad-Winkel im Schlingentrainer. Stabilisiere die Schlinge mit beiden Händen. Die Ferse des hinteren Fußes ist angehoben, du stehst nur auf dem Fußballen. Das Gewicht ist gleichmäßig auf beide Beine verteilt und der Oberkörper aufgerichtet.

2. Bewege den Körperschwerpunkt senkrecht nach unten, indem du beide Knie beugst. Drücke dich dann wieder nach oben. Das Seil des Schlingentrainers bleibt während der Ausführung in seiner ursprünglichen Auslenkung bewegungsfrei.

Hinweis: Obwohl der Schwerpunkt dieser Übung auf dem aktiven Arbeiten im Sprunggelenk liegt, muss aufgrund der Belastung im vorderen Bein in Hüfte und Knie auch die Beinachse berücksichtigt werden. Achte beim vorderen Bein darauf, dass das Knie immer direkt hinter dem Seil des Schlingentrainers bleibt und nicht innen oder außen vorbeischiebt.

Training: 10 bis 12 Wiederholungen pro Seite in 3 Übungssätzen. Trainiere in einem Satz beide Seiten nacheinander.

KNIEBEUGE IM SEITLICHEN AUSFALLSCHRITT AUF WACKELUNTERGRUND

Trainingsziel: Stabilität im unteren Sprunggelenk

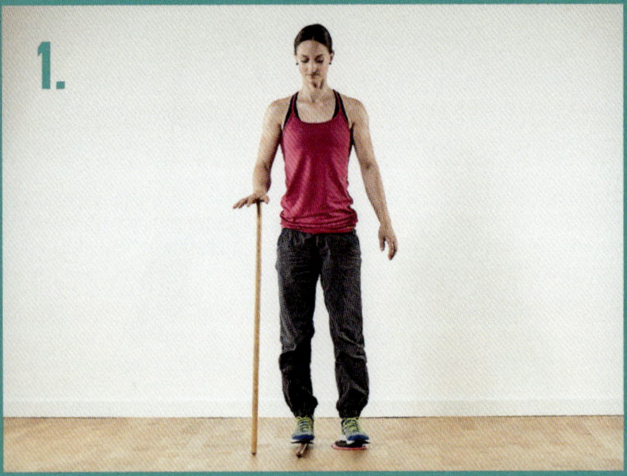

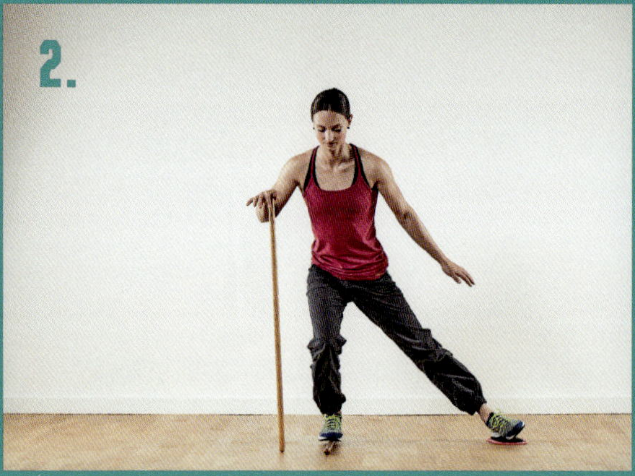

1. Du stehst mit dem Standbein und damit mit der Hauptlast deines Körpers auf einer Wackelunterlage (zum Beispiel Slackline, Ball, Schaumstoffkissen), und mit dem Spielbein auf einer beweglichen Unterlage (zum Beispiel Ball, Valslide, Tuch). Die Zehenspitzen und Knie beider Beine zeigen gerade nach vorn. Stütze dich mit der Hand auf der Seite des Standbeins leicht auf einem Stab ab.

2. Senke den Körperschwerpunkt nach unten, indem du das Standbein in Sprunggelenk, Knie und Hüfte beugst und das Spielbein gestreckt seitlich wegschiebst. Ziehe den Fuß wieder heran und wiederhole.

Hinweis: Konzentriere dich bei diesem seitlichen Ausfallschritt voll auf das Standbein. Stabilisiere das belastete Sprunggelenk und bleibe beim Hub in der sauberen Beinachse.

Training: 12 bis 14 Wiederholungen pro Seite in 3 Übungssätzen. Trainiere in einem Satz beide Seiten nacheinander.

UNTERSTÜTZTE PISTOL

Trainingsziel: Stabilität im unteren Sprunggelenk

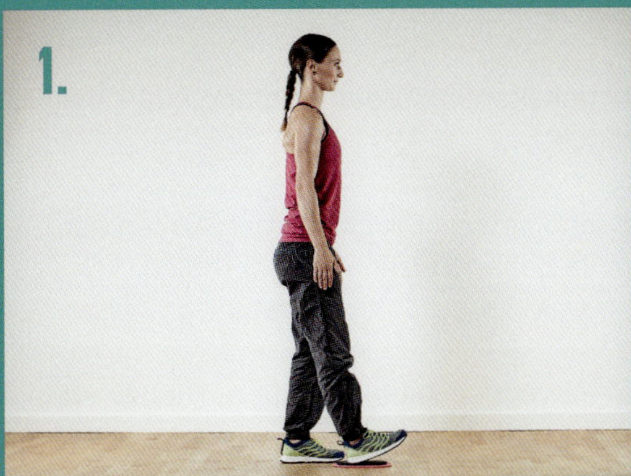

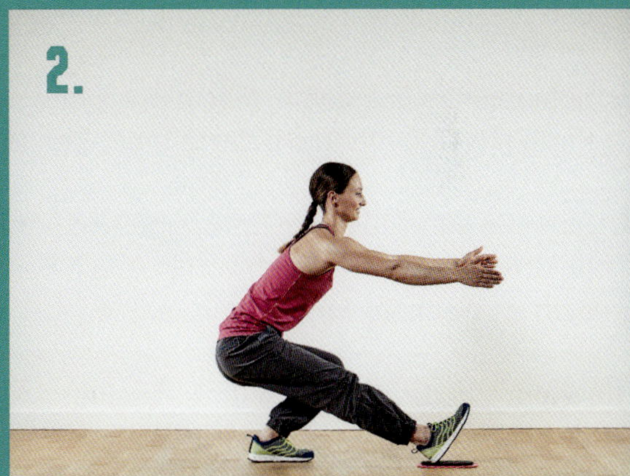

1. Starte im Stand. Das voll belastete Standbein steht auf dem Boden und das Spielbein ruht mit etwas Druck auf einem beweglichen Valslide oder Tuch. Der Oberkörper ist gerade aufgerichtet. Belaste beim Standfuß die Außenseite etwas mehr als die Innenseite, sodass du ein aktives Fußgewölbe aufbaust.

2. Senke den Körperschwerpunkt nach unten, indem du das Knie im Standbein beugst und das Gesäß nach hinten drückst. Schiebe dabei das gestreckte Spielbein mit minimalem Druck gerade nach vorn. Achte darauf, dass du den geraden Oberkörper beim Absenken etwas nach vorn neigst und der Standfuß mit vollem Fersendruck auf der Außenkante belastet bleibt. Richte dich langsam und kontrolliert wieder auf und wiederhole.

Hinweis: Da hier wieder der Schwerpunkt auf dem Sprunggelenk im Standbein liegt, achte besonders auf diesen Bereich. Bei dieser Pistol-Ausführung ist die qualitative Arbeit des Standbeins wichtiger als die erreichte Weite des Spielbeins.

Training: 10 bis 12 Wiederholungen pro Seite in 3 Übungssätzen. Trainiere in einem Satz beide Seiten nacheinander.

SPRUNGGELENKBEUGUNG UND -STRECKUNG IM UNTERARMSTÜTZ

Trainingsziel: Beweglichkeit im oberen Sprunggelenk

1. Nimm einen stabilen Unterarmstütz ein. Der Brustkorb ist hoch ins Schulterblatt gehoben und die Lendenwirbelsäule mit Spannung in gerader Position.

2. Schiebe nun aus den Armen heraus den stabil gehaltenen Körper Richtung Füße, bis die Fersen weit hinter die belasteten Fußballen ragen.

3. Schiebe dann aus dem Sprunggelenk heraus gegen etwas Druck aus den Armen den gestreckten Körper nach vorn, bis die Fersen die Zehenspitzen weit überholen. Schiebe dich im Wechsel vor und zurück.

Hinweis: Um das Sprunggelenk in seiner großen Bewegung sauber zu führen, achte stets darauf, dass beide Fersen gerade nach oben zeigen.

Variante: Kannst du diese Übung beidbeinig einwandfrei ausführen, dann versuche unter Einhaltung aller qualitativen Ansprüche eine einbeinige Variante. Sorge für die entsprechende Rumpfspannung, damit das Becken parallel zum Boden bleibt.

Training: 12 bis 15 Wiederholungen in 3 Übungssätzen. Das Vor- und Zurückschieben wird als eine Wiederholung gezählt.

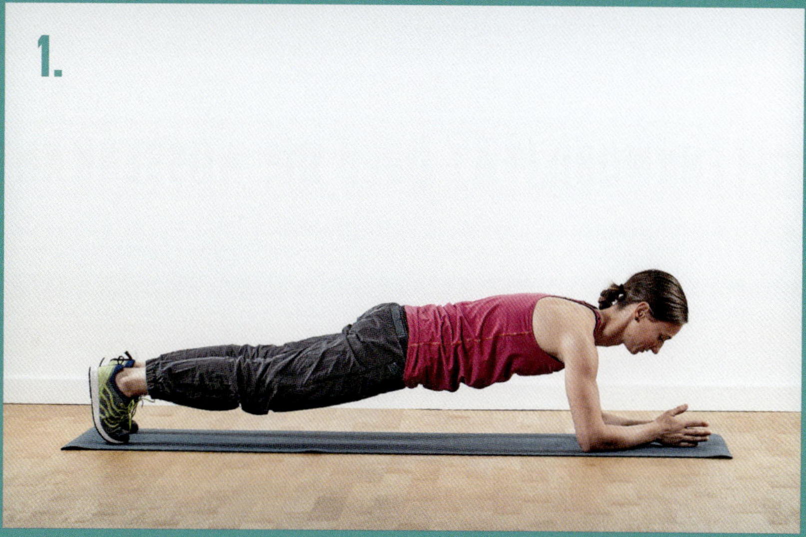
1.

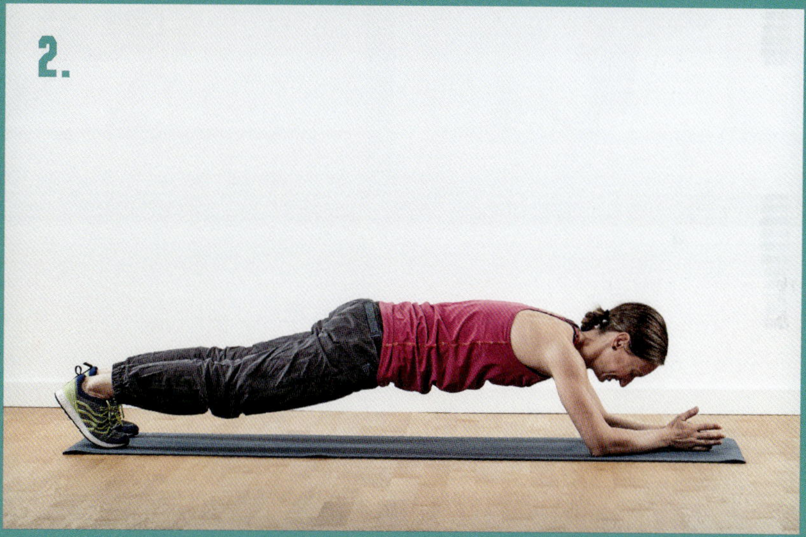
2.

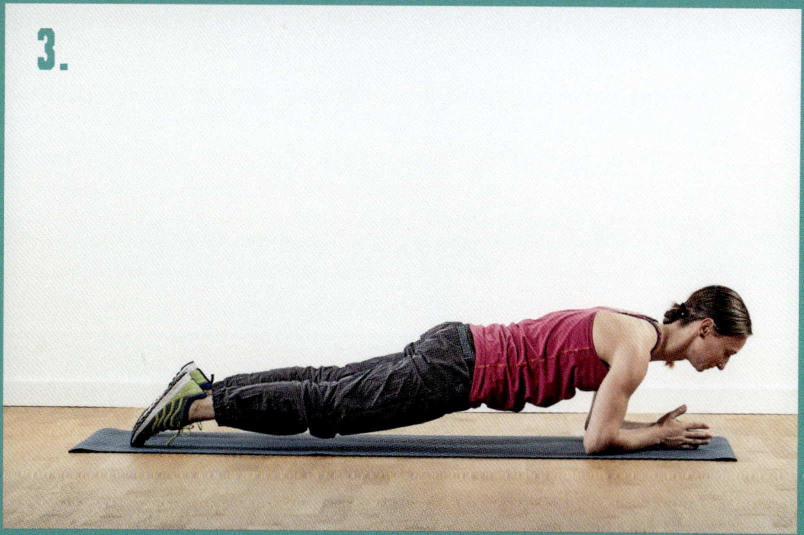
3.

SPRUNGGELENKMOBILITÄT ÜBER DIE AUSSENKANTE

Trainingsziel: Beweglichkeit im oberen Sprunggelenk

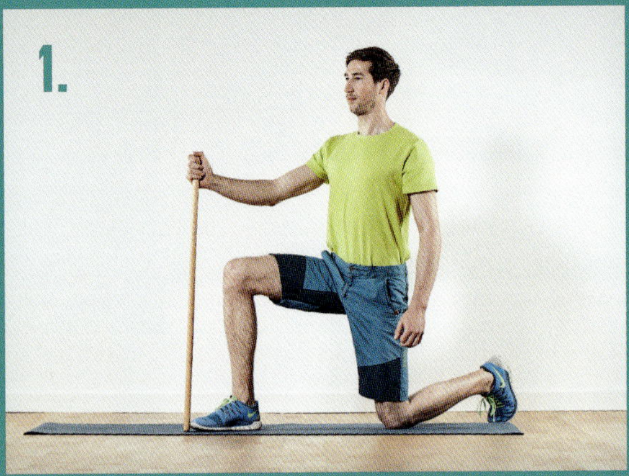

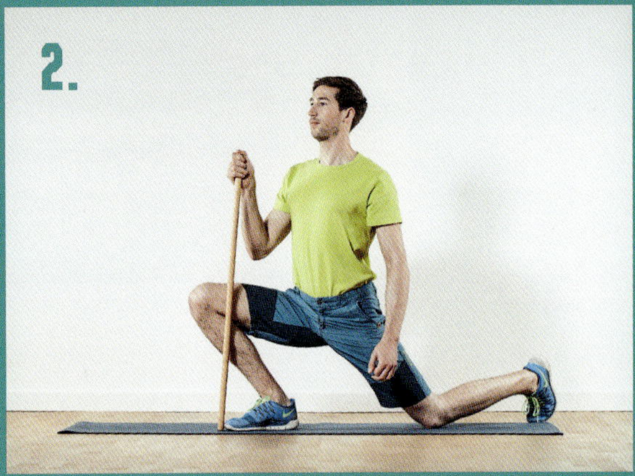

1. Komme in den Kniestand und stelle ein Bein mit einem 90-Grad-Winkel in Knie und Sprunggelenk nach vorn auf. Das hintere Knie ist abgelegt und direkt unter der Hüfte positioniert, die Fußspitze ist aufgestellt. Platziere direkt vor der kleinen Zehe einen Stab senkrecht und greife ihn mit der Hand auf der Seite des nach vorn aufgestellten Beins.

2. Schiebe das Knie seitlich außen direkt am Stab vorbei, ohne diesen zu bewegen. Achte darauf, dass Ferse und Fußinnenseite immer den Bodenkontakt behalten.

Training: 12 bis 14 Wiederholungen pro Seite in 2 Übungssätzen. Trainiere in einem Satz beide Seiten nacheinander.

WADENPUMPE

Trainingsziel: Beweglichkeit im oberen Sprunggelenk

1. Stelle dich hüftbreit aufrecht hin, die Fußballen sind 4 bis 5 cm erhöht auf einer Unterlage, zum Beispiel auf einem Brett. Die Knie sind leicht gebeugt und die Füße gerade nach vorn gerichtet.

2. Hebe die Ferse vom Boden ab und strecke das Sprunggelenk maximal nach oben.

Hinweis: Das Knie behält die gesamte Übung hindurch eine kleine Restbeugung bei.

Variante 1: Die Wadenpumpe lässt sich auch in einer sitzenden Variante optimal durchführen. Lehne dich mit dem Rücken gegen eine Wand, winkle Knie- und Hüftgelenk um 90 Grad an. Aus dieser Position folge der oben beschriebenen Anleitung.

Variante 2: Kannst du die gestreckte und sitzende Wadenpumpe beidbeinig einwandfrei ausführen, wechsle in die jeweils einbeinigen Ausführungen. Dabei hebst du im Stand ein Bein leicht nach hinten an, in der sitzenden Position streckst du ein Bein nach vorn und hältst es knapp über dem Boden.

Training: 14 bis 16 Wiederholungen in 3 Übungssätzen

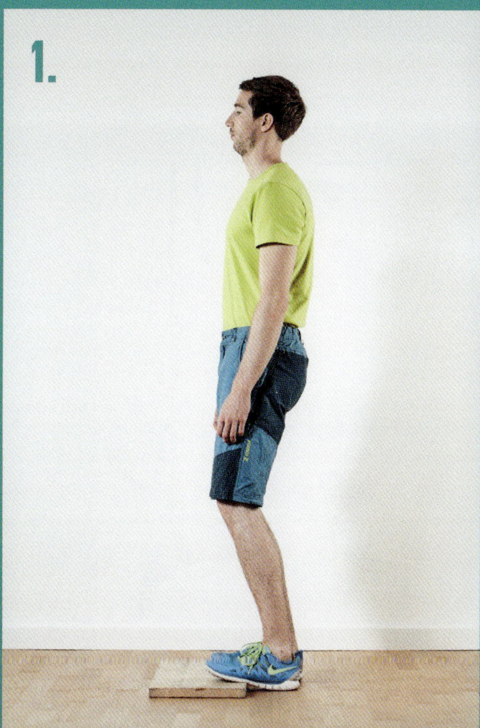

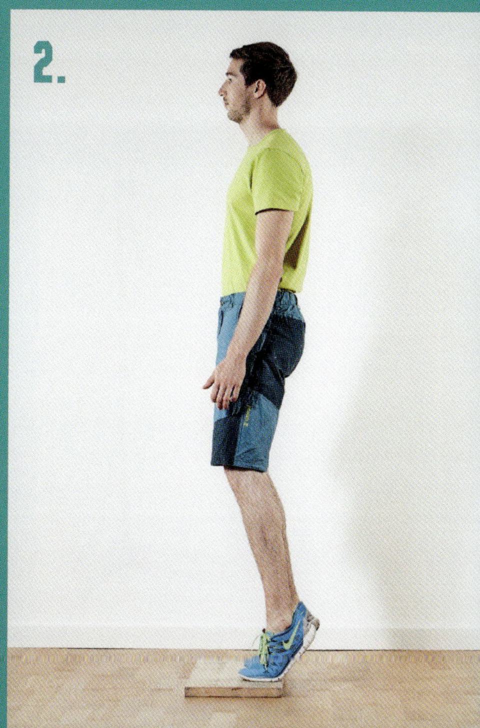

EINBEINIGER SPRUNG IM SCHLINGENTRAINER

Trainingsziel: Beweglichkeit im oberen Sprunggelenk, Stabilität im unteren Sprunggelenk

1. Stelle eine Schlinge auf Kniehöhe ein und positioniere dich mit dem Rücken dazu. Platziere einen Fuß entspannt knapp über dem Sprunggelenk in der Schlaufe. Das Standbein ist leicht gebeugt. Der Oberkörper ist aufrecht. Lege die Fingerspitzen seitlich am Kopf an, sodass die Ellbogen nach außen zeigen.

2. Aus dieser Position führst du einen Sprung aus: Ziehe das Knie des Standbeins über eine schnelle Sprunggelenksstreckung möglichst weit nach oben, der Oberkörper bleibt dabei aufrecht. Lande wieder weich im Sprunggelenk, indem du das Knie so schnell wie möglich streckst.

Training: 10 bis 12 Wiederholungen pro Seite in 3 Übungssätzen. Trainiere in einem Satz beide Seiten nacheinander.

Hinweise:

- Achte darauf, dass dein Körpergewicht stets im vorderen Stand- beziehungsweise Sprungbein bleibt. So ist das im Schlingentrainer hängende Bein zu jedem Zeitpunkt entspannt und lastfrei.
- Bringe das Sprunggelenk bereits vor der Landung in eine stabilisierte Vorspannung, damit du sanft bei vollem Bodenkontakt landest.
- Vermeide unkontrollierte Nachhüpfer, um in den sicheren Stand zu kommen.
- Bei dieser Übung geht es um die punktuelle maximal saubere Kraftentfaltung. Lass dir also in der Ausführung zwischen den Wiederholungen Zeit und starte den nächsten Sprung erst dann, wenn du für den maximalen Schub bereit bist.

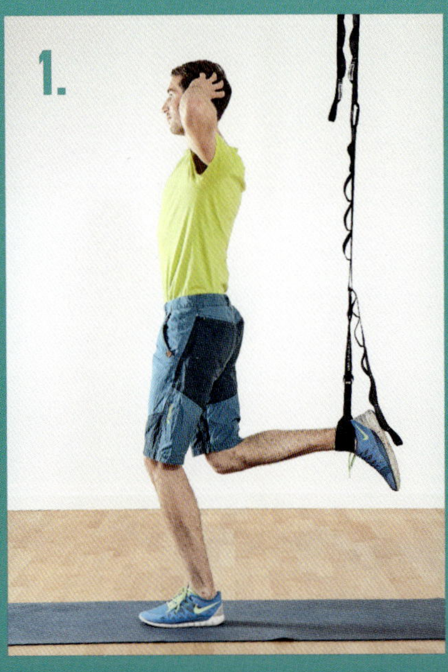

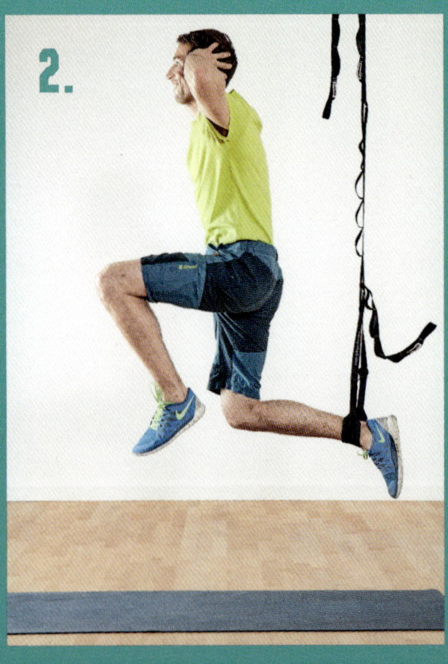

SCHNELLE SPRUNGGELENKBEUGUNG UND -STRECKUNG AUF DEM GYMNASTIKBALL

Trainingsziel: Beweglichkeit im oberen Sprunggelenk

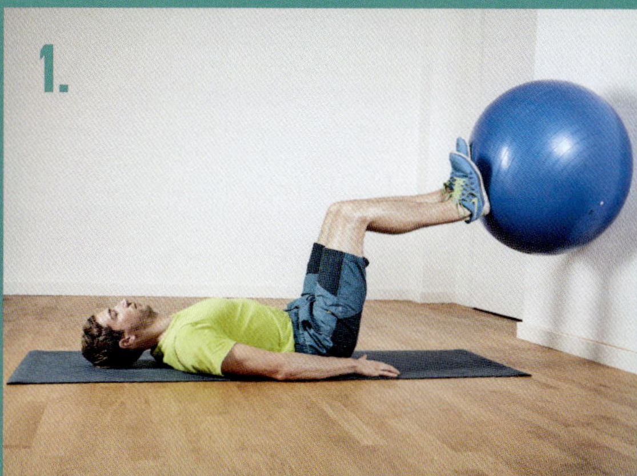

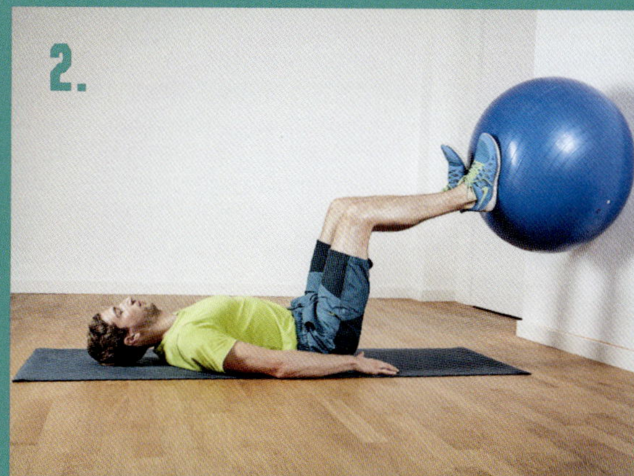

1. Komme in eine Rückenlage mit angewinkelten Beinen und drücke mit den Füßen einen Gymnastikball an eine Wand. Die Hüft-, Knie- und Sprunggelenke sind rechtwinklig gebeugt.

2. Während die Fersen permanent Kontakt mit dem Gymnastikball halten, beugst und streckst du abwechselnd die Sprunggelenke in einem schnellen Tempo.

Hinweise:

- Neben der maximalen Schnelligkeit achte auf eine größtmögliche Weite der Bewegung. Sie findet ausschließlich im Sprunggelenk statt.
- Die Knie bleiben konstant ruhig und behalten während der Ausführung einen 90-Grad-Winkel bei. Du kannst während der Übung mit einem quer über die Oberschenkel gelegten Stab leicht gegen die Oberschenkel drücken, um eine ungewollte Kniebeteiligung zu vermeiden.

Training: Maximal viele Wiederholungen innerhalb von 45 bis 60 Sekunden in 3 Übungssätzen

SEITLICHES HÜFTABSPREIZEN

Trainingsziel: Ansteuerung der kleinen Gesäßmuskeln

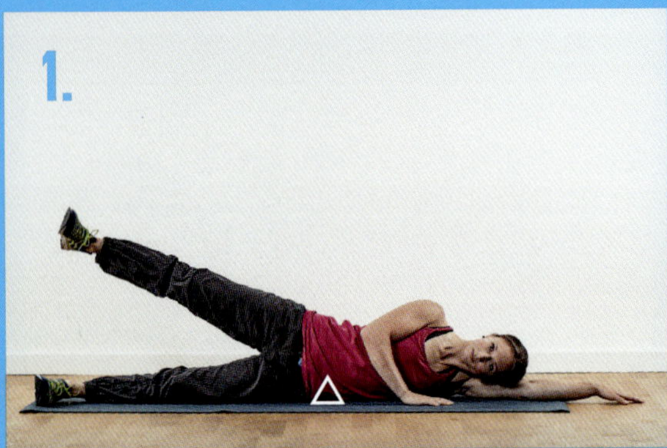

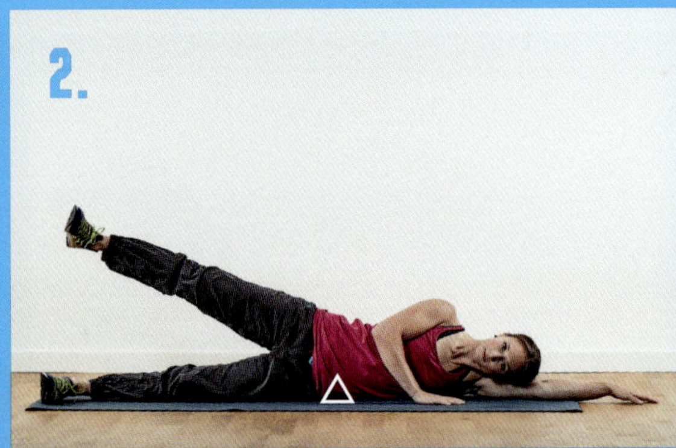

1. Komme in eine gestreckte Seitenlage und lege den Kopf auf dem unteren Arm ab. Stütze die freie Hand locker vor der Brust auf. Hebe das obere Bein so weit an, bis es parallel zum Boden ist. Schiebe in dieser Position das abgehobene Bein samt Becken in die Länge, bis sich die am Boden liegende Taille etwas hebt und sich zwischen ihr und dem Boden ein kleiner Tunnel bildet, ein sogenanntes Taillendreieck.

2. Hebe das obere Bein nur so hoch, wie du das Taillendreieck mit einer sauberen Beckenposition aufrechterhalten kannst.

Hinweis: Da es sich bei dieser Übung um eine isolierte seitliche Bewegung im Hüftgelenk handelt, achte darauf, dass du eine ungewollte Hüftrotation vermeidest. Lass daher die Zehenspitzen immer nach vorn zeigen und stelle dir vor, dass du nur die obere Ferse heben willst.

Training: 12 bis 14 Wiederholungen pro Seite in 3 Übungssätzen. Trainiere in einem Satz beide Seiten nacheinander.

ADDUKTION IM SCHLINGENTRAINER

Trainingsziel: Ansteuerung der Oberschenkelinnenseite

1. Stelle eine Schlinge auf Kniehöhe ein. Komme in eine gestreckte Seitenlage und lege den Kopf auf dem unteren Arm ab. Stütze die freie Hand locker vor der Brust auf. Positioniere das obere Bein knapp unterhalb des Knies in der Fußschlaufe. Das Becken und die Schulterachse sind senkrecht zum Boden ausgerichtet. Das untere Bein ist gestreckt, aber entspannt.

2. Baue im oberen Bein so viel Spannung auf, dass sich durch den Druck in den Schlingentrainer das Becken vom Boden abhebt. Das untere Bein liegt weiter entspannt auf dem Boden.

3. Halte den Körper in gestreckter Hüftposition des oberen Beins und führe das untere Bein kontrolliert zum oberen Bein. Löse langsam die Spannung im Schlingentrainer und lasse Becken und unteres Bein sanft auf den Boden zurückgleiten.

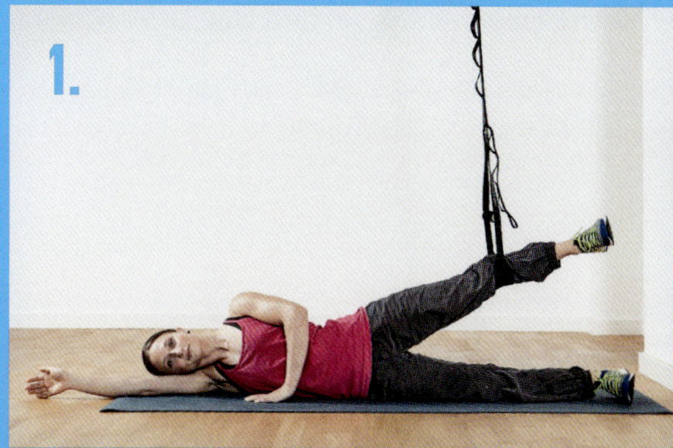

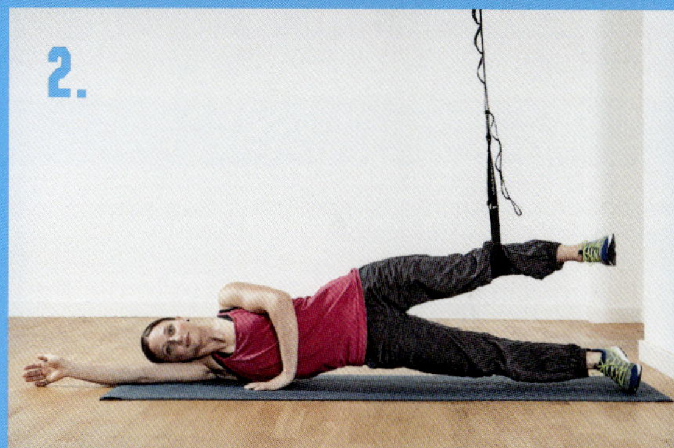

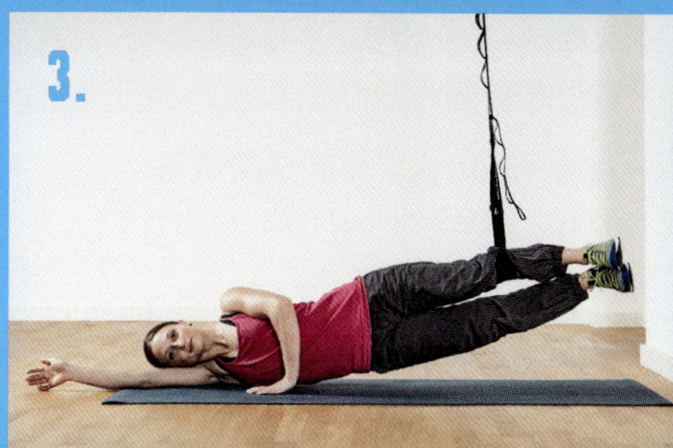

Hinweis: Adduktoren sind keine einzelnen Muskeln, sondern eine Muskelgruppe. Wir erhalten aus diesem Bereich nur die volle Kraft, wenn alle Muskeln gleichzeitig arbeiten. Führe diese Übung daher immer langsam und kontrolliert durch, um ungewollte muskuläre Überlastungsverletzungen zu vermeiden.

Training: 10 bis 12 Wiederholungen pro Seite in 3 Übungssätzen. Trainiere in einem Satz beide Seiten nacheinander.

BRÜCKE

Trainingsziel: Ansteuerung der Oberschenkelrückseite

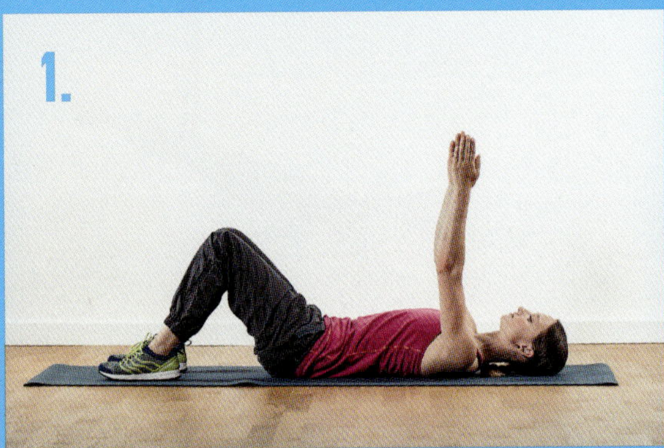

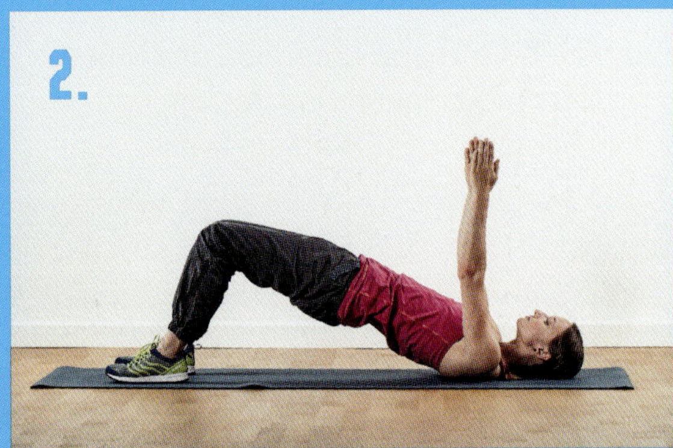

1. Komme in eine Rückenlage, stelle die Füße hüftbreit auf und strecke die Arme senkrecht nach oben. Die Handflächen zeigen zum Körper.

2. Hebe das Gesäß durch aktiven Fersendruck auf den Boden so weit hoch, bis du in die volle Hüftstreckung kommst. Spüre dabei die Arbeit in den Muskeln der Oberschenkelrückseite. Senke das Gesäß wieder zum Boden ab, indem du den Fersendruck Stück für Stück reduzierst.

Hinweis: Halte beim Anheben immer genügend Körperspannung, um ein ungewolltes Hohlkreuz zu vermeiden.

Variante: Kannst du die Brücke beidbeinig einwandfrei ausführen, wechsle in einbeinige Varianten, indem du ein Bein nach vorn oben streckst, sodass die Oberschenkel parallel sind.

Training: 14 bis 16 Wiederholungen in 3 Übungssätzen

STANDWAAGE

Trainingsziel: Hüftstabilität

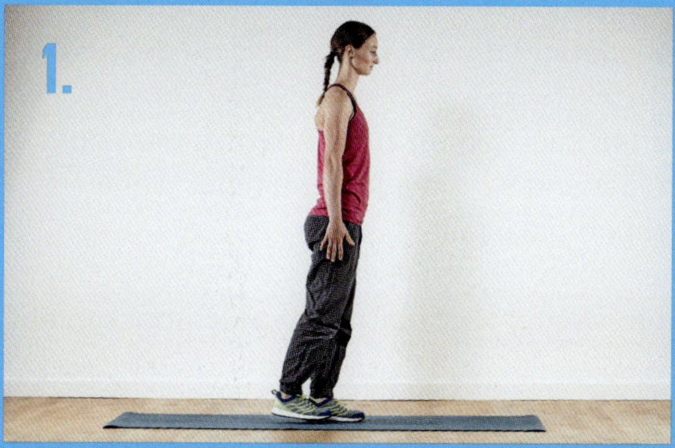

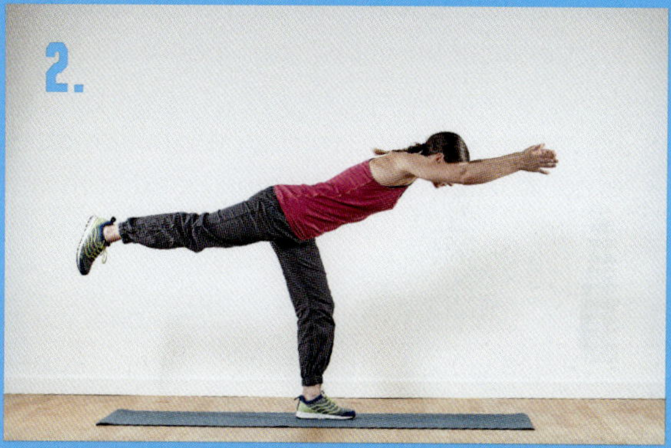

1. Stelle dich aufrecht hin und verlagere das Gewicht auf ein Bein, dein Standbein, sodass das Spielbein bei geradem Becken keine Last auf den Boden bringt. Das Standbein ist leicht gebeugt und das Spielbein in der Hüfte voll gestreckt.

2. Führe bei voller Hüftstreckung das Spielbein gestreckt nach hinten oben und neige gleichzeitig den Oberkörper nach vorn und strecke die Arme, sodass dein Körper von den Fingerspitzen bis zur Ferse eine gerade Linie bildet. Das Standbein ist immer noch in seiner stabilen Startposition mit leichter Restbeugung. Das Becken bleibt zu jedem Zeitpunkt parallel zum Boden ausgerichtet, du musst also gegen ein Hochdrehen korrigieren. Richte dich dann wieder kontrolliert auf.

Hinweise:

- Nach mehreren Wiederholungen spürst du bei sauberer Ausführung eine intensive Muskelarbeit seitlich um die Standbeinhüfte.
- Diese Übung eignet sich auch optimal zum Stabilisieren des Sprunggelenks. Achte daher immer auf eine Druckverteilung an der Fußaußenseite.

Variante: Du kannst durch das Mitführen von Gewichten oder Ziehen gegen Bänder die Übung in ihrer Intensität steigern, sofern die Ausführungsqualität nicht darunter leidet.

Training: 10 bis 12 Wiederholungen pro Seite in 3 Übungssätzen. Trainiere in einem Satz beide Seiten nacheinander.

HANDWALK

Trainingsziel: Hüftmobilität

1. Nimm eine stabile Liegestützposition mit hüftbreit geöffneten Füßen ein, bei der die Hände deutlich vor den Schultern platziert sind. Drücke sie fest auf den Boden. Die Wirbelsäule ist mit Körperspannung gerade ausgerichtet und die Hüften sind gestreckt.

2. Beginne nun, mit den Händen in kleinen Schritten nach hinten zu wandern, indem du unter Körperspannung eine Hand vom Boden löst und sie wenige Zentimeter weiter Richtung Füße wieder auf den Boden aufsetzt und belastest.

3. Setze dann die andere Hand ein paar Zentimeter weiter Richtung Füße ab. Dabei schiebt sich das Gesäß Stück für Stück nach oben.

4. Wandere mit den Händen so weit Richtung Füße, wie du sowohl die Beine als auch den Rücken gestreckt halten kannst. Durch das Hochschieben des Pos trainierst du die Hüftbeugung und beim Senken des Pos die kontrollierte Hüftstreckung.

Hinweis: Achte bei der Übungsausführung darauf, dass dein Körper keine seitlichen Ausweichbewegungen in der flüssigen Vor- und Rückbewegung macht, sondern stabil und gerade bleibt.

Training: 8 bis 10 Wiederholungen in 3 Sätzen. Das Wandern aus der Liegestützposition heraus und wieder zurück wird als eine Wiederholung gezählt.

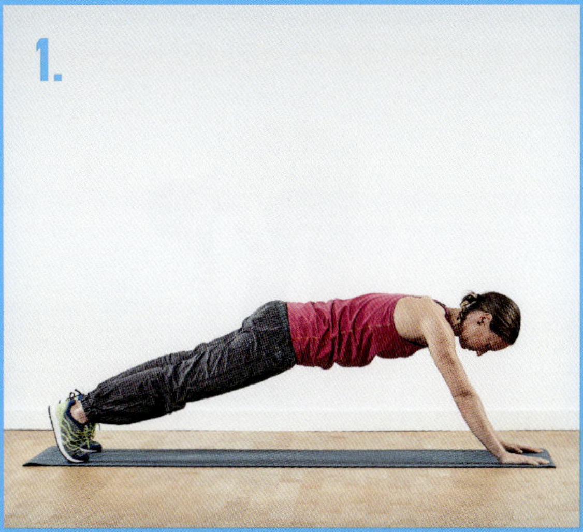
1.

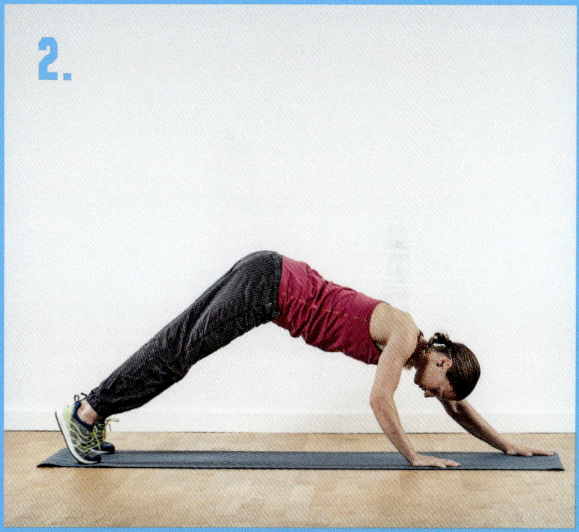
2.

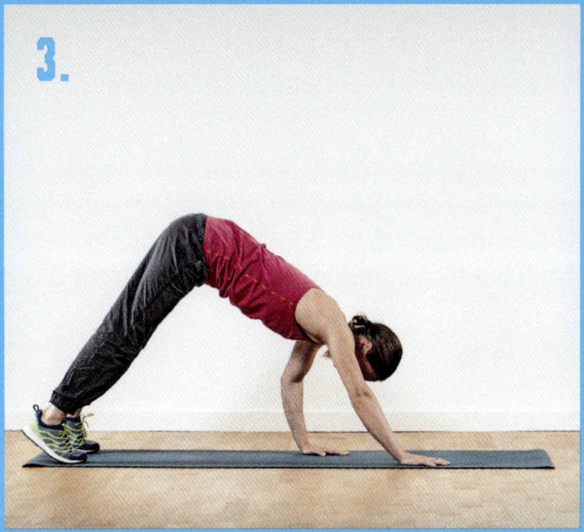
3.

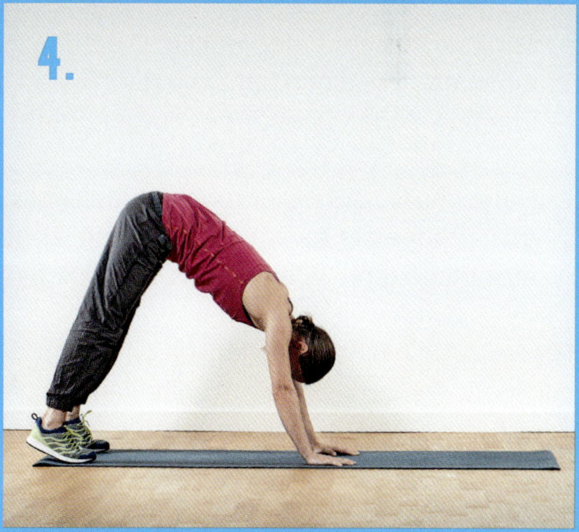
4.

SUMO-HOCKE

Trainingsziel: Hüftmobilität

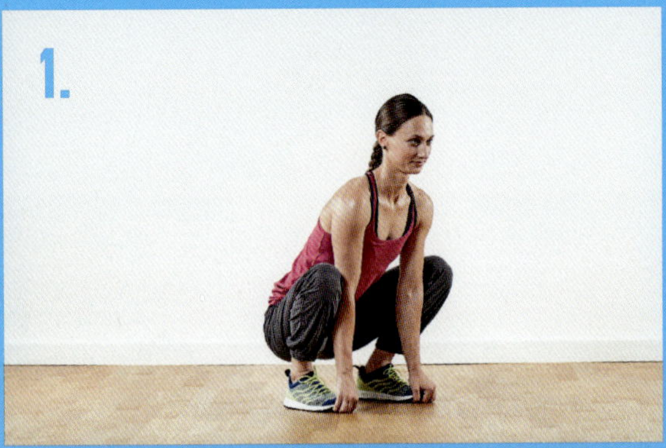

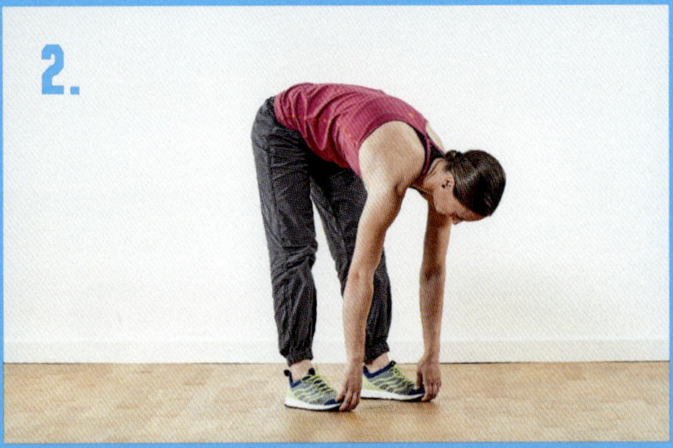

1. Beginne in einer tiefen Hocke. Die Füße sind leicht in V-Position gestellt. Die Hände umfassen zwischen den weit geöffneten Knien hindurch die Zehenspitzen. In dieser Position ist der Oberkörper aufgerichtet.

2. Hebe das Gesäß bei gerader Wirbelsäule nach oben, ohne die Zehenspitzen loszulassen. Stoppe die Aufwärtsbewegung, sobald du im Rücken rund wirst. Das ist deine maximale Höhe. Von hier aus setze dich mit gestrecktem Rücken wieder nach unten.

Hinweis: Je nach Beweglichkeit wird dich die Spannung auf der Beinrückseite an der vollen Streckung hindern. Arbeite sanft in diese Spannung hinein, ohne mit zu viel Zug oder ruckartigen Bewegungen Verletzungen zu provozieren.

Training: 12 bis 14 Wiederholungen in 3 Übungssätzen

NACH HINTEN ÜBERKREUZEN

Trainingsziel: Beweglichkeit der Hüfte

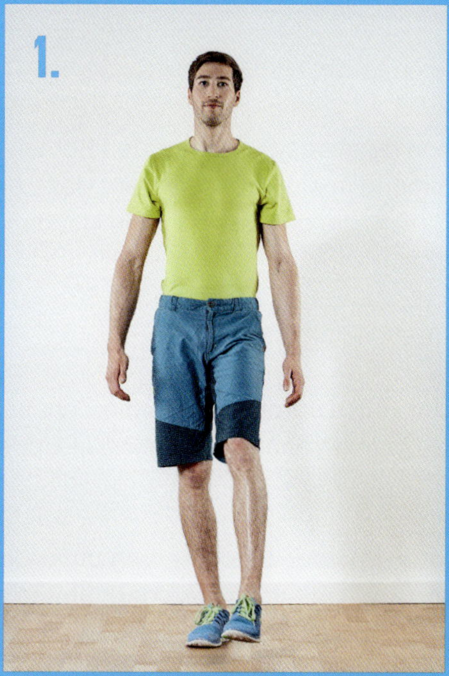

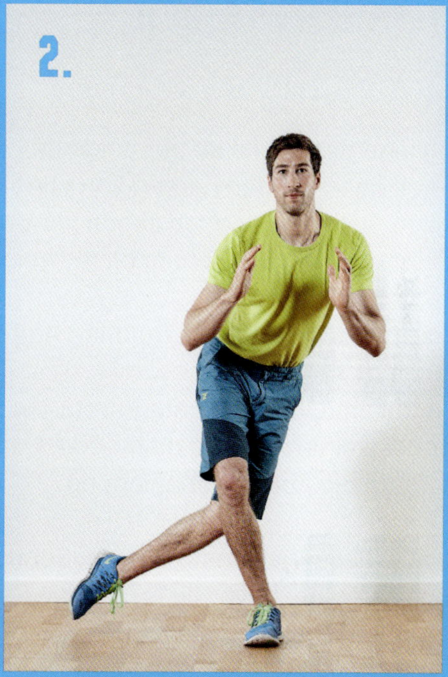

1. Verlagere das Gewicht komplett auf ein Standbein und hebe das Spielbein leicht angewinkelt nach vorn an. Der Oberkörper ist aufgerichtet.

2. Führe das Spielbein hinter dem Standbein auf die Gegenseite und schiebe es in der Luft seitlich weg, bis das Knie gestreckt ist. Für eine große Bewegungsamplitude musst du dabei das Standbein wie bei einer einbeinigen Kniebeuge beugen. Am entferntesten Punkt, den du noch mit voller Körperlast auf dem Standbein erreichen kannst, tippe kurz auf den Boden und führe das Spielbein wieder zurück nach vorn, ohne es abzusetzen.

Hinweis: Mit dieser Übung soll ein möglichst großer Weg des Spielbeins erreicht werden. Achte jedoch darauf, dass das Knie des Standbeins stets nach vorn zeigt.

Variante: Kannst du die Beinachse im Standbein bei weitem Weg des Spielbeins einwandfrei halten, steigere den Kraftanspruch und führe ein Gewicht mit den Händen mit.

Training: 10 bis 12 Wiederholungen pro Seite in 3 Übungssätzen. Trainiere in einem Satz beide Seiten nacheinander.

ROTIERTES HÜFTÖFFNEN UND -SCHLIESSEN IM SCHLINGENTRAINER

Trainingsziel: Beweglichkeit der Hüfte

1. Der Schlingentrainer ist so tief eingestellt, dass du etwas Luft unter den Sohlen hast. Stelle dich dann mit den Fersen von vorn kommend in die Fußschlaufen. Halte dich an den Seilen fest. Die Ellbogen liegen vor den Seilen, die darüber von den Händen stabilisiert werden. Die Zehenspitzen zeigen nach vorn.

2. Öffne die Beine so weit, wie du ohne Außenrotation kannst.

3. Führe dann eine maximale Außenrotation in der Hüfte durch, sodass die Zehenspitzen nach außen zeigen. Sobald du merkst, dass du beim Drehen ins Hohlkreuz kippst, beendest du die Rotationsbewegung.

4. Bringe aus dieser geöffneten und außenrotierten Position beide Fersen unter dem Körper zusammen, bevor du erneut die Startposition mit nach vorn gerichteten Zehenspitzen einnimmst.

Hinweis: Bleibe in deinen Bewegungen stets so sauber, dass du im Schlingentrainer nicht schaukelst. Auch sollten immer die Beine die Hauptlast tragen und die Arme lediglich zur Sicherung dienen. Endgradige Hüftrotationsbewegungen provozieren bei zu wenig Körperspannung ein Hohlkreuz, das bei dieser Ausführung immer zu vermeiden ist.

Training: 14 bis 16 Wiederholungen in 3 Übungssätzen

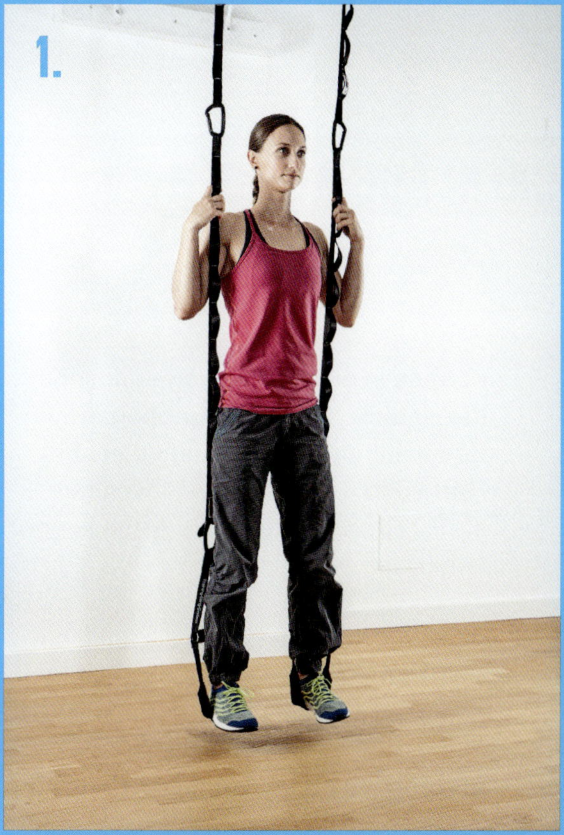
1.

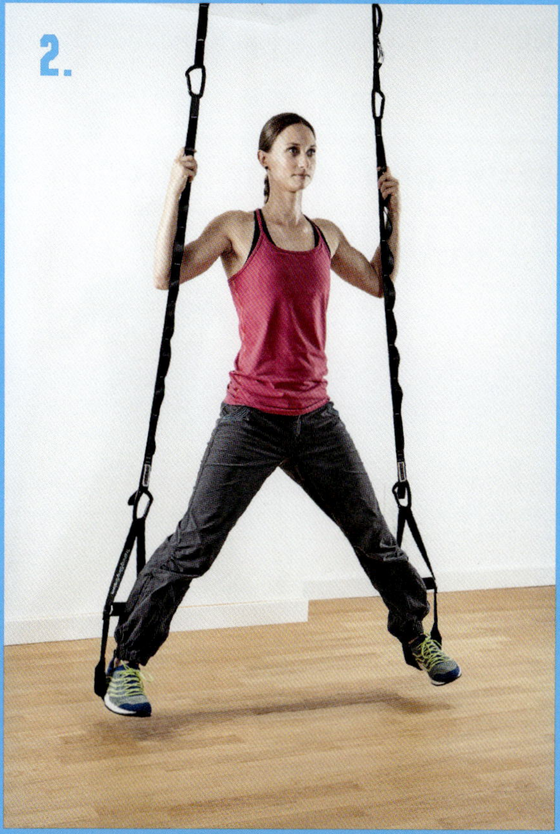
2.

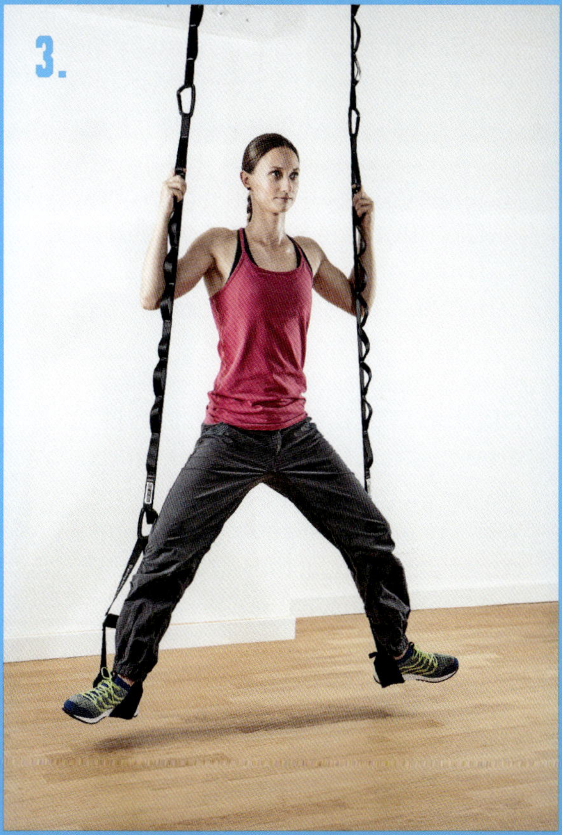
3.

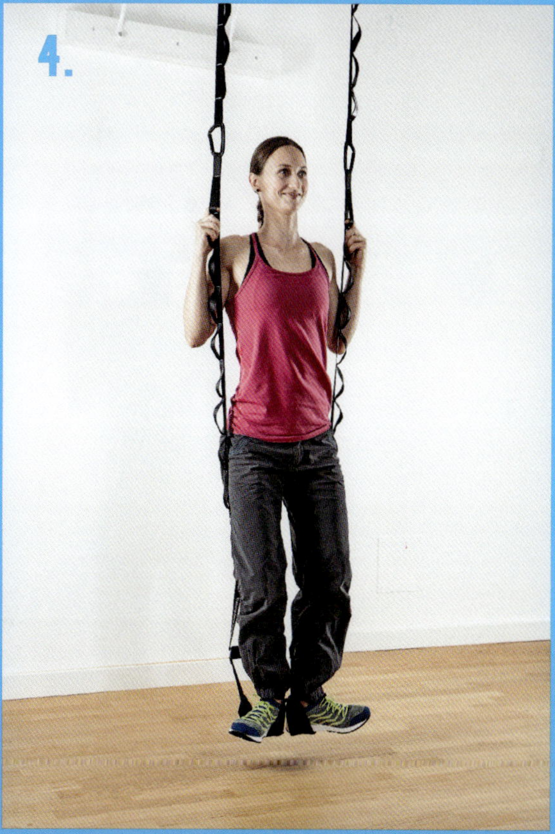
4.

BECKENROTATION AUS DER RÜCKENLAGE AUF DEM GYMNASTIKBALL

Trainingsziel: Beweglichkeit der Hüfte

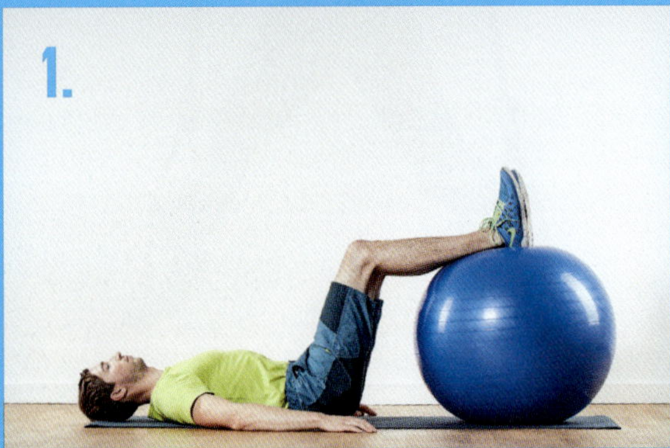

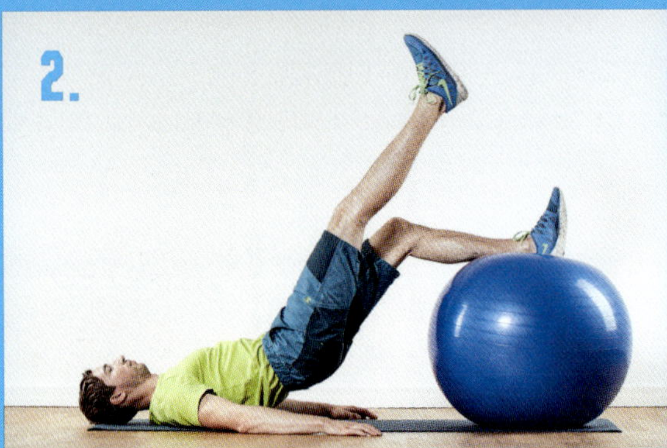

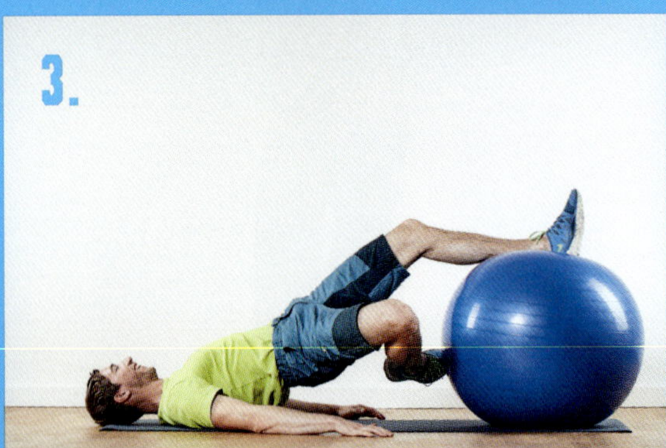

1. Komme in eine Rückenlage und lege die Unterschenkel der gebeugten Beine auf einem Gymnastikball ab. Hüfte und Knie sind etwas weniger als 90 Grad gebeugt. Die Arme liegen seitlich am Körper.

2. Hebe sowohl das Gesäß als auch ein Bein vom Ball ab. Das Becken bleibt dabei parallel zum Boden. Diese angehobene Position wird im gesamten Übungsverlauf beibehalten.

3. Stabilisiere das in den Gymnastikball drückende Standbein, sodass dieses Knie gerade nach oben zeigt, und fixiere es, während du das freie Spielbein seitlich abkippst und mit ihm unter dem Standbein hindurchtauchst. Die Hüfte des Standbeins ist dabei konstant gestreckt. Drehe das Becken mit dem Spielbein wieder nach oben und wiederhole.

Hinweis: Für die so essenzielle Hüftarbeit mittels Beckenrotation ist die saubere Standbeinposition enorm wichtig. Lenke deine Aufmerksamkeit daher auf die qualitative Haltearbeit des Standbeins.

Training: 10 bis 12 Wiederholungen pro Seite in 3 Übungssätzen. Trainiere in einem Satz beide Seiten nacheinander.

BECKENHEBEN AUF DEM GYMNASTIKBALL

Trainingsziel: Kräftigung des großen Gesäßmuskels

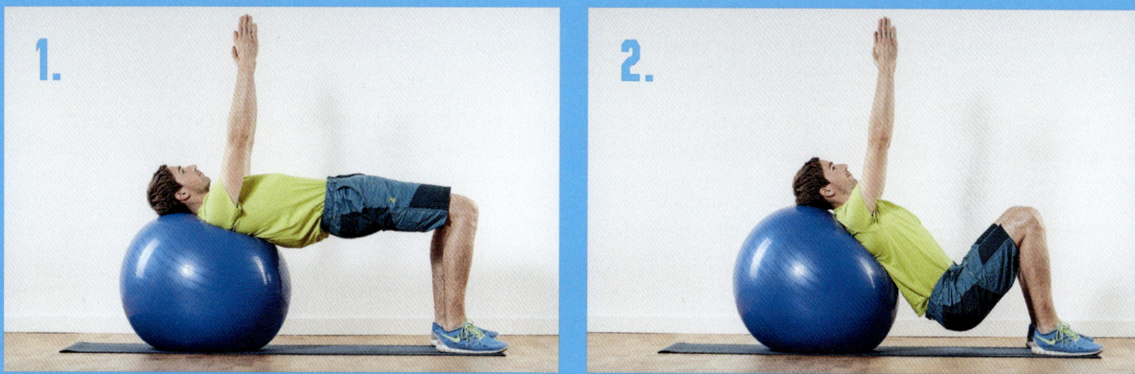

1. Starte in einer Rückenlage mit einem Gymnastikball unter Schulterblatt, Nacken und Kopf. Die Beine sind etwas mehr als hüftbreit aufgestellt, die Knie um 90 Grad angewinkelt. Strecke die Arme senkrecht nach oben und drehe die Handflächen zum Körper.

2. Rolle den Ball etwas Richtung Füße, um das Gesäß nach unten absenken zu können. Die Knie bleiben dabei fast senkrecht über den Sprunggelenken. Drücke die Fersen fest auf den Boden und hebe das Gesäß wieder in die volle Hüftstreckung an. Um die Gesäßmuskulatur richtig zu fordern, komme nicht bis in die Waagrechte, sondern ein kleines Stück darüber hinaus.

Hinweis: Um dieser Übung eine qualitative Note zu geben, achte darauf, dass die Knie beim Heben und Senken stets in der Beinachse bleiben und die Füße zwar plan aufliegen, aber auf den Fußaußenkanten und dem Fersenbereich etwas stärker belastet sind.

Variante: Bei sauberer Ausführung kannst du zur Steigerung des Kraftanspruchs ein Zusatzgewicht in der Hüftbeuge mitführen.

Training: 14 bis 16 Wiederholungen in 3 Übungssätzen

HAMSTRING CURL IM SCHLINGENTRAINER

Trainingsziel: Kräftigung der Oberschenkelrückseite

1. Stelle die Schlaufen des Schlingentrainers so tief ein, dass etwas Luft zum Boden bleibt, wenn du in Rückenlage mit den Fersen Druck in die Fußschlaufen gibst. Die Beine sind rechtwinklig gebeugt, die Arme liegen seitlich neben dem Körper.

2. Hebe für die Startposition das Gesäß leicht vom Boden an. Die Knie bleiben dabei in einer leichten Restbeugung.

3. Schiebe nun das Gesäß nach oben, indem du bei gestreckten Hüften die Fersen aus dem Knie heraus zum Gesäß ziehst. Senke es durch kontrollierte Kniestreckung wieder ab.

Hinweis: Achte stets auf eine einwandfreie Beinachse. Bewege dich ruhig und kontrolliert, um Verletzungen zu vermeiden.

Training: 14 bis 16 Wiederholungen in 3 Übungssätzen

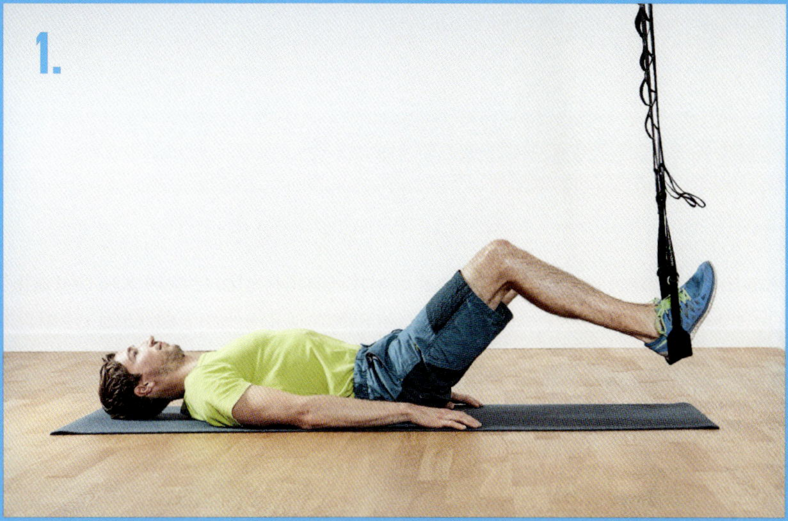
1.

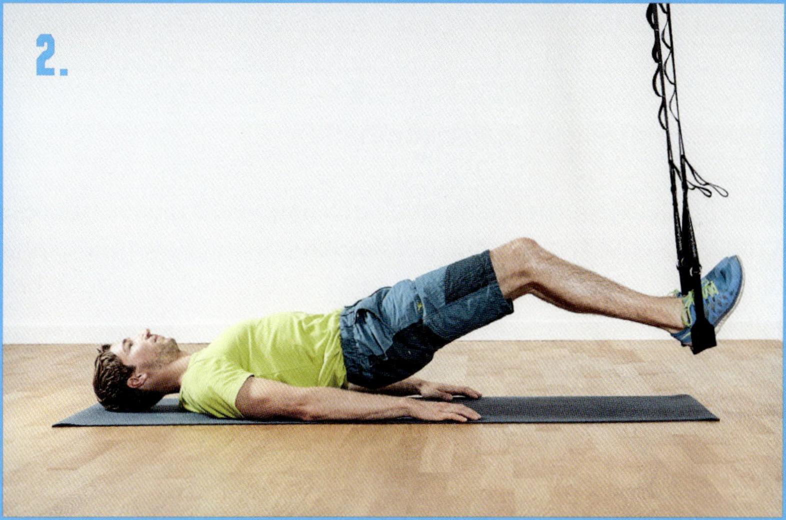
2.

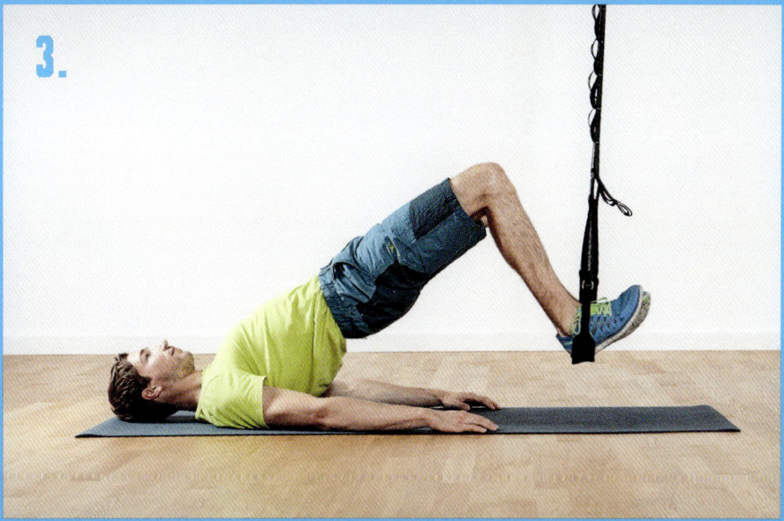
3.

DEADLIFT MIT KETTLEBELL

Trainingsziel: Kräftigung von Gesäß und Oberschenkelrückseite

1. Greife mit beiden Händen eine vor dir auf dem Boden stehende Kettlebell. Das Gesäß verändert seine Höhe nicht, wenn du mit geradem Oberkörper und gestreckten Armen das Gewicht erreichst. Beide Knie haben mindestens eine kleine Restbeugung. Die Füße sind plan belastet, sodass das Gesäß etwas nach hinten ausweichen darf. Die Halswirbelsäule ist stets gerade und damit in der Verlängerung der ebenfalls aufgerichteten Brust- und Lendenwirbelsäule.

2. Hebe mit Körperspannung die Kettlebell kontrolliert vom Boden hoch und richte den Oberkörper in eine volle Hüftstreckung auf. Das Gewicht bleibt dabei stets am langen Arm, die Schulterblätter sind stabilisierend nach hinten zur Wirbelsäule gezogen.

Training: 14 bis 16 Wiederholungen in 3 Übungssätzen

Variante 1: Kannst du alle Körperbereiche qualitativ sauber zu dieser Übung zusammenführen, besteht die Möglichkeit, die Tempi der verschiedenen Bewegungsphasen zu variieren. Richte dich nach dem Greifen etwas rascher auf, lass dir jedoch beim aufrechten Absinken deutlich mehr Zeit.

Variante 2: Sobald du die Kettlebell nicht mit beiden Händen, sondern nur mit einer Hand greifst, erhält der Oberkörper – den du trotz einseitiger Belastung parallel zum Boden hältst – eine zusätzliche stabilisierende Rotationsaufgabe, die die Ausführung komplexer macht.

Variante 3: Verbinde diese Übung mit der Standwaage auf Seite 113 und führe sie bei einer kontrollierten Beckenposition parallel zum Boden einbeinig durch.

1.

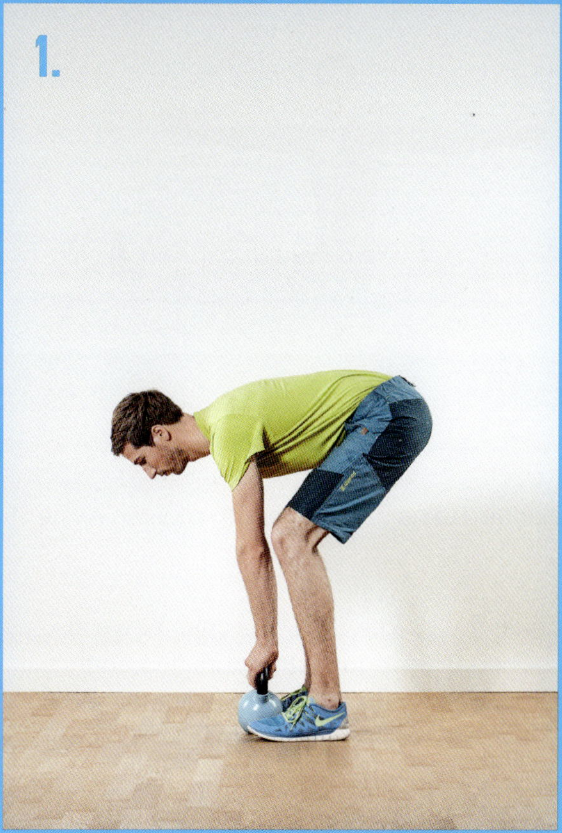

2.

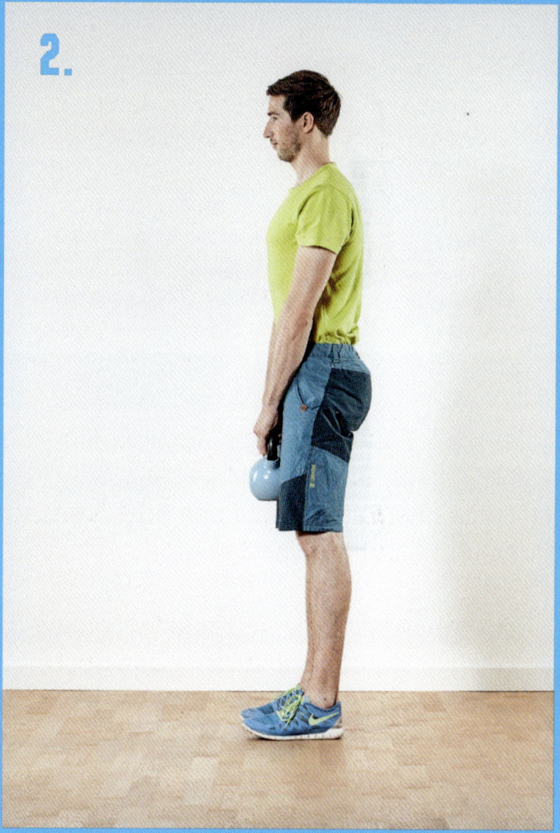

OBERKÖRPERROTATION IM SITZ

Trainingsziel: Beweglichkeit und Aufrichtung der Brustwirbelsäule

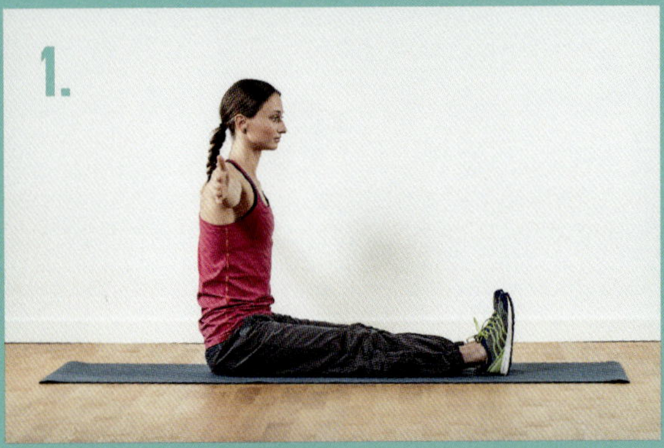

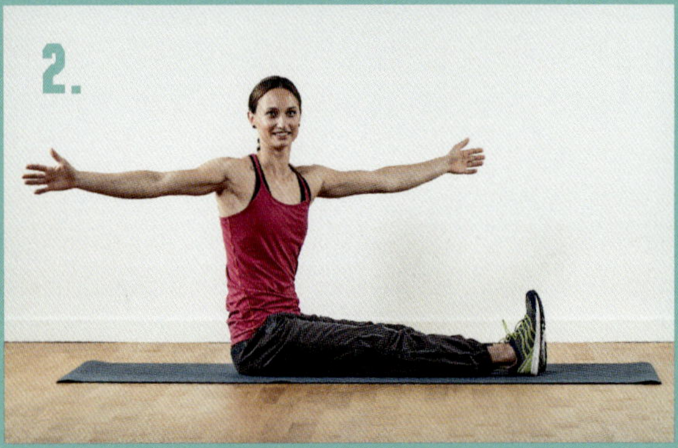

1. Setze dich aufrecht auf den Boden und strecke die Beine nach vorn. Strecke die Arme auf Schulterhöhe zur Seite.

2. Rotiere beim Ausatmen aus der Brustwirbelsäule heraus die Schulterachse abwechselnd nach rechts und links. Das Becken bleibt dabei bewegungsfrei und die Lendenwirbelsäule aufgerichtet, sodass beide Sitzbeinhöcker stets den gleichen Druck auf den Boden bringen.

Hinweis: Da bei vielen die Brustwirbelsäule meist zu rund ist, zielt diese Übung nicht nur auf die Mobilität, sondern auch auf die Aufrichtung ab. Achte daher darauf, dass du beim Rotieren nach außen sprichwörtlich etwas in die Höhe wächst. Die Atmung beim Rotieren ist tief, damit sich die Lungen leeren und du dadurch mit den Rippen einen längeren Rotationsweg ausführen kannst.

Training: 10 bis 12 Wiederholungen pro Richtung in 3 Übungssätzen. Trainiere innerhalb eines Satzes wechselseitig.

TIEFER AUSFALLSCHRITT MIT GEWICHT

Trainingsziel: Beweglichkeit und Aufrichtung der Brustwirbelsäule

1. Halte im aufrechten Stand eine Gewichtsscheibe über den Kopf. Die Schultergelenke sind voll gestreckt und die Brustwirbelsäule aufgerichtet. Baue Körperspannung auf, damit die Lendenwirbelsäule stabil ist und sie nicht ins Hohlkreuz gerät.

2. Ziehe einen Oberschenkel bis Hüfthohe nach oben, sodass er waagrecht ist, ohne dabei in der noch immer gerade aufgerichteten Wirbelsäule über den Oberkörper nach hinten auszuweichen. Auch das Becken und die Lendenwirbelsäule bleiben gerade, denn das Anheben kommt isoliert aus der Hüfte.

3. Führe bei weiterhin aufrechtem Oberkörper einen Ausfallschritt nach vorn aus. Das vordere Knie federt mit sauberer Beinachse den Schwung ab, das hintere Knie schwebt am tiefsten Punkt knapp über dem Boden. Beim Hochdrücken gibst du mit dem vorderen Bein einen kontrollierten und ausreichenden Schub, um wieder in den Stand zurückzukommen.

Hinweis: Damit die Arme während der Übung gestreckt bleiben, müssen sie nach außen rotiert sein.

Training: 10 bis 12 Wiederholungen pro Bein in 3 Übungssätzen. Trainiere in einem Satz beide Seiten nacheinander.

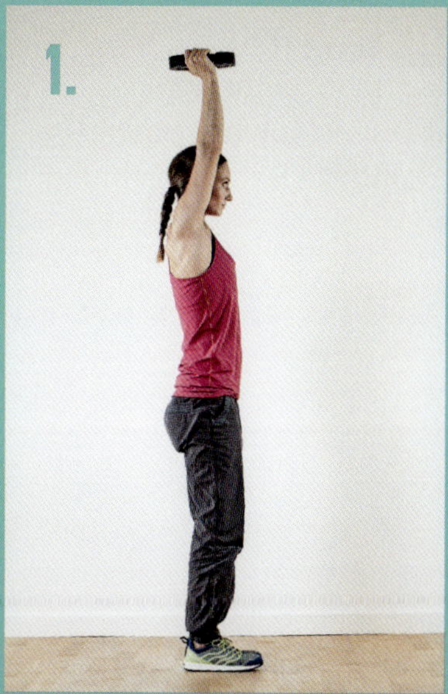

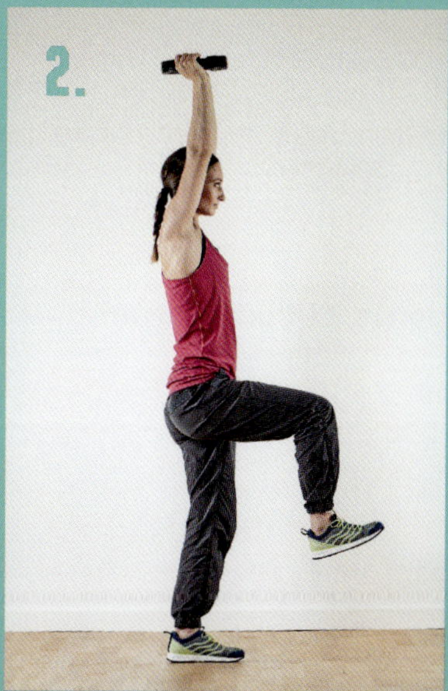

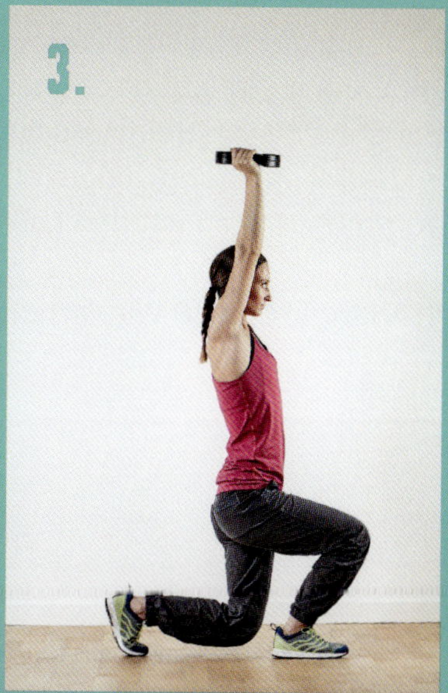

ARMSTRECKEN IM SCHWIMMER

Trainingsziel: Beweglichkeit und Aufrichtung der Brustwirbelsäule

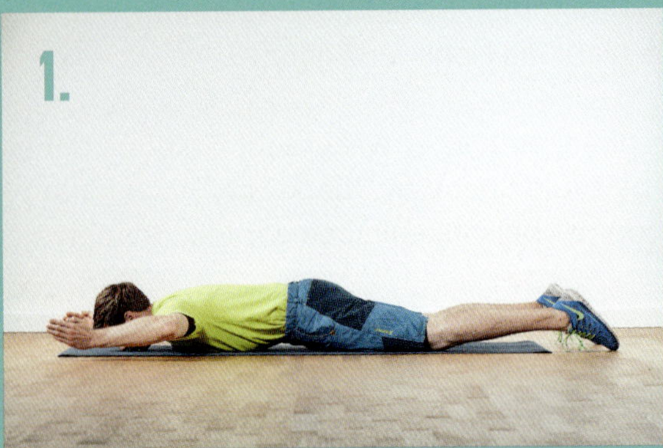

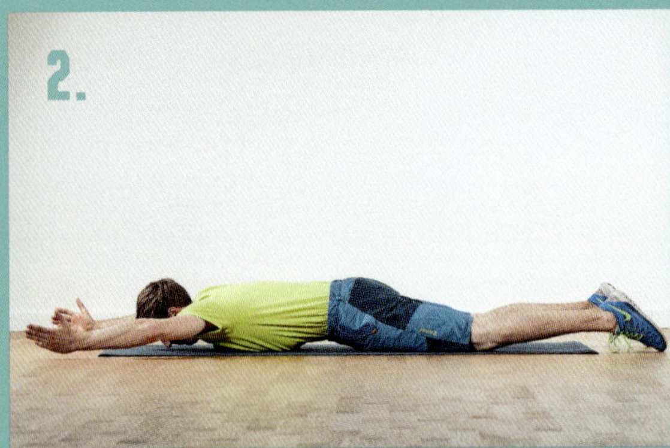

1. Starte in der Bauchlage. Ziehe im entspannten Zustand den Bauchnabel ein und kippe das Becken nach hinten, sodass sich die Lendenwirbelsäule aufrichtet. Halte diese Grundposition. Dann hebe die Arme rechtwinklig gebeugt vom Boden an. Die Halswirbelsäule bleibt lang und gerade, indem du den Kopf mit nach unten gerichtetem Blick hältst.

2. Schiebe die Arme knapp über dem Boden so weit wie möglich nach vorn und wieder zurück. Rumpf und Beine bleiben ruhig in der Ausgangsposition.

Hinweis: Ein wichtiger Punkt bei dieser Übung ist der konstante Tunnel unter dem Bauchnabel und dem zurückgerollten Becken. Wechsle in dieser Übung von der Bauch- in die Brustatmung, indem du eher in die Rippenregion atmest, damit die Bauchspannung aufrechterhalten werden kann.

Training: 14 bis 16 Wiederholungen in 3 Übungssätzen

SEITNEIGUNG IM SCHWIMMER MIT GEWICHTSBALL

Trainingsziel: Beweglichkeit und Aufrichtung der Brustwirbelsäule

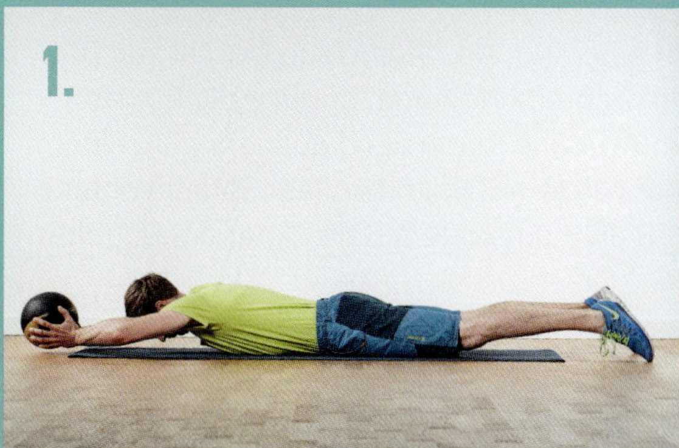

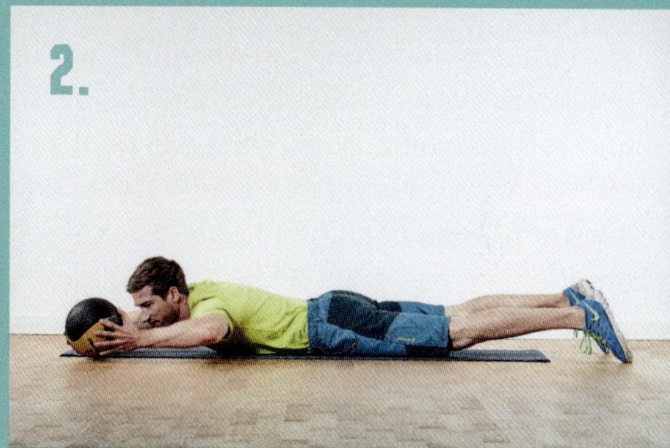

1. Starte in der Bauchlage. Ziehe im entspannten Zustand den Bauchnabel ein und kippe das Becken nach hinten, sodass sich die Lendenwirbelsäule aufrichtet. Halte diese Grundposition und hebe dabei die Beine aus der Hüfte gestreckt nach oben. Halte mit den Händen einen Gewichtsball über dem Kopf. Die Halswirbelsäule bleibt lang und gerade, indem du den Kopf mit nach unten gerichtetem Blick hältst. Hebe den Ball vom Boden hoch, indem du den Oberkörper aufrichtest.

2. Neige den Oberkörper zur Seite und führe dabei den Gewichtsball mit. Tippe ihn kurz auf dem Boden auf. Komme über die Mitte zur anderen Seite und wiederhole. Rumpf und Beine bleiben ruhig in der Ausgangsposition.

Hinweis: Achte darauf, dass der Gewichtsball durch das Neigen des Oberkörpers seitlich bewegt wird und nicht durch eine Bewegung der Schultern.

Training: 8 bis 10 Wiederholungen pro Seite in 3 Übungssätzen. Trainiere innerhalb eines Satzes wechselseitig.

FRONTALES EINARMIGES RUDERN MIT OBERKÖRPERROTATION UND SUPERBAND

Trainingsziel: Schulterblattstabilität

1. Klemme ein Superband etwa auf Brusthöhe in einer Tür ein. Stelle dich frontal zur Tür, positioniere das Ende des Superbands um die rechte Mittelhand, spreize die Finger und tritt so weit zurück, dass bei gestrecktem Arm das Superband gespannt ist. Nimm eine Schrittstellung ein. Belaste dabei das linke vordere Bein mit vollem Sohlenkontakt stärker als das nach hinten gestreckte rechte Bein mit leichtem Ballenkontakt. Schultern und Becken zeigen in Blickrichtung nach vorn.

2. Ziehe den rechten Ellbogen am Körper vorbei nach hinten. Ist die Ruderbewegung maximal ausgeführt, drehe den Oberkörper nach rechts. Dadurch kannst du das Superband noch stärker spannen. Becken und Beine bleiben während der Rotation in ihrer Position.

Hinweis: Mache dir bewusst, dass die Kernaufgabe dieser Übung nicht das Pumpen im Bizeps ist, sondern das flächige Anlegen des Schulterblatts an die benachbarten Rippen. Richte daher deine Aufmerksamkeit auf den Bereich des Schulterblatts, damit die Übung auch ihre Wirkung erzielen kann.

Training: 10 bis 12 Wiederholungen pro Seite in 3 Übungssätzen. Trainiere in einem Satz beide Seiten nacheinander.

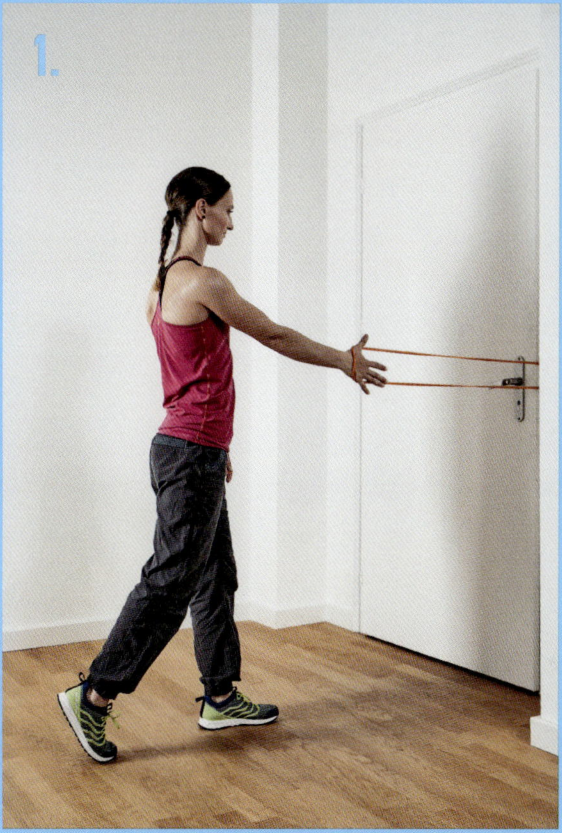
1.

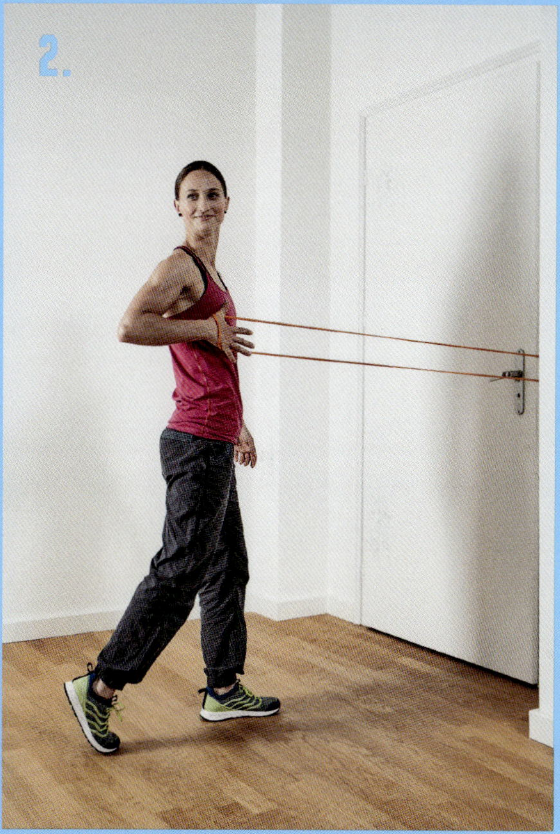
2.

VERTIKALES RUDERN MIT KETTLEBELL

Trainingsziel: Differenzierung von Schulterblattstabilität und Schultergelenksbeweglichkeit

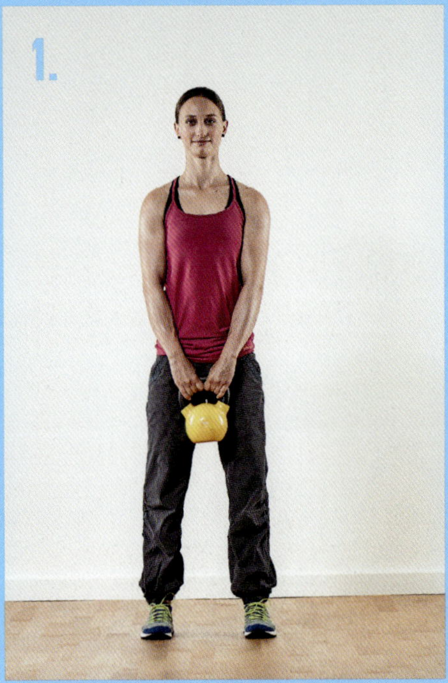

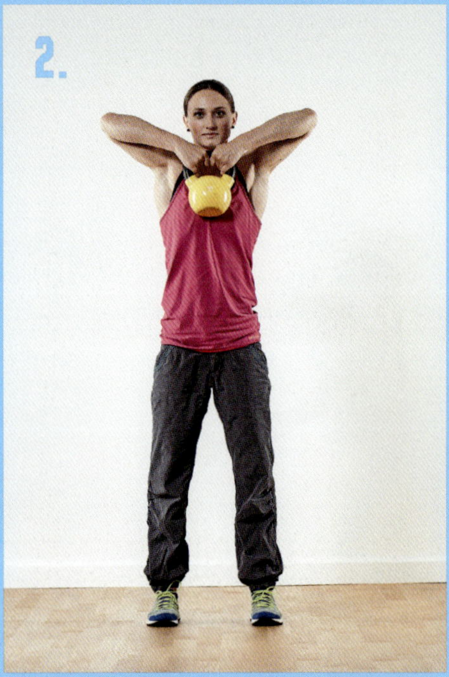

1. Stelle dich aufrecht hin und halte mit beiden Händen eine Kettlebell am langen Arm vor dem Körper. Die Brustwirbelsäule ist aufgerichtet, die Schulterblätter sind zur Wirbelsäule hin zusammengezogen.

2. Ziehe bei konstanter Körperaufrichtung und Schulterblattpositionierung die Kettlebell vor dem Körper so weit nach oben, bis die Hände etwas unter Kinnhöhe sind. Dabei sind die Ellbogen über den Handgelenken.

Hinweis: Achte beim Hochziehen der Kettlebell darauf, dass die Schulterblätter so lange bewegungsfrei nach unten gezogen werden, bis die Ellbogen etwa Schulterhöhe erreicht haben. Über Schulterhöhe führst du sie im gleichen Tempo und Bewegungsausmaß etwas nach oben mit.

Training: 14 bis 16 Wiederholungen in 3 Übungssätzen

KLIMMZUG AM LANGEN ARM

Trainingsziel: Schulterblattbeweglichkeit

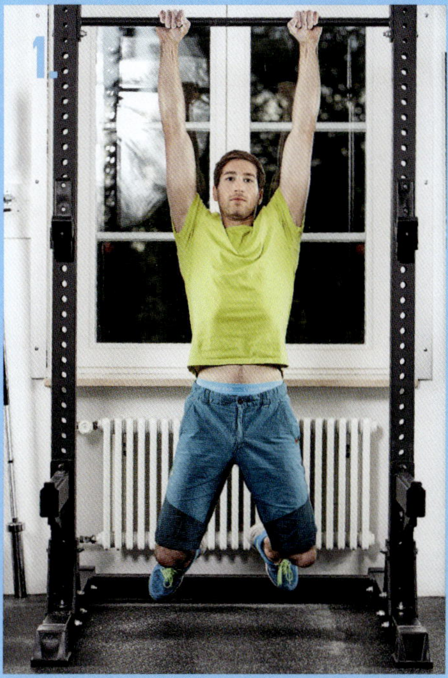

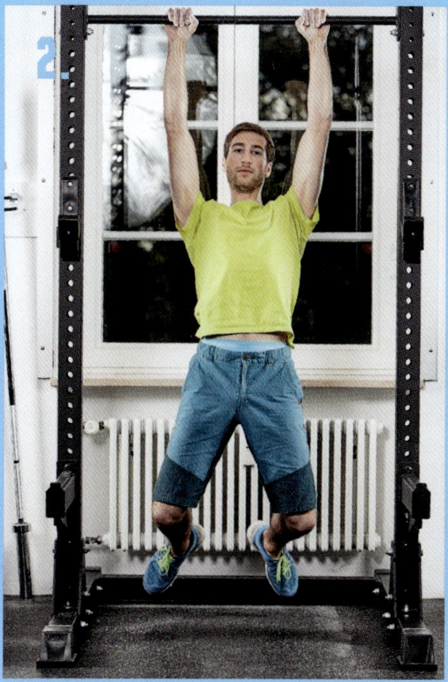

1. Stelle dich unter eine Klimmzugstange. Starte die Übung im Hang am langen Arm. Greife die Klimmzugstange im klettertypischen Obergriff, bei dem der Handrücken nach hinten zeigt. Behalte die aktive muskuläre Schutzspannung in den Schultern bei und lasse dabei den Kopf tief zwischen die Schultern sinken.

2. Schiebe in diesem Hang den Kopf nach oben Richtung Stange, indem du aktiv die Schulterblätter nach unten ziehst und gegen Ende mittig zur Wirbelsäule hin kippst.

Hinweis: Arbeite im Hang stets mit Körperspannung, um den frei hängenden Unterkörper sauber zu integrieren. Bemühe dich außerdem um eine volle Schulterstreckung. Fehlt diese, so ist der Oberkörper nicht senkrecht, sondern fällt schräg nach vorn ab. Arbeite in diesem Fall zuerst an deiner Schulterbeweglichkeit.

Training: 8 bis 14 Wiederholungen in 3 Übungssätzen

EINARMIGES LATZIEHEN

Trainingsziel: Schulterblattbeweglichkeit

1. Spanne ein Superband um eine Klimmzugstange und positioniere einen Sitz unter der Stange. Alternativ kannst du auch stehen, wenn die Stange hoch genug angebracht ist. Greife das Superband und positioniere es um die Mittelhand. Ziehe das Schulterblatt aktiv nach unten. Der Arm wird, so gut es mit dieser tiefen Schulterblattposition möglich ist, gestreckt, das Superband ist gespannt. Der Oberkörper ist aufgerichtet und der Kopf aus der Halswirbelsäule heraus nach oben geschoben.

2. Ziehe bei stabiler Schulterblattpositionierung das Superband aus dem Schulter- und Ellbogengelenk heraus nach unten. Unten im maximalen Zug angekommen, löst du die Spannung im Band, indem du den Arm kontrolliert nach oben nachgeben lässt. Behalte hierbei die tiefe Schulterblattposition bei.

Hinweis: Erfahrungsgemäß ist die Schulterblattpositionierung bei den Zugbewegungen nach unten meist sauber. Beim kontrollierten Nachgeben des Arms nach oben werden jedoch oftmals nicht nur die Mobilisatoren des Schultergelenks, sondern fälschlicherweise auch die schulterblattstabilisierende Muskulatur entspannt. Versuche, nicht aus der stabilen, sauberen Führung herauszugleiten.

Training: 10 bis 12 Wiederholungen in 3 Übungssätzen. Trainiere in einem Satz beide Seiten nacheinander.

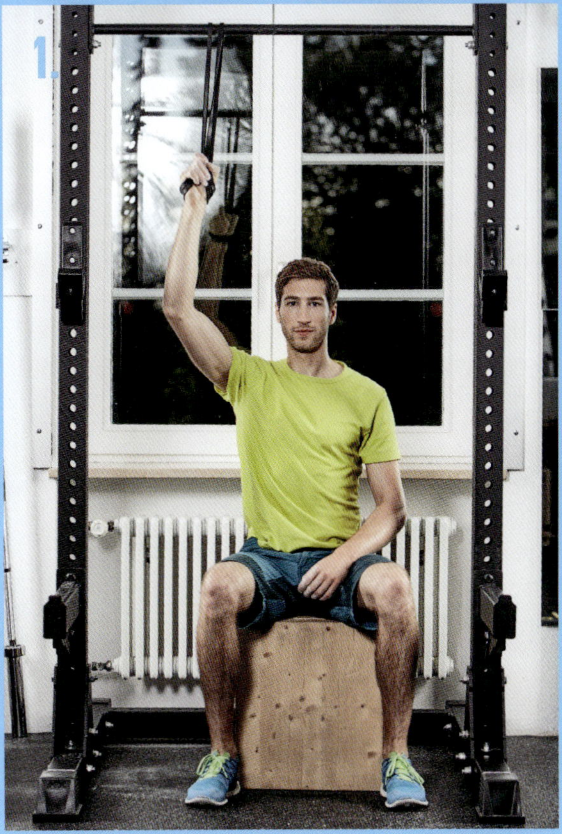
1.

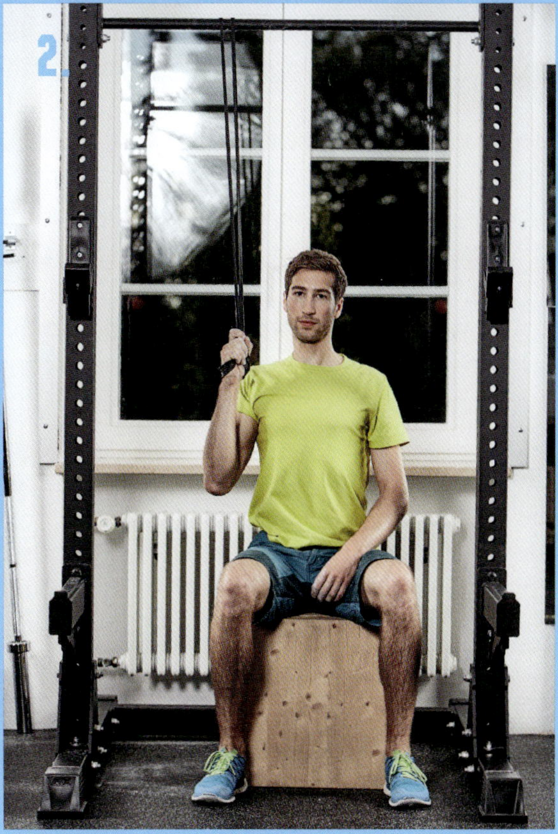
2.

90-90-OBERKÖRPERROTATION MIT SUPERBAND

Trainingsziel: Statische Kräftigung der Rotatorenmanschette, Schulterstabilität

1. Klemme ein Superband knapp unterhalb der Brusthöhe in einer Tür ein. Stelle dich mit der linken Körperseite seitlich zur Tür und greife mit rechtwinklig gebeugtem Ellbogen mit der rechten Hand das Ende des Superbands. Der Unterarm zeigt in Blickrichtung waagrecht nach vorn. Das Superband befindet sich auf gleicher Höhe. Halte den Oberarm fest am Körperkörper. Achte auf einen stabilen und aufrechten Stand. Die Schulterachse ist waagrecht, das Superband unter Spannung.

2. Drehe das Becken mit stabilem Oberkörper von der Tür weg. Die Wirbelsäule bleibt während der Bewegung rotationsfrei. Das Becken und die Schulterachse machen aus den Beinen und Hüften heraus die gleiche Bewegung. Je weiter du den Körper von der Tür wegdrehst, desto mehr Zug bekommt das Band. Drehe dich nur so weit, wie du die 90 Grad von Ober- zu Unterarm und von Unterarm zu Beckenachse stabil in der Schulter halten kannst.

Hinweis: Da es sich um die statische Haltearbeit der Rotatorenmanschette handelt, ist die saubere Position des Oberarmkopfs im Schultergelenk enorm wichtig. Achte stets darauf, dass die Schulterblätter zur Wirbelsäule gezogen sind und der Arm seitlich vom Körper positioniert ist. Gern fällt aufgrund der Körperbewegung und des Zugs im Band die Schulter etwas nach vorn und die Rotation wird somit nicht mehr sauber geführt.

Training: 10 bis 12 Wiederholungen in 3 Übungssätzen. Trainiere in einem Satz beide Seiten nacheinander.

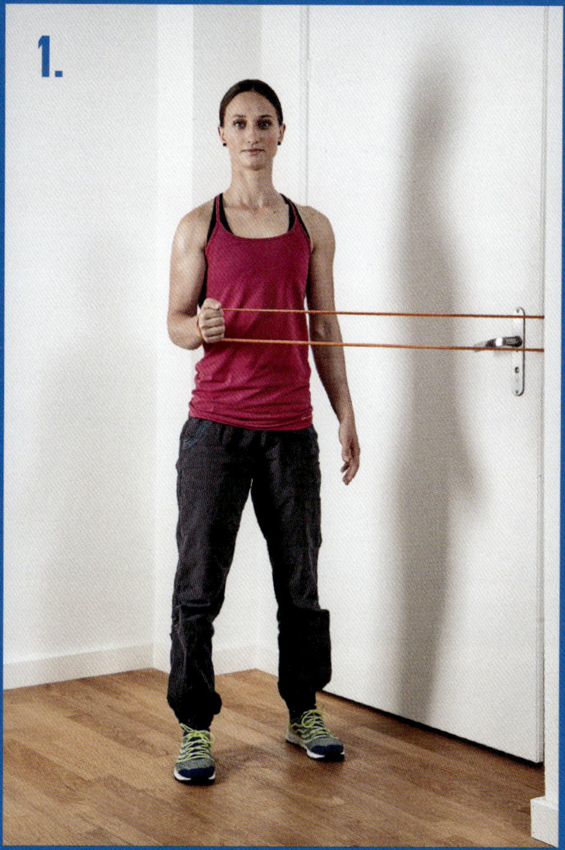
1.

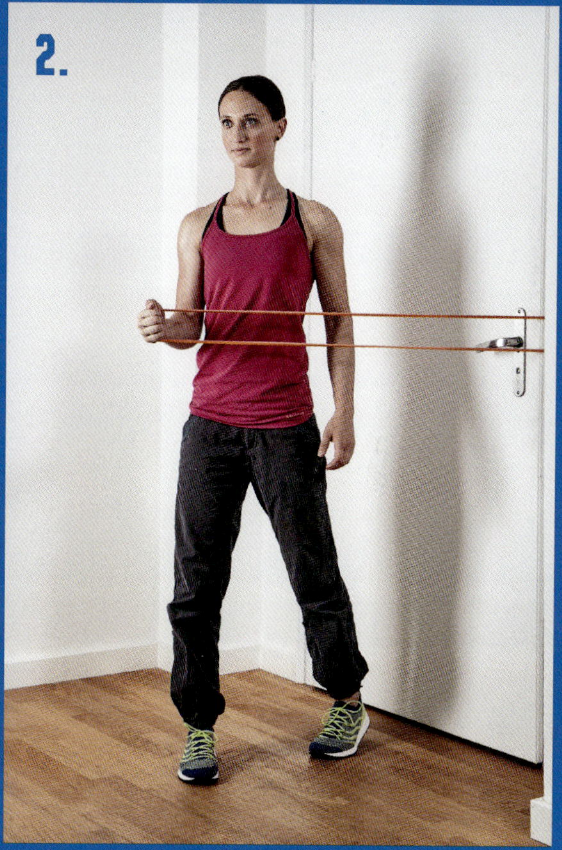
2.

TRIZEPS CURL ÜBER KOPF MIT SUPERBAND

Trainingsziel: Kräftigung der Rotatorenmanschette, Schulterstabilität

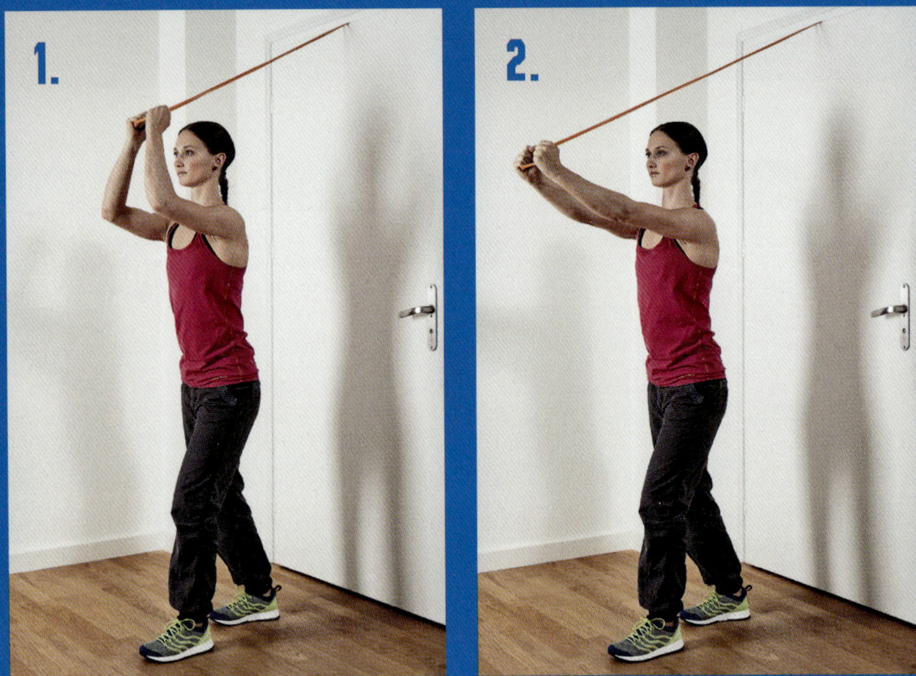

1. Klemme ein Superband oben in einer Tür ein. Fasse es mit beiden Händen über dem Kopf. Der Oberkörper ist aufgerichtet, die Ellbogen befinden sich auf Schulterhöhe in gebeugter Position.

2. Strecke die Arme im Ellbogengelenk und spanne damit das Superband. Dabei bleiben die Ellbogen auf Schulterhöhe und die Schultergelenke bewegungsfrei in ihrer stabilen Position.

Hinweis: Wie bei jeder Überkopfaufgabe fällt die Wirbelsäule hier gern ins Hohlkreuz. Halte daher immer genügend Körperspannung, um über eine Beckenkorrektur die Wirbelsäule aufzurichten.

Training: 14 bis 16 Wiederholungen in 3 Übungssätzen

OBERKÖRPERROTATION IM UNTERARMSTÜTZ AUF DEM GYMNASTIKBALL

Trainingsziel: Schulterstabilität

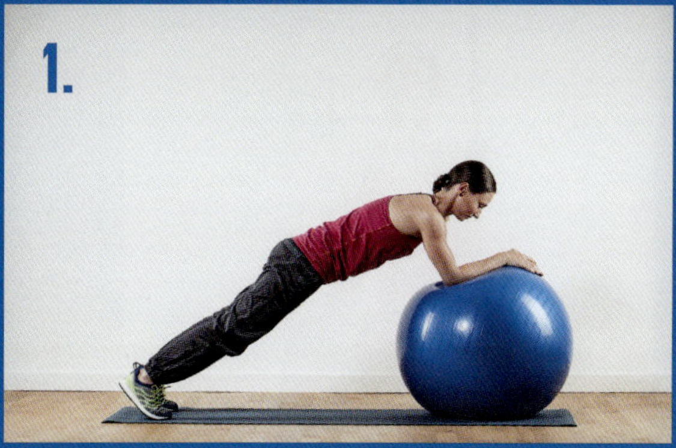

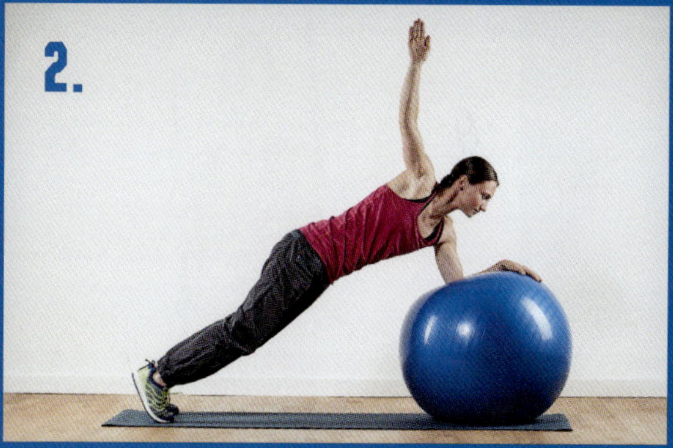

1. Komme in einen stabilen Unterarmstütz auf einem Gymnastikball. Wähle eine schmale Stützposition mit einem Ellbogenabstand von maximal 15 cm. Der Brustkorb ist hoch in die Schulterblätter gedrückt, die Lendenwirbelsäule mit Körperspannung stabil aufgerichtet.

2. Verlagere das Gewicht auf einen Unterarm beziehungsweise Ellbogen und balanciere dich stabil aus. Löse dann den anderen Arm vom Gymnastikball und strecke ihn mit einer Oberkörperrotation nach oben. Rotiere zurück, lege den Arm ab und wechsle die Seite.

Hinweis: Damit die Oberkörperrotation mit der gewünschten Qualität in diesem langen Hebel ausgeführt wird, achte darauf, dass das Becken während der Schulterachsenbewegung komplett ruhig liegt und aktiv gegen das Hohlkreuz arbeitet.

Variante: Den Gymnastikball bei dieser Übung frei im Raum zu kontrollieren könnte anfangs zu schwierig sein. Drücke den Ball zur sicheren und sauberen Schulterarbeit gegen eine Wand und führe die Übung so mit etwas Unterstützung durch.

Training: 7 bis 10 Wiederholungen pro Arm in 3 Übungssätzen. Trainiere innerhalb eines Satzes wechselseitig.

GESTÜTZTE HOCKE IM SCHLINGENTRAINER

Trainingsziel: Schulterstabilität

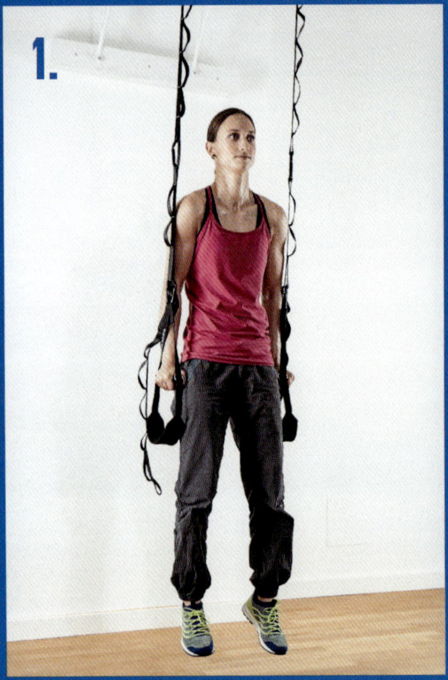

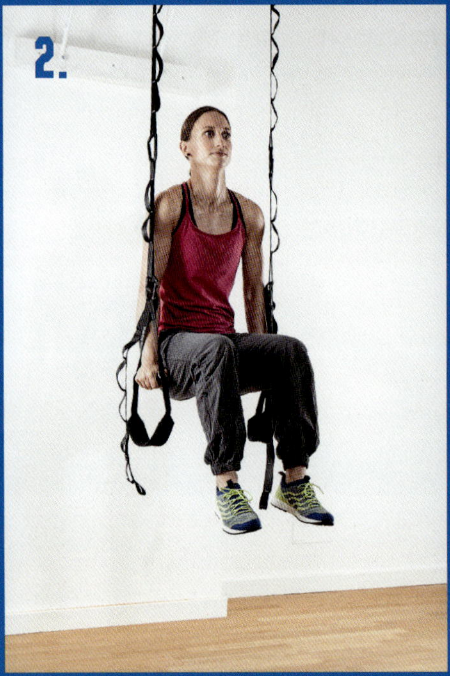

1. Stelle die Griffe des Schlingentrainers etwa auf Brusthöhe ein, sodass die Füße im kontrollierten Stütz nicht mehr den Boden berühren. Komme dann mit aufgerichtetem Oberkörper in den Stütz und schiebe den Kopf weit nach oben, sodass du zwischen Schultern und Ohren viel Platz hast.

2. Ziehe beim Ausatmen die Knie aus dem Hüftgelenk heraus im rechten Winkel nach oben. Um die Bauchmuskulatur noch stärker zu integrieren, ziehe auch das Becken nach oben, während du die Knie hebst.

Hinweis: Achte auf einen immer groß aufgerichteten Oberkörper während des Kniehebens.

Training: 12 bis 16 Wiederholungen in 3 Übungssätzen

TURKISH GET UP 1 MIT KETTLEBELL

Trainingsziel: Schulterstabilität in mehrere Richtungen

1. Komme in die Rückenlage und halte mit der rechten Hand am senkrecht nach oben gestreckten Arm eine Kettlebell. Stelle den rechten Fuß auf und positioniere ihn neben dem linken Knie; das linke Bein ist gestreckt. Lege den linken Arm auf Schulterhöhe zur Seite ab, die Handfläche zeigt nach unten.

2. Rolle in der ersten Übungsphase auf den linken Unterarm und richte den Oberkörper auf. Die linke Gesäßhälfte hat noch Kontakt zum Boden.

3. Drücke dich von hier zunächst mit dem linken Arm weiter nach oben, bis dieser gestreckt ist. Drücke in einer fließenden Bewegung mit dem rechten Bein das Gesäß vom Boden ab, bis die Hüften gestreckt sind. Komme in umgekehrter Reihenfolge wieder zurück in die Rückenlage.

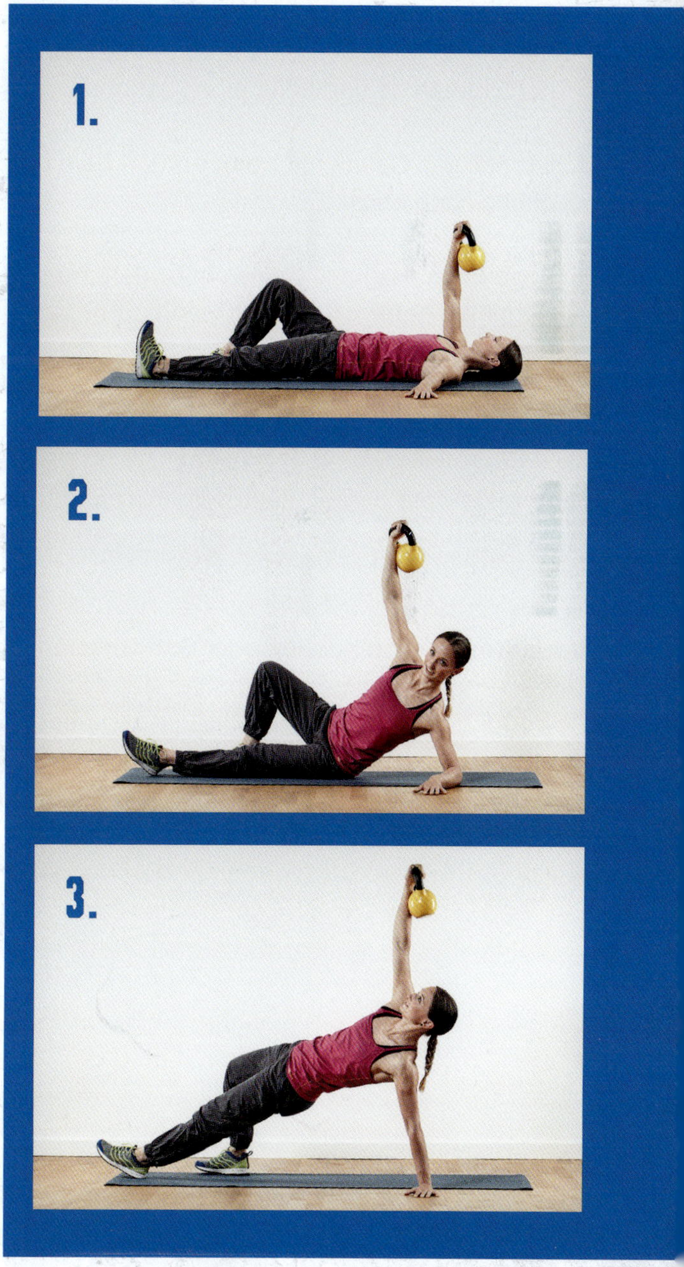

Hinweis: Achte darauf, dass der Arm mit der Kettlebell immer senkrecht steht. Somit wirkt – egal bei welcher Oberkörperposition – das Gewicht immer senkrecht ins Schultergelenk.

Training: 7 bis 10 Wiederholungen pro Seite in 3 Übungssätzen. Trainiere in einem Satz beide Seiten nacheinander.

TURKISH GET UP 2 MIT KETTLEBELL

Trainingsziel: Schulterstabilität in mehrere Richtungen

1. Beim zweiten Teil des Turkish Get Up startest du aus dem Sitz. Der rechte Fuß ist neben dem linken Knie aufgestellt, das linke Bein ist gestreckt. Stütze dich mit dem linken Arm nach hinten ab und halte eine Kettlebell mit dem rechten Arm senkrecht nach oben.

2. Drücke das Gesäß mit dem rechten Bein über den linken Stützarm in die volle Hüftstreckung nach oben.

3. Löse dann das linke Bein vom Boden, führe es nach hinten und setze es angewinkelt mit dem Knie neben der linken Hand auf.

4. Richte den Oberkörper senkrecht auf und belaste beide Beine gleichermaßen. Komme in umgekehrter Reihenfolge wieder zurück in den Sitz.

Hinweis: Achte darauf, dass der Arm mit der Kettlebell immer senkrecht steht. Somit wirkt – egal bei welcher Oberkörperposition – das Gewicht immer senkrecht ins Schultergelenk.

Variante: Je nach Können oder Schwerpunkt wird der erste oder zweite Teil des Turkish Get Up separat trainiert. Selbstverständlich können beide Teile auch zu einer fließenden Bewegung in einer einzigen Übung zusammengefasst werden.

Training: 7 bis 10 Wiederholungen pro Seite in 3 Übungssätzen. Trainiere in einem Satz beide Seiten nacheinander.

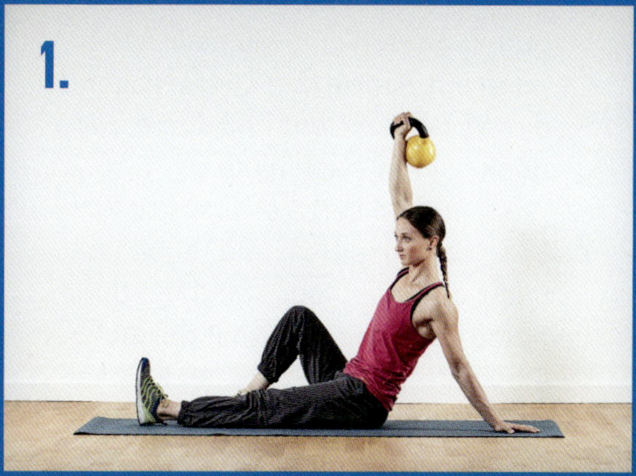
1.

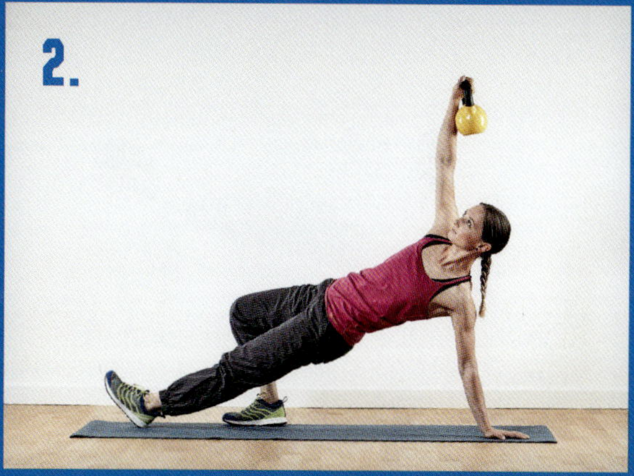
2.

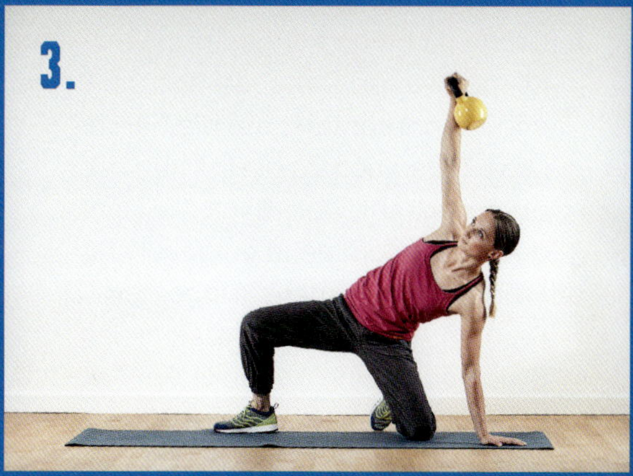
3.

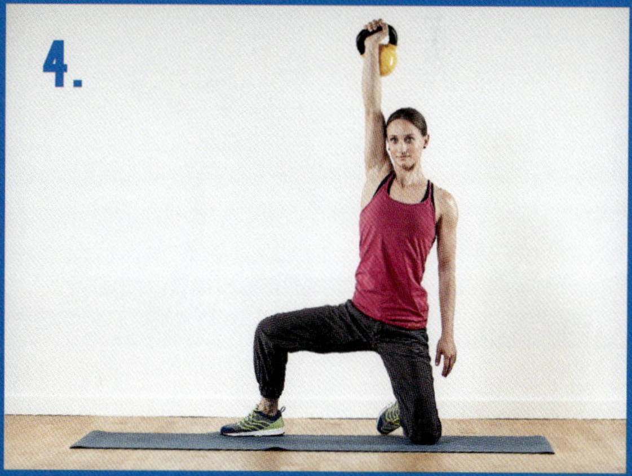
4.

ROTATION AUS DER LIEGESTÜTZPOSITION

Trainingsziel: Schulterbeweglichkeit

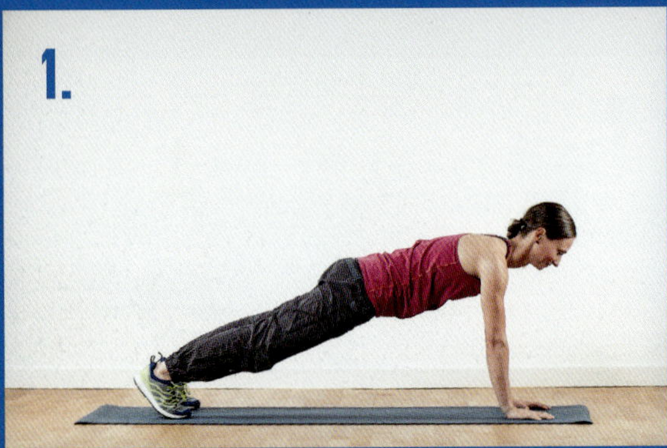

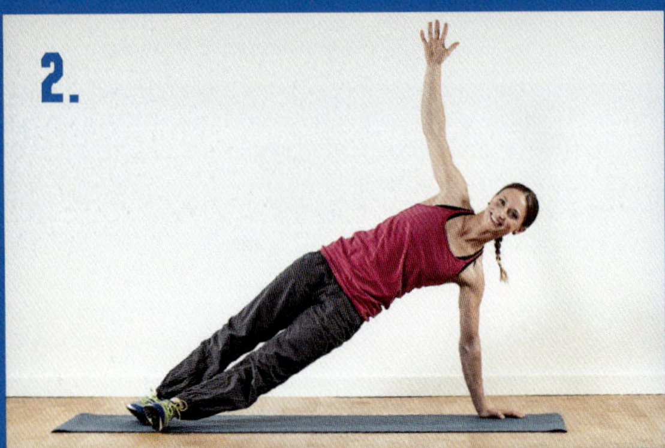

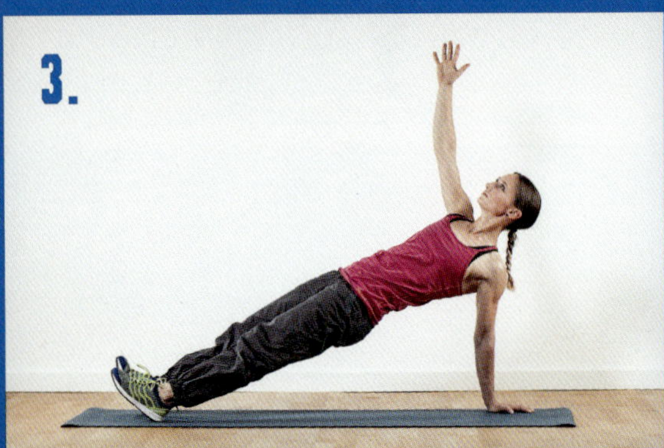

1. Komme in eine stabile Liegestützposition. Der Brustkorb ist hoch in die Schulterblätter gedrückt, die Ellbogen weisen eine kleine Restbeugung auf. Richte mit Körperspannung die Wirbelsäule auf und kippe das Becken aktiv nach hinten.

2. Löse das linke Bein und tauche damit unter dem rechten Standbein durch. Setze den linken Fuß mit der Außenkante vor dem rechten Fuß ab. Hebe gleichzeitig den rechten Arm gestreckt nach oben.

3. Drehe dich nun mit gestrecktem Körper weiter. Dabei drehen die Beine mit und du kommst auf die Fersen. Die Körpervorderseite ist nun nach oben gedreht, dein Blick zur Decke gerichtet. Komme in umgekehrter Reihenfolge zurück: Bringe den rechten Arm zuerst zurück in den Stütz, hole dann das linke Bein zurück in die Ausgangsposition und wiederhole zur anderen Seite.

Hinweis: Achte in der ausgedrehten Position auf einen aktiven Stütz. Drücke dich trotz hoher Rotation aktiv aus der Stützschulter nach oben.

Training: 8 bis 10 Wiederholungen pro Seite in 3 Übungssätzen. Trainiere innerhalb eines Satzes wechselseitig.

RÜCKENPUTZEN

Trainingsziel: Schulterbeweglichkeit

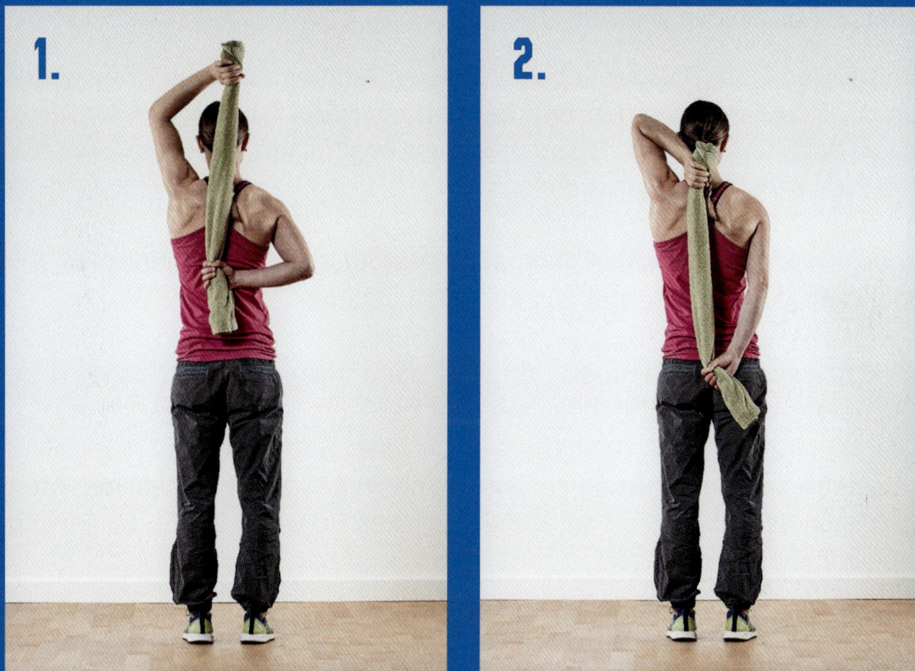

1. Stelle dich aufrecht hin. Greife ein längs zusammengerolltes Handtuch, ein Band oder Ähnliches hinter dem aufgerichteten Rücken. Eine Hand greift von oben, die andere von unten. Starte mit einer Wischbewegung nach oben, sodass die obere Hand nach oben zieht und die untere nachgezogen wird. So erhöht sich die Mobilität in der Schulter des unteren Arms.

2. Am maximal höchsten Punkt ziehst du mit der unteren Hand nach unten, sodass die obere Hand der Abwärtsbewegung folgt.

Hinweis: Beim Rückenputzen ist es wichtig, dass du immer aus kontrolliert geführten Schultergelenken arbeitest. Die Schulterachse ist dabei gerade und die Wirbelsäule aufgerichtet, aber nicht überstreckt. Je enger der Abstand der Hände ist, desto mehr Mobilität trainierst du ins Gelenk.

Training: 10 bis 12 Wiederholungen pro Seite in 3 Übungssätzen. Trainiere in einem Satz beide Seiten nacheinander.

KÖRPERKREISEN MIT KETTLEBELL

Trainingsziel: Schulterbeweglichkeit

1. Starte im stabilen Stand. Die Kettlebell ruht in der rechten Hand auf Höhe der rechten Schulter, die linke Hand fasst den Griff der Kettlebell. Der Oberkörper ist aufrecht, der Oberarm im Schultergelenk mit Spannung stabil positioniert, die Schulterblätter werden kontrolliert zur Wirbelsäule gezogen.

2. Beschleunige aus dieser Position heraus die Kettlebell, die am langen linken Arm auf Höhe der linken Hüfte den Körper zu umkreisen beginnt.

3. Hinter dem Körper übergibst du die Kettlebell der entgegenkommenden rechten Hand, um sie auf rechtsseitiger Hüfthöhe wieder vor den Körper kreisen zu lassen.

4. Bringe die Kettlebell mit Schwung zur linken Schulter. Die Kettlebell findet ihre neue Ruheposition in der linken Hand auf Höhe der linken Schulter. Starte den Bewegungsablauf nun zur anderen Seite.

Hinweis: Achte beim Körperkreisen mit der Kettlebell darauf, dass das Gewicht eine fließende Umrundung vollzieht und der Körper ohne ein Beckenkreisen, wie du es vom Hula Hoop kennst, stabil bleibt.

Training: 8 bis 10 Wiederholungen pro Seite in 3 Übungssätzen

1.

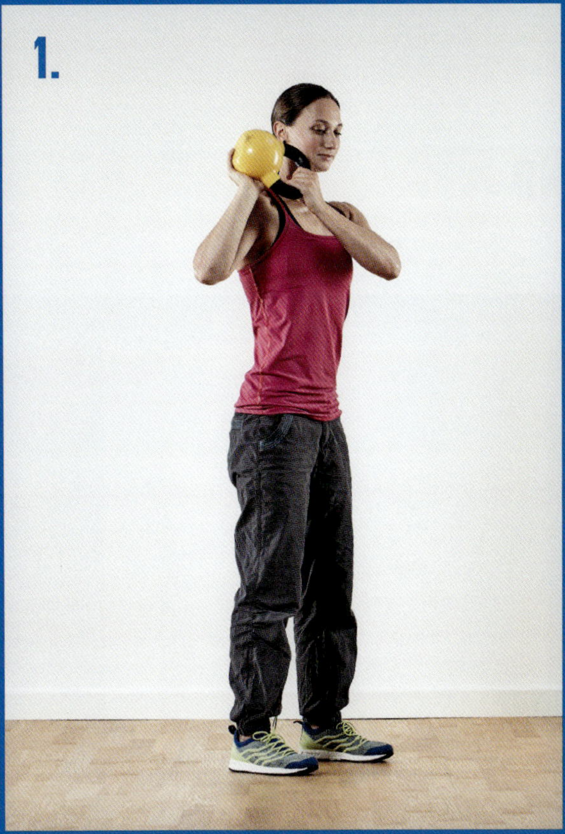

2.

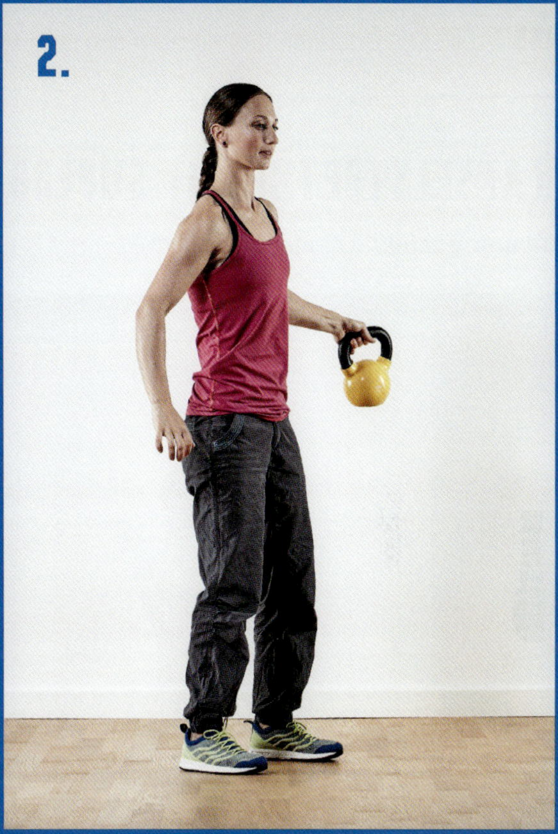

3.

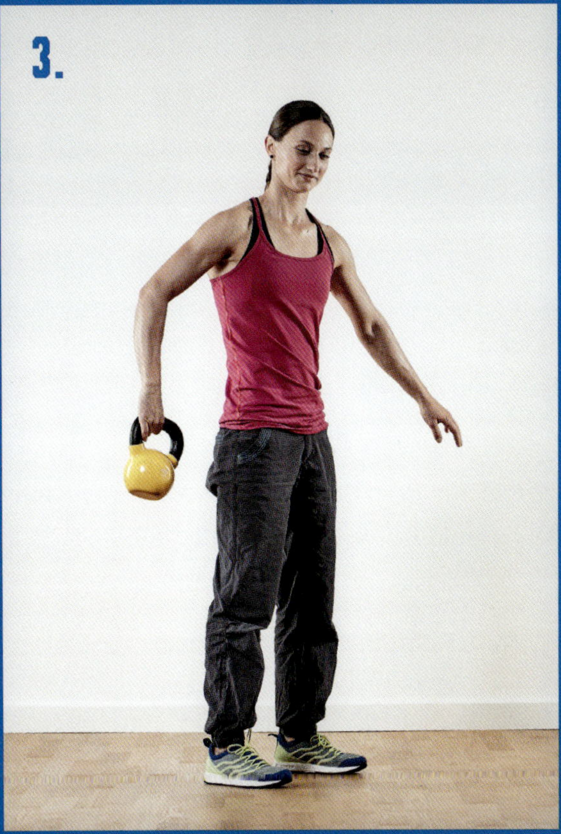

4.

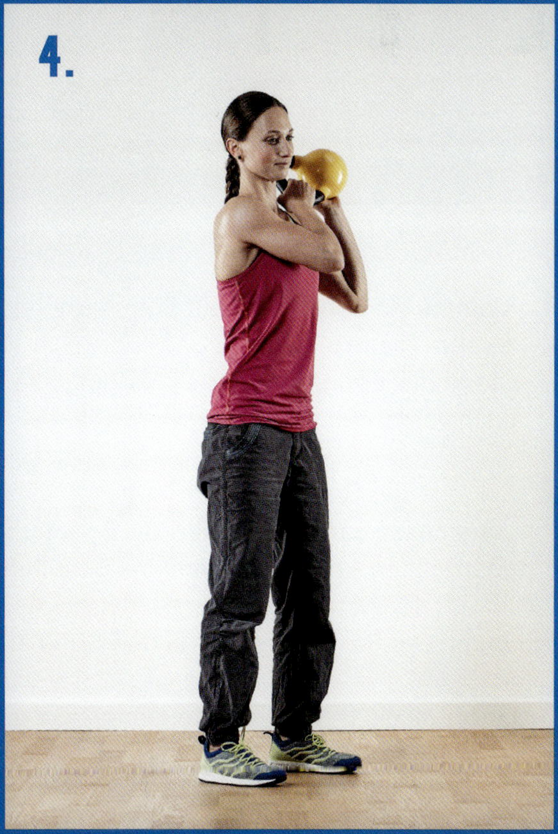

KAPSELSTRETCH MIT SUPERBAND

Trainingsziel: Schulterbeweglichkeit mit Kapselmobilisierung

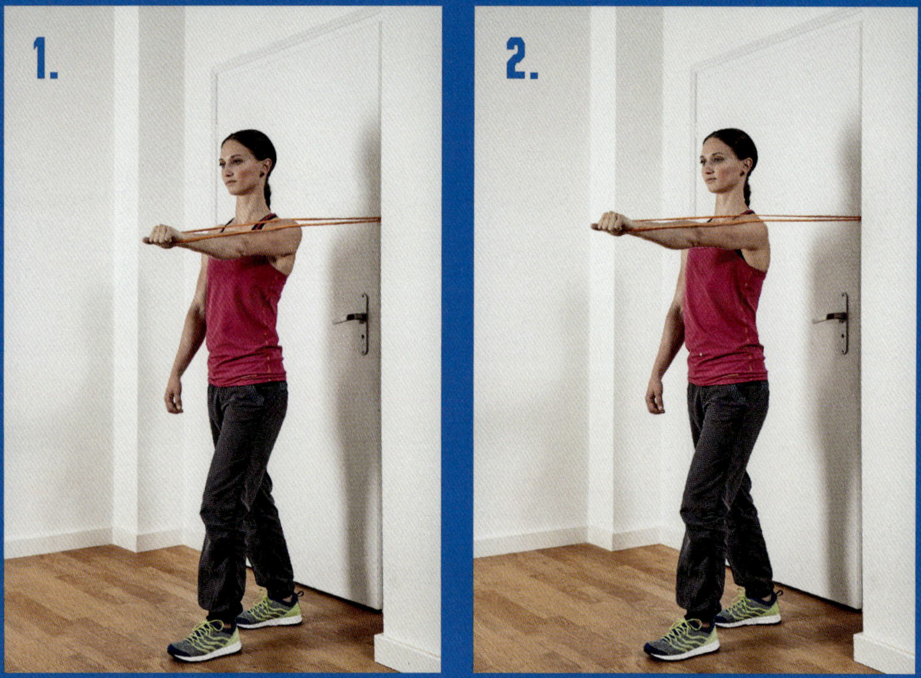

1. Klemme ein Superband auf Schulterhöhe in einer Tür ein und stelle dich mit dem Rücken zur Tür. Nimm eine leicht geöffnete Schrittstellung ein, der linke Fuß ist dabei vorn. Greife das Ende des Bandes mit der linken Hand und strecke den Arm auf Schulterhöhe nach vorn.

2. Schiebe das Superband am langen Arm horizontal aus dem Schultergelenk heraus nach vorn. Lasse dann kontrolliert die Spannung nach, sodass die Zugkraft des Bandes den gestreckten Arm nach hinten ins Schultergelenk zieht.

Hinweis: Der Positionswechsel des Arms erfolgt ohne Rotation im Oberkörper.

Training: 12 bis 14 Wiederholungen pro Seite in 2 Übungssätzen. Trainiere in einem Satz beide Seiten nacheinander.

SCHULTERROTATION MIT SUPERBAND

Trainingsziel: Schulterbeweglichkeit

1. Starte in der Rückenlage. Spanne ein Superband um den linken Fuß und die linke Schulter und positioniere es zwischen Schultergelenk und Halsansatz. Das linke Bein ist gestreckt, der rechte Fuß aufgestellt. Der linke Arm liegt auf Schulterhöhe mit angewinkeltem und senkrecht aufgestelltem Unterarm am Boden. Die Schulter wird durch das gespannte Superband samt Schulterblatt Richtung Fuß gezogen. Schiebe den Kopf in die Verlängerung nach oben, um die Halswirbelsäule aufzurichten.

2. Der Arm rotiert im Schultergelenk nach oben Richtung Kopf, bis der Handrücken den Boden berührt. Schulterblatt, Schulter und Oberkörper bleiben in der Ausgangsposition liegen.

3. Rotiere von hier in die Gegenrichtung mit der Hand zur Hüfte. Wiederum bleibt der Rest des Körpers ruhig und bewegungsfrei liegen.

1.

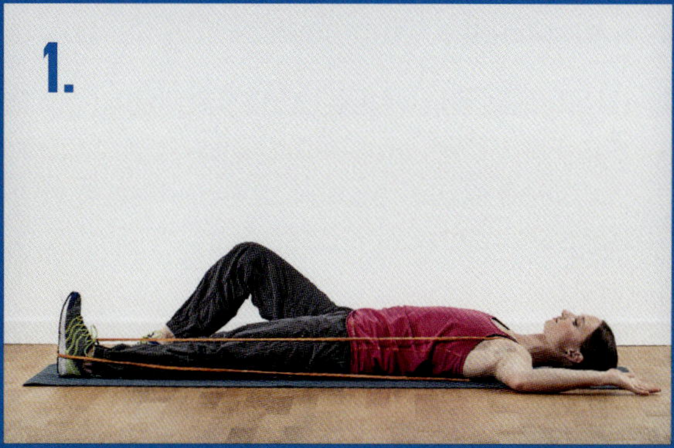

2.

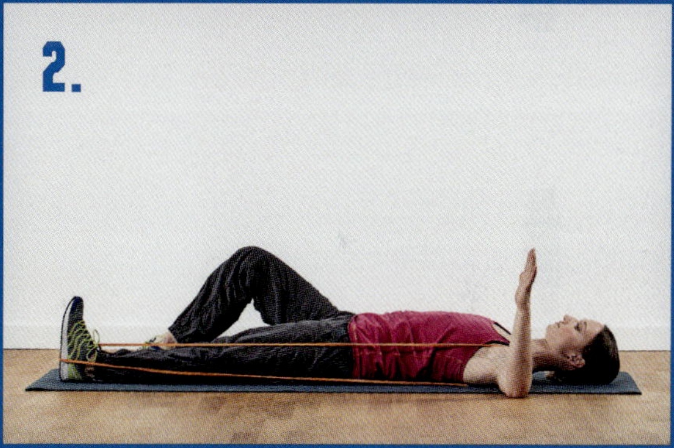

3.

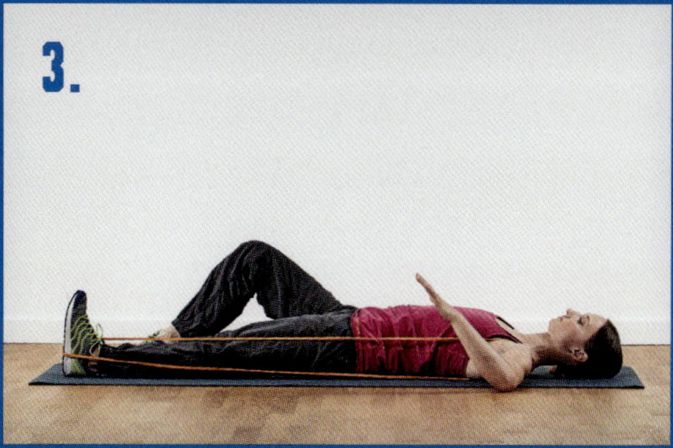

Hinweis: Die Hals- und Brustwirbelsäule haben großen Einfluss auf die Funktion des Schultergelenks. Achte deswegen darauf, dass der Kopf in der Rückenlage nicht überstreckt ist. Sollte der Kopf nach hinten abfallen, unterlagere ihn entsprechend mit einem Kissen oder Ähnlichem.

Training: 12 bis 14 Wiederholungen pro Seite in 2 Übungssätzen. Trainiere in einem Satz beide Seiten nacheinander.

VORGEBEUGTES EINARMIGES RUDERN MIT KETTLEBELL

Trainingsziel: Kräftigung des Zugmusters der Arme

1. Greife mit einer Hand eine Kettlebell am langen Arm und stelle dich aufrecht hin. Neige dann aus dem stabilen Stand Oberkörper und Kopf mit gerader Wirbelsäule weit nach vorn und schiebe den Kopf weit nach vorn. Der andere Arm ist in Verlängerung des Körpers nach oben gestreckt.

2. Halte diese Position und ziehe die Kettlebell senkrecht nach oben, indem du den Arm beugst und den Ellbogen weit nach oben ziehst.

Hinweis: Für die reine Schulterübung hältst du zu jedem Zeitpunkt die Schulterachse parallel zum Boden. Ist die maximale Ellbogenhöhe erreicht, kannst du den Oberkörper noch etwas zur Seite aufrotieren. Der Körperschwerpunkt bleibt dabei zwischen beiden Beinen konstant.

Training: 10 bis 12 Wiederholungen pro Seite in 3 Übungssätzen. Trainiere in einem Satz beide Seiten nacheinander.

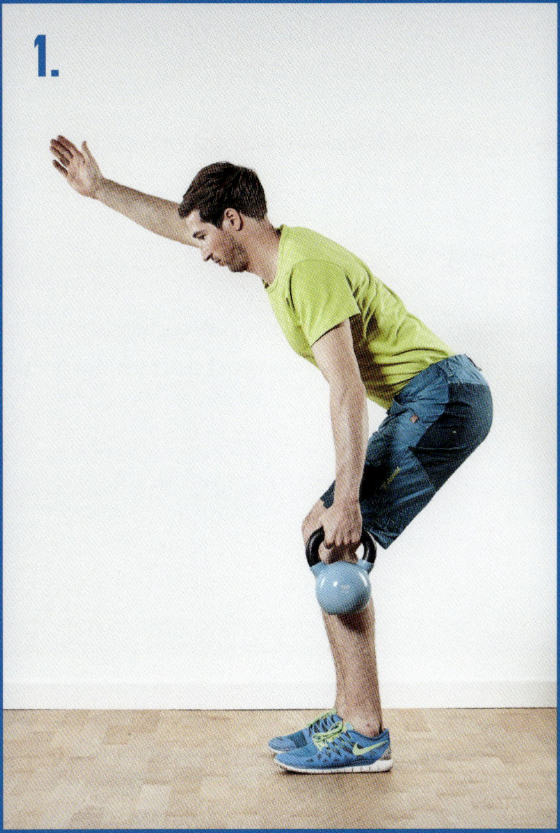
1.

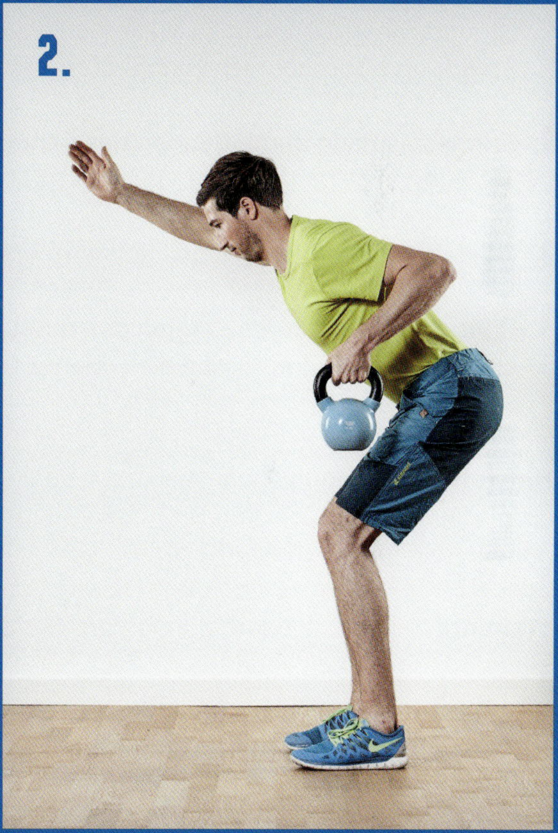
2.

FRONTALER CHOP MIT SUPERBAND

Trainingsziel: Kräftigung des Zugmusters der Arme

1. Klemme ein Superband knapp unter Brusthöhe in einer Tür ein. Stelle dich frontal zur Tür, greife mit der linken Hand das Ende des Superbands, das nun waagrecht gespannt ist, und winkle den Arm an. Halte den linken Oberarm dabei eng am Oberkörper. Die Stand- und Oberkörperposition ist frontal zum Anschlagspunkt ausgerichtet.

2. Bringe das Band durch Beugen des Ellbogens und durch Oberkörperrotation nach links auf Zug.

3. Greife mit der rechten Hand nach vorn in das Superband.

4. Bringe das Band durch Beugen des rechten Ellbogens und durch Oberkörperrotation nach rechts auf Zug. Drehe dich wieder frontal zur Tür, lasse das Superband los und wiederhole.

Hinweis: Diese Übung kann man auch sehr gut am Seilzug mit einem Fitness Stick durchführen. Achte bei den Drehbewegungen darauf, dass stets nur die Schulterachse ohne Beckenbeteiligung arbeitet.

Training: 10 bis 12 Wiederholungen pro Seite in 3 Übungssätzen. Trainiere in einem Satz beide Seiten nacheinander.

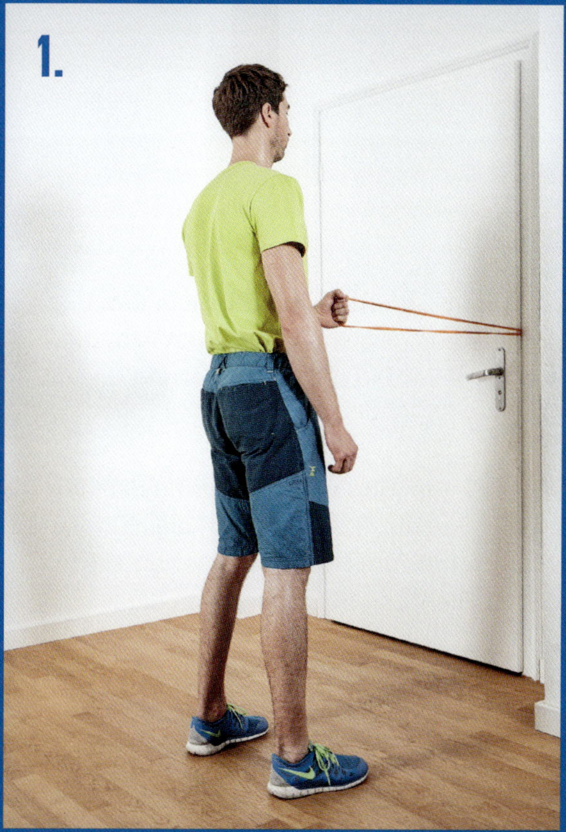
1.

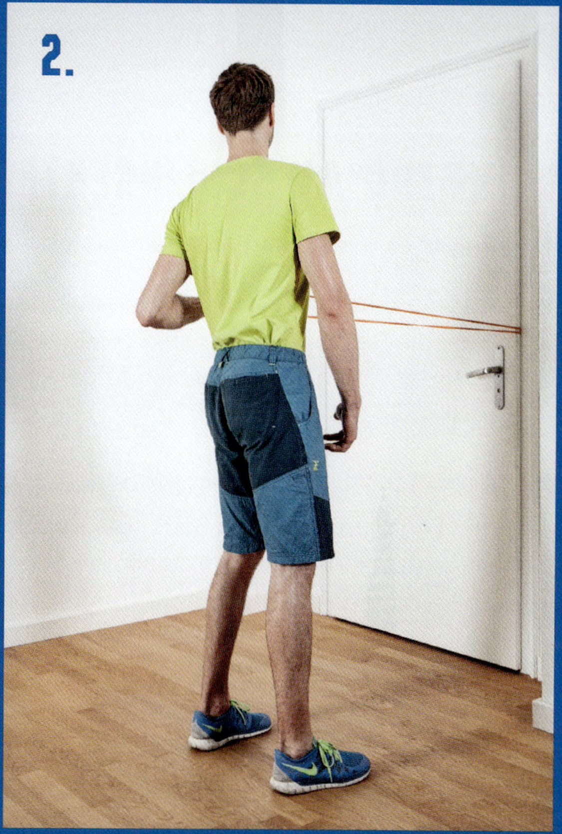
2.

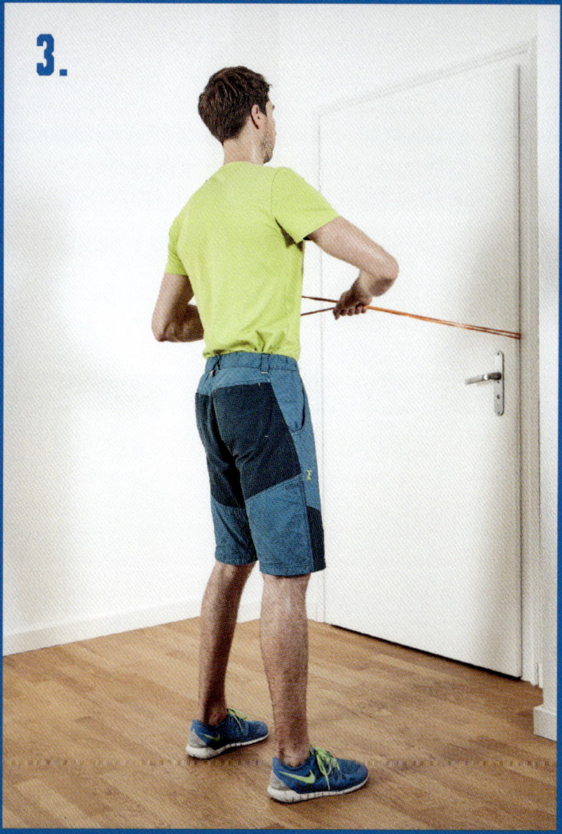
3.

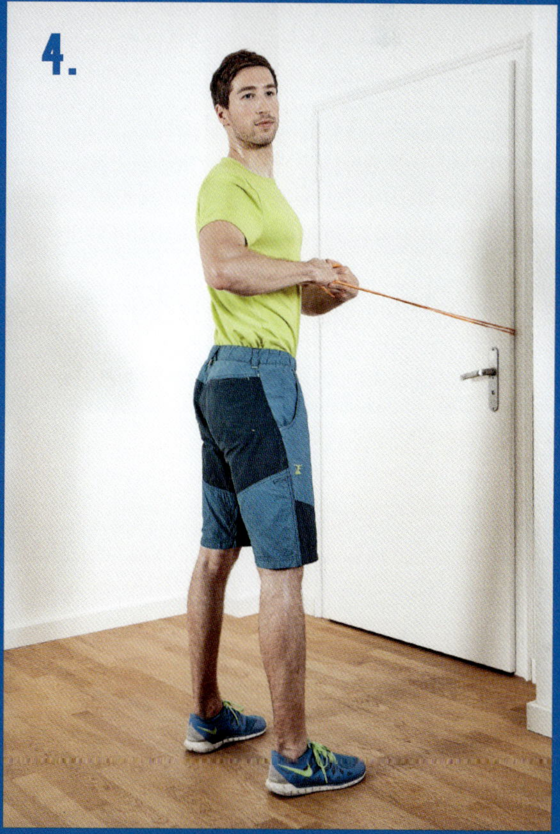
4.

KLIMMZUG AM SCHLINGENTRAINER

Trainingsziel: Kräftigung des Zugmusters der Arme

1. Stelle die Handgriffe des Schlingentrainers etwa auf Hüfthöhe ein. Komme in den Sitz, winkle die Beine an, stelle die Fersen auf und greife aus dem Sitz am langen Arm die Handgriffe. Der Oberkörper ist aufgerichtet, der Kopf wird in der Verlängerung der Wirbelsäule gehalten.

2. Hebe mit Körper- und Schulterspannung das Gesäß vom Boden an und bring dich in einen sogenannten Lean Back. Die Knie haben eine leichte Restbeugung, die Hüften sind gestreckt und die Wirbelsäule ist vom Lenden- bis zum Halsbereich ebenfalls stabil aufgerichtet. Die Schulterblätter werden tief Richtung Po gezogen. In diese Position kehrst du nach jeder Wiederholung wieder zurück.

3. Ziehe den geraden Körper durch Beugen der Ellbogen nach oben. Der Kopf bleibt dabei in seiner aktiven und geraden Halswirbelsäulenaufrichtung. Lasse dich langsam und kontrolliert wieder so weit ab, wie in Schritt 2 beschrieben.

Hinweis: Bei schwindender Kraft neigt man zu einer Körperwelle, bei der zunächst der Po beschleunigt und mit einer Art Peitschbewegung der Oberkörper nachgeholt wird. Vermeide unbedingt diese Welle!

Variante: Wer sich in dieser Ausführung technisch sicher fühlt, kann die Übung auch einarmig durchführen. Die Belastung kannst du, wie auf Seite 53/54 beschrieben, durch Veränderung der Hebellast kontrollieren.

Training: 14 bis 16 Wiederholungen in 3 Übungssätzen

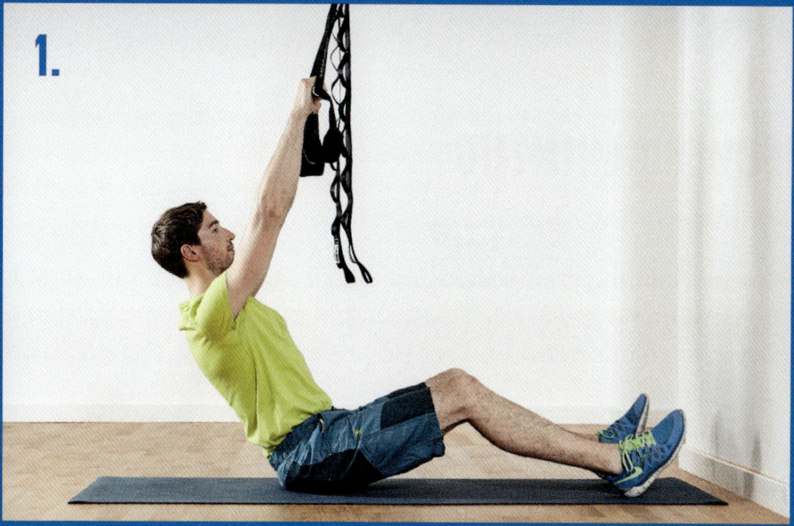
1.

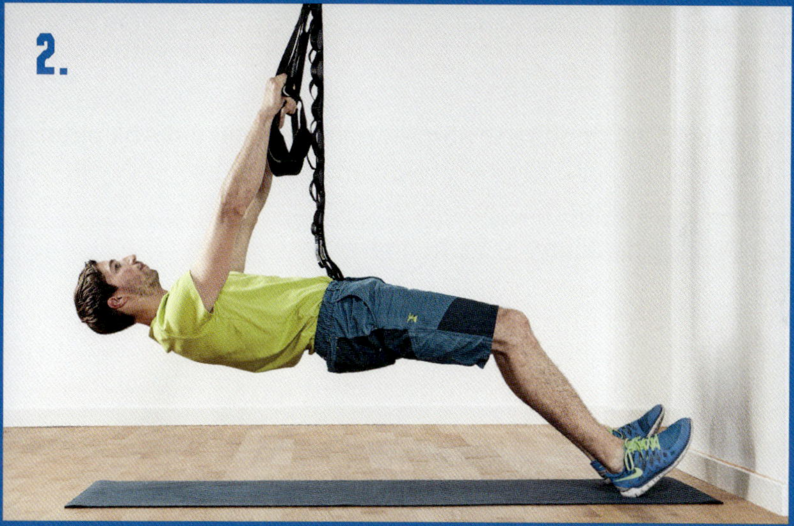
2.

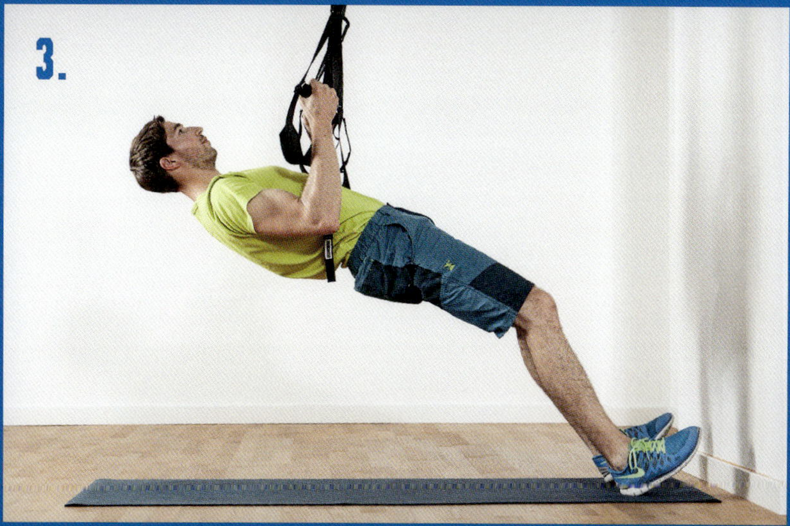
3.

EXZENTRISCHER KLIMMZUG

Trainingsziel: Kräftigung des Zugmusters der Arme

1. Positioniere eine Erhöhung, beispielsweise eine Box, seitlich unter einer Klimmzugstange. Stelle dich darauf und greife die Stange schulterbreit, um die Schultern bei maximal gebeugten Ellbogengelenken bereits auf Höhe der Klimmzugstange zu bringen.

2. Löse das Standbein, sodass du in dieser Position frei hängst. Das Kinn befindet sich über der Stange.

3. Lasse dich dann in Zeitlupe langsam nach unten ab, bis die Ellbogen gestreckt, aber noch muskulär geführt sind. Die Schulterblätter werden dabei kontrolliert nach unten gezogen. Lass die Stange los, steige wieder auf die Box und wiederhole.

Hinweis: Achte im Hang auf genügend Körperspannung, um ein Abkippen ins Hohlkreuz zu vermeiden.

Training: 10 bis 14 Wiederholungen in 3 Übungssätzen

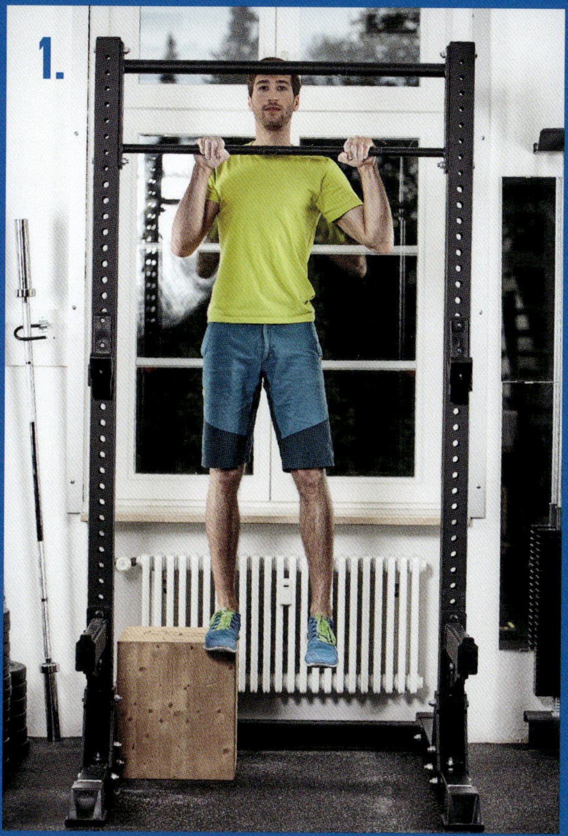
1.

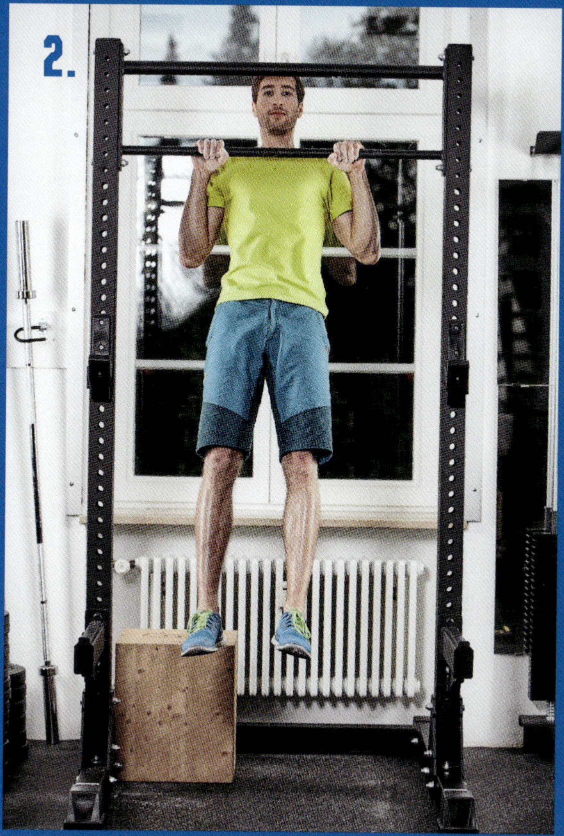
2.

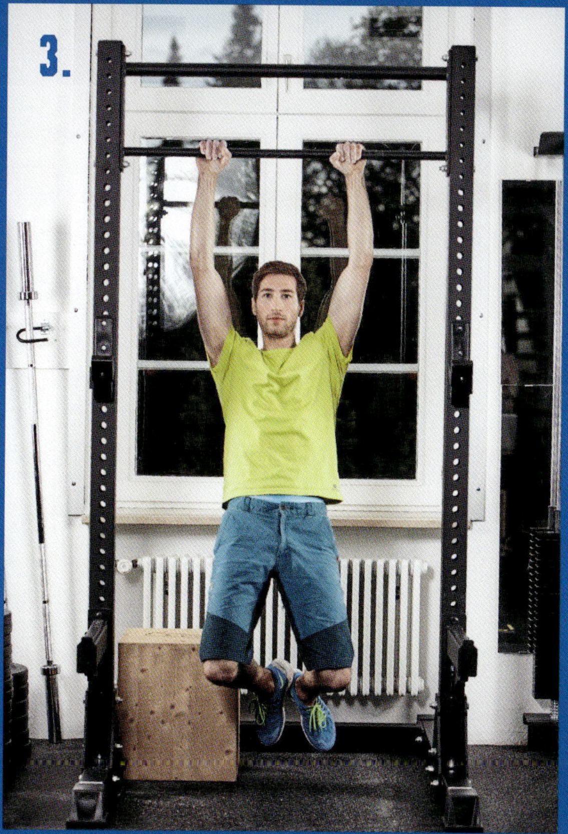
3.

SCHULTERDRÜCKEN MIT KETTLEBELL

Trainingsziel: Kräftigung des Druckmusters der Arme

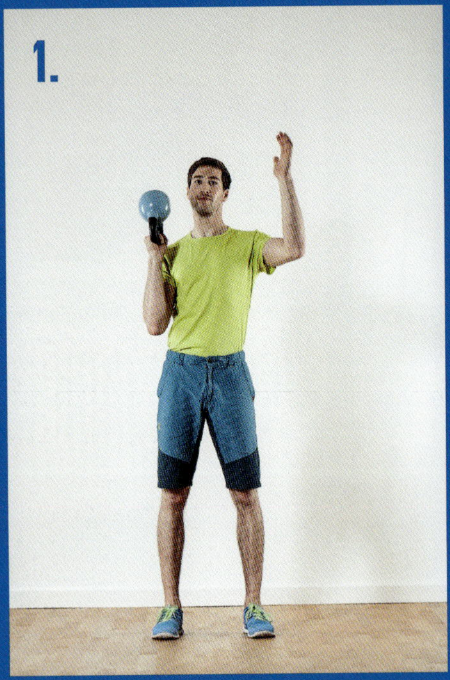

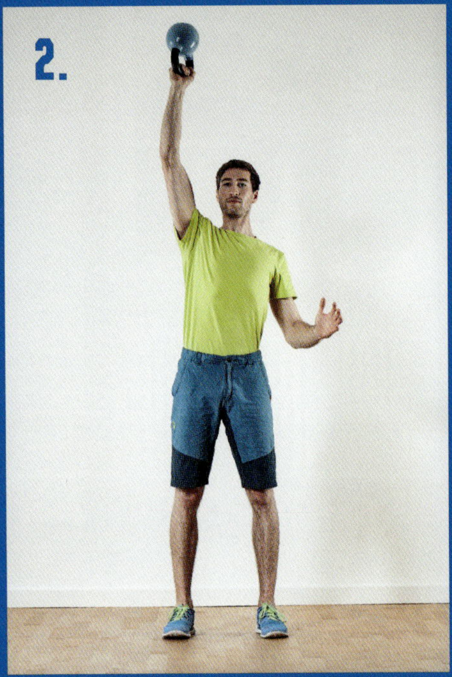

1. Stelle dich mit hüftbreit geöffneten Füßen aufrecht hin. Greife eine Kettlebell mit der rechten Hand, drehe das Gewicht nach oben und bringe sie auf Schulterhöhe. Positioniere die Schulterachse trotz der ungleichen Seitenbelastung waagrecht. Halte den linken Arm angewinkelt auf Schulterhöhe.

2. Drücke die Kettlebell über den Kopf nach oben, bis der Arm gestreckt ist. Der andere Arm gleicht durch Absinken aus. Aus dieser Position lässt du die Kettlebell über Schulter und Ellbogen bei stabilem und aufrechtem Oberkörper in Zeitlupengeschwindigkeit wieder auf Schulterhöhe ab.

Variante: Du kannst die Übung auch unterstützt mit einem Beinschub – einem sogenannten Push Press – trainieren.

Training: 10 bis 12 Wiederholungen pro Seite in 3 Übungssätzen. Trainiere in einem Satz beide Seiten nacheinander.

V PUSH UP

Trainingsziel: Kräftigung des Druckmusters der Arme

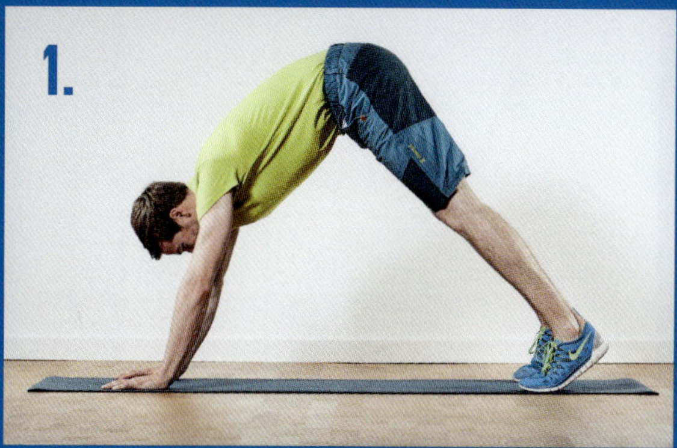

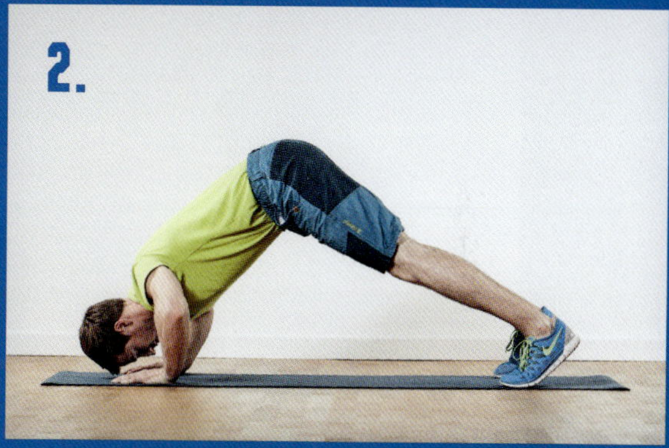

1. Starte mit schulterbreit geöffneten Händen in einer Liegestützposition, bei der das Gesäß den höchsten Punkt bildet. Arme und Beine sind gestreckt, die Fersen sind angehoben. Die Position gleicht einem umgekehrten V. Der Abstand zwischen Fußspitzen und Handgelenken ist deutlich geringer als bei der Liegestützposition mit gestreckter Hüfte.

2. Senke aus dieser Position den Oberkörper ab, indem du die Ellbogen kontrolliert beugst. Sie dürfen dabei nach außen weisen. Die Stirn berührt am tiefsten Punkt fast den Boden. Drücke dich dann wieder nach oben. Das Gesäß bleibt durch die gestreckten Knie immer der höchste Punkt.

Hinweis: Wie bei allen Liegestützvarianten sind auch hier verschiedene Handpositionen und Bewegungsrichtungen der Arme möglich – vom seitlichen Ellbogenschieben nach außen bis nah am Körper geführt.

Training: 12 bis 16 Wiederholungen in 3 Übungssätzen

OBERKÖRPERROTATION ÜBER KOPF MIT SUPERBAND

Trainingsziel: Kräftigung des Druckmusters der Arme

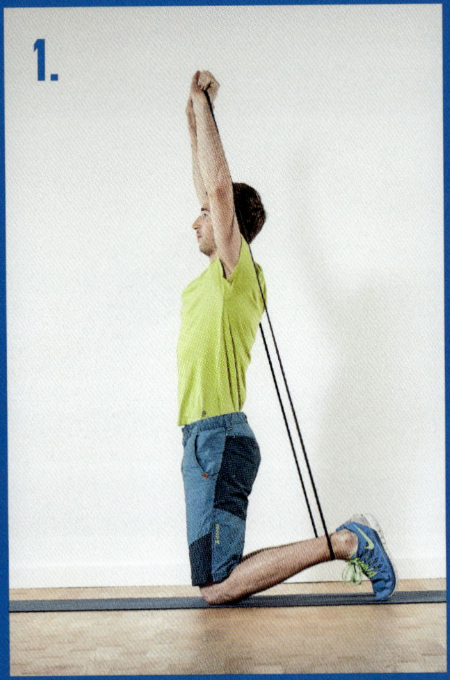

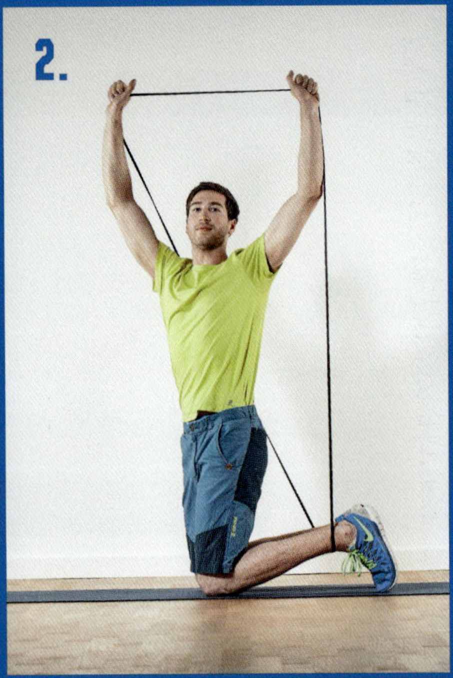

1. Positioniere das Superband knapp über den Sprunggelenken, greife es von hinten und komme in einen aufrechten Kniestand. Ziehe das Superband mit leicht gebeugten Armen über den Kopf, sodass es gespannt ist. Die Hüften sind gestreckt und die Schulterblätter trotz der Schulterstreckung tief nach unten gezogen.

2. Rotiere den Oberkörper unter Einhaltung der wichtigen Hüft- und Schulterstreckung so weit wie möglich im Wechsel nach links und rechts.

Hinweis: Wie bei allen Druckübungen über Kopf fällt die Lendenwirbelsäule bei zu wenig Körperspannung leicht ins Hohlkreuz. Achte daher bei dieser Übung immer darauf, dass die Wirbelsäulenaufrichtung konstant aufrechterhalten bleibt.

Training: 8 bis 12 Wiederholungen pro Seite in 3 Übungssätzen. Trainiere innerhalb eines Satzes wechselseitig.

LIEGESTÜTZ-ELLBOGENTIPP

Trainingsziel: Kräftigung des Druckmusters der Arme

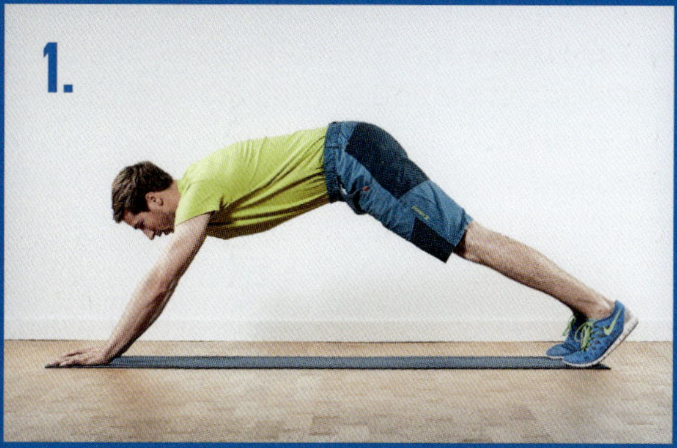

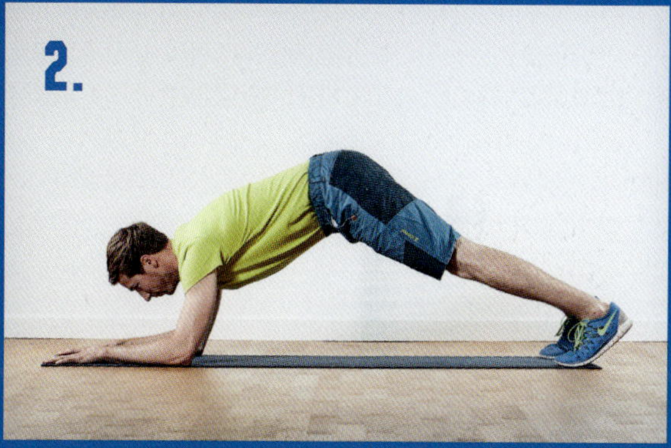

1. Starte in einer Liegestützposition, bei der die Hände deutlich vor den Schultern platziert sind. Der Brustkorb ist hoch in das Schulterblatt gehoben und die Wirbelsäule stabil positioniert. Das Gesäß darf etwas höher sein als in der gestreckten Position.

2. Senke den Körper langsam und kontrolliert nach unten ab, bis die Ellbogen gleichzeitig sanft auf den Boden tippen. Drücke dich dann wieder nach oben.

Hinweis: Ist ein kontrolliertes Absenken bis zum Boden nicht möglich, dann komme nur so tief, wie du dich bei einwandfreier Körperspannung und -ausrichtung wieder nach oben drücken kannst.

Training: 10 bis 16 Wiederholungen in 3 Übungssätzen

ARMKREISEN GEGEN ZUG MIT SUPERBAND

Trainingsziel: Handgelenksstabilität

1. Klemme ein Superband etwa auf Brusthöhe in einer Tür ein. Stelle dich aufrecht frontal zur Tür. Platziere ein leichtes Superband an einem Ende eines Stabs oder einer Stange, beispielsweise einer leeren Hantelstange, und halte diese am langen Arm senkrecht, sodass das Superband gespannt ist. Das Handgelenk ist gerade in Verlängerung des Unterarms positioniert, die Handfläche zeigt nach innen.

2. Ziehe den Arm zum Körper und bringe das Superband somit auf Zug.

3. Führe den Arm über eine Kreisbewegung nach außen zurück in die Ausgangsposition.

Hinweis: Diese Übung ist ein klassisches Arbeiten gegen einen Hebel. Je weiter der Abstand zwischen der Hand und dem Band am Stab ist, desto mehr Zug kommt auf das Handgelenk. Suche dir für ein sauberes Training einen passenden Übungskompromiss zwischen Hebel und Bandstärke.

Training: 10 bis 12 Wiederholungen pro Seite in 3 Übungssätzen. Trainiere in einem Satz beide Seiten nacheinander.

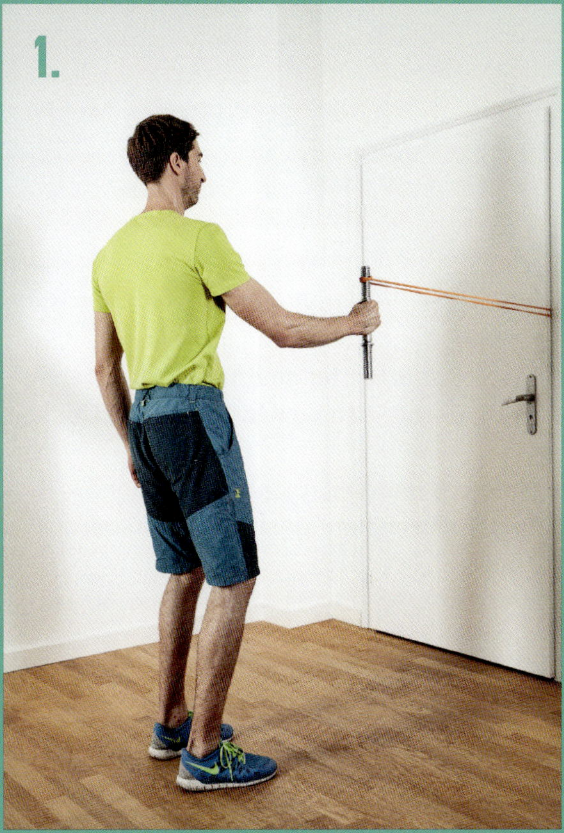
1.

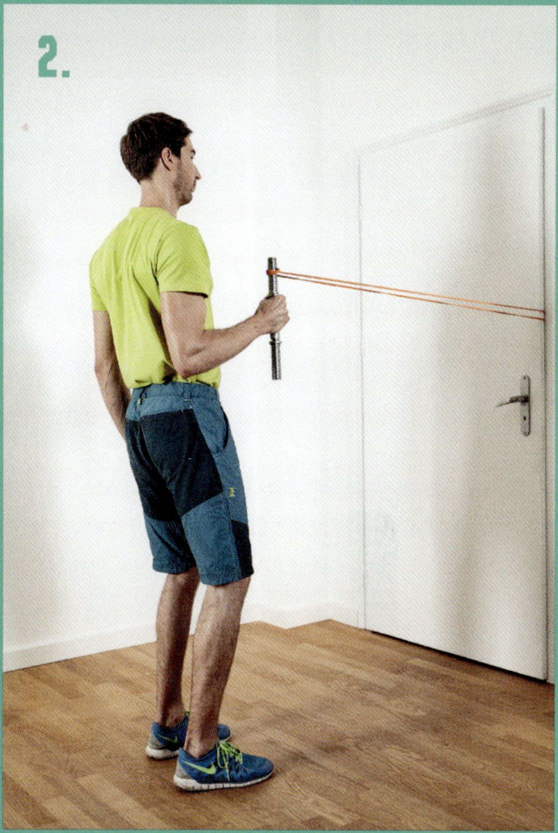
2.

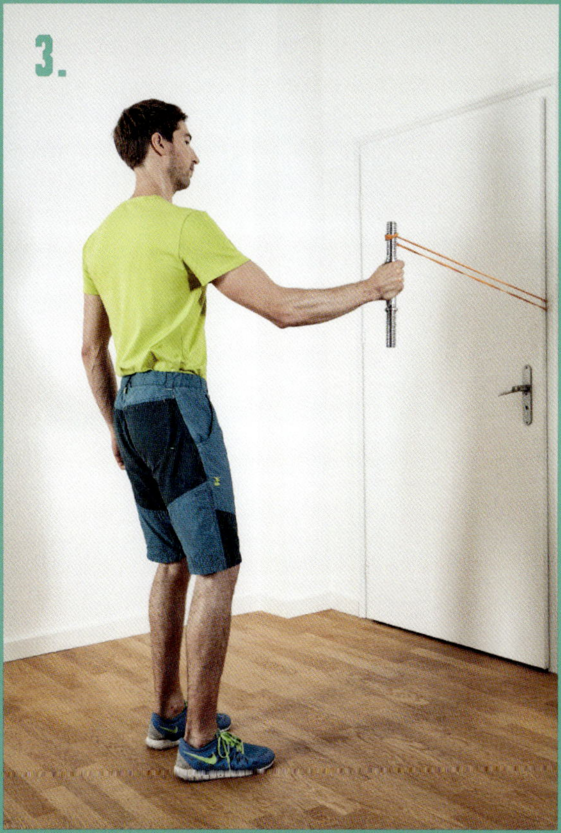
3.

KLATSCHEN MIT MINIBAND

Trainingsziel: Handgelenksstabilität

1. Stelle dich aufrecht hin und spanne ein Miniband um beide Mittelhände. Fixiere das Band mit den Daumen. Die Handflächen zeigen zueinander. Beuge die Arme im 90-Grad-Winkel und halte die Oberarme am Körper fixiert. Die Schulterblätter sind tief nach unten gezogen, der Kopf wächst über die aufgerichtete Halswirbelsäule nach oben zur Decke.

2. Über kleine, schnelle Bewegungen – ähnlich wie beim Händeklatschen, aber ohne dass sich die Handflächen berühren – ziehst du das permanent gespannte Miniband auseinander und lässt es wieder zusammenziehen.

Hinweise:

- Wichtig bei dieser Übung und auch bei den Varianten sind die korrekt positionierten Schultern. Sie befinden sich nicht vor, sondern direkt neben dem Körper.
- Zudem ist es ratsam, nicht nach Wiederholungen zu trainieren, sondern eine gewisse Zeitspanne von beispielsweiser einer Minute mit maximal vielen Wiederholungen zu füllen.

Varianten: Diese Übung kannst du auch hinter dem Körper, wobei sich die Hände etwa auf Gesäßhöhe befinden, oder über Kopf ausführen.

Training: Maximal viele Wiederholungen innerhalb von 45 bis 60 Sekunden in 3 Übungssätzen

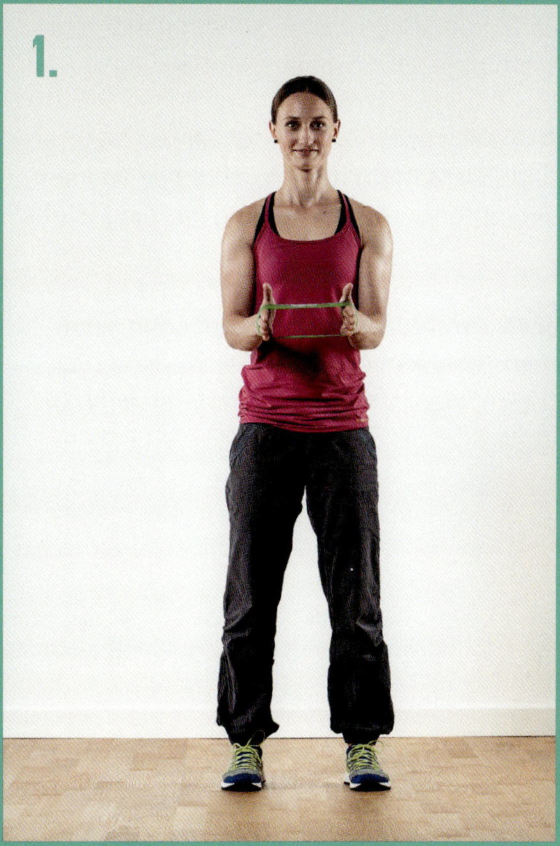

1.

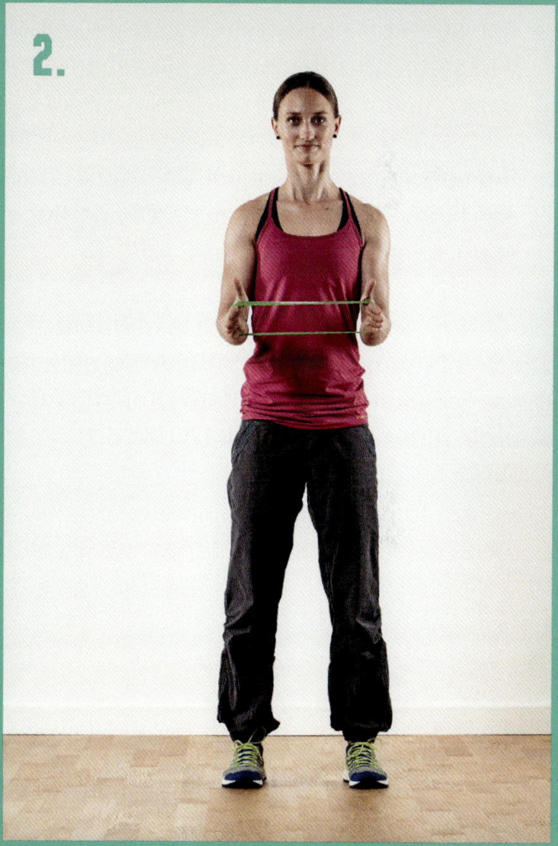

2.

KETTLEBELL BALANCIEREN

Trainingsziel: Handgelenksstabilität

1. Nimm einen aufrechten stabilen Stand ein. Greife mit einer Hand eine Kettlebell und halte sie mit stabilem Handgelenk und festem Griff im sogenannten Bottom-up mit der Gewichtskugel oben. Trotz der ungleichen Seitenbelastung ist die Schulterachse waagrecht positioniert. Der Daumen zeigt nach hinten. Der Arm ist rechtwinklig gebeugt, der Oberarm dabei waagrecht und nach vorn gestreckt.

2. Bei senkrecht stehendem Unterarm drehst du den Unterarm nun so, dass der Daumen von hinten nach außen zeigt. Die Kettlebell wird unter dieser Bewegung im Handgelenk stabil gehalten und geführt.

Varianten: Wer die Kettlebell in der einfachen Unterarmrotation balancieren kann, kann zur Unterarmrotation den Arm waagrecht nach vorn strecken oder in verschiedene Richtungen drehen, zum Beispiel in Kreisen oder Achtern, was sowohl den Kraft- als auch den Koordinationscharakter der Übung erschwert.

Training: 10 bis 12 Wiederholungen pro Seite in 3 Übungssätzen. Trainiere in einem Satz beide Seiten nacheinander.

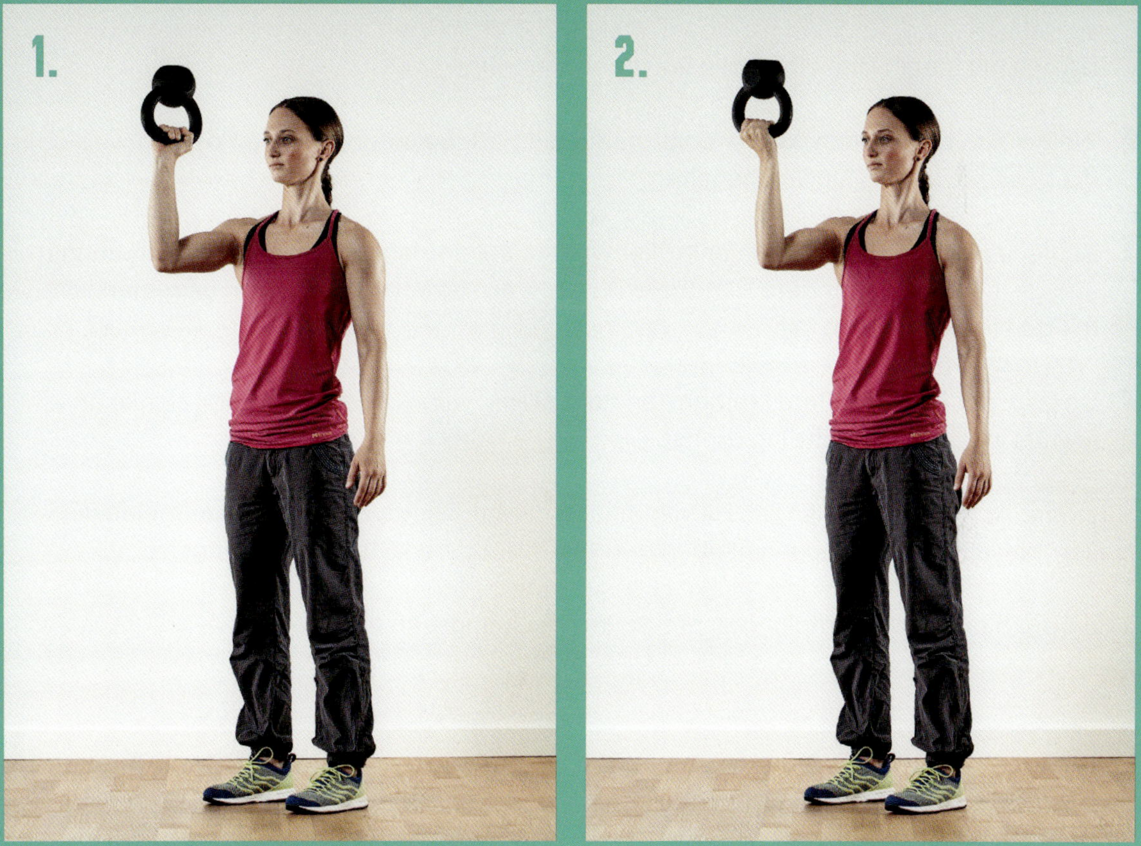
1.
2.

HANDGELENKROLLEN IN VORLAGE IM SCHLINGENTRAINER

Trainingsziel: Handgelenksbeweglichkeit

1. Stelle die Höhe des Schlingentrainers so ein, dass die Fußschlaufen etwa 30 cm über dem Boden sind. Verbinde die Enden mit einem stabilen Stab, auf den zwei Foamroller aufgefädelt sind. Beginne die Übung im kontrollierten Vierfüßlerstand, bei dem du bereits mit jeder Hand eine Rolle von oben umgreifst.

2. Neige dich etwas nach vorn und verstärke die Stützbelastung. Diese Position wird über die gesamte Übung hinweg gehalten.

3. Beginne nun mit dem Handgelenkrollen, indem du ein Handgelenk nach hinten beugst und gleichzeitig das andere Handgelenk nach vorn streckst. Die Rollen bewegen sich mit den Handgelenken mit.

4. Oberkörper und Schultern bleiben konstant stabil, während du die Handgelenke nun jeweils in die Gegenrichtung drehst.

Hinweis: Achte in dieser langen Hebelposition darauf, dass sich nur die Handgelenke isoliert bewegen. Die Ellbogen bleiben durch den sauberen Stütz bewegungsfrei.

Training: 8 bis 10 Wiederholungen pro Seite in 3 Übungssätzen

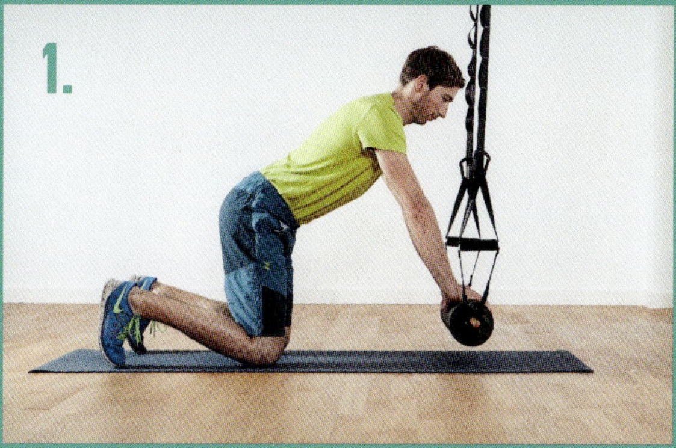
1.

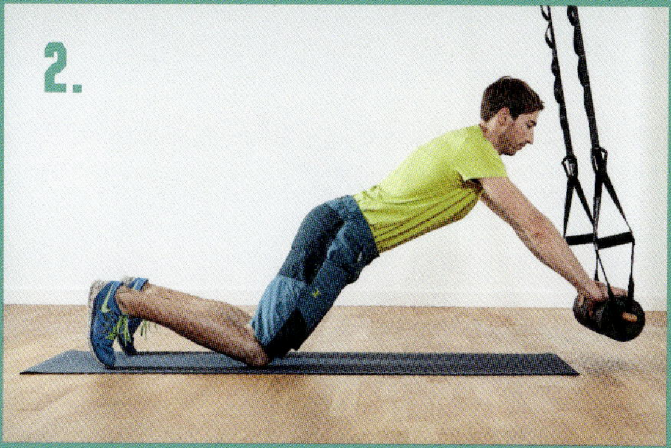
2.

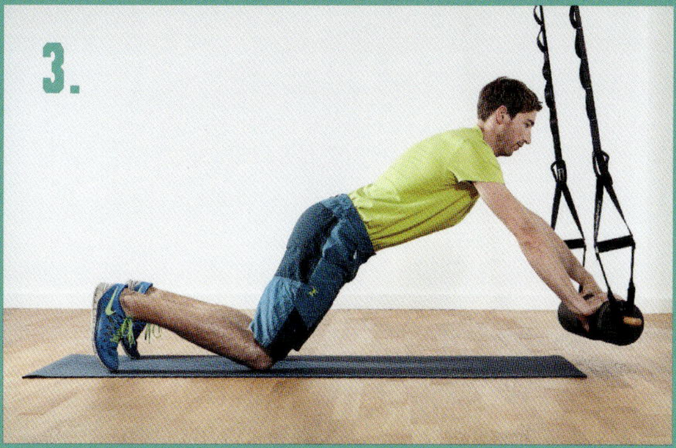
3.

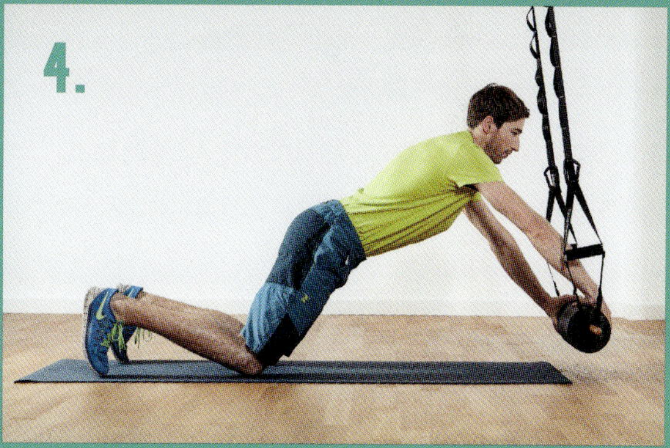
4.

HANDGELENKNEIGEN MIT SUPERBAND

Trainingsziel: Handgelenksbeweglichkeit

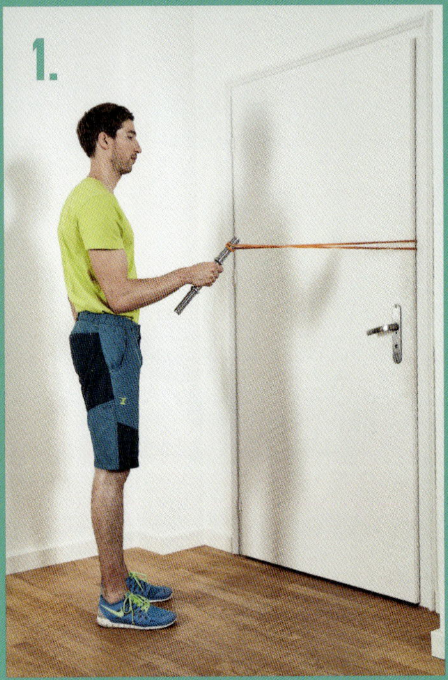

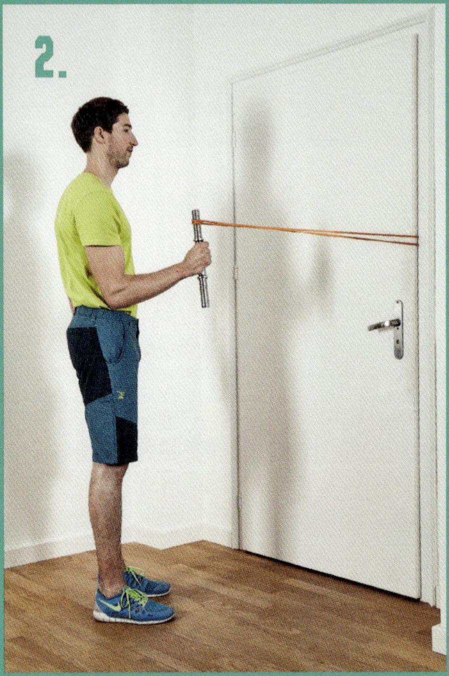

1. Klemme ein Superband etwa auf Brusthöhe in einer Tür ein. Platziere ein leichtes Superband an einem Ende eines Stabs oder einer Stange, beispielsweise einer leeren Hantelstange, und halte diese mit angewinkeltem Arm senkrecht. Fixiere den Oberarm am Körper. Das Handgelenk ist gerade in Verlängerung des Unterarms positioniert, die Handfläche zeigt nach innen. Mache einen kleinen Schritt nach hinten, um den Stab auf leichte Spannung zu bringen, sodass er sich nach vorn neigt.

2. Bringe Zug in das Band, indem du den Stab nur aus dem Handgelenk zum Körper ziehst. Oberkörper, Schulter und Ellbogen bleiben dabei stabil und bewegungsfrei.

Hinweis: Diese Übung ist ein klassisches Arbeiten gegen einen Hebel. Je größer der Abstand zwischen der Hand und dem Superband am Stab ist, desto mehr Zug wirkt auf das Handgelenk ein. Suche dir für ein sauberes Trainieren einen passenden Übungskompromiss zwischen Hebel und Bandstärke.

Training: 10 bis 12 Wiederholungen pro Seite in 3 Übungssätzen. Trainiere in einem Satz beide Seiten nacheinander.

HANDGELENKKIPPEN MIT SUPERBAND

Trainingsziel: Handgelenksbeweglichkeit

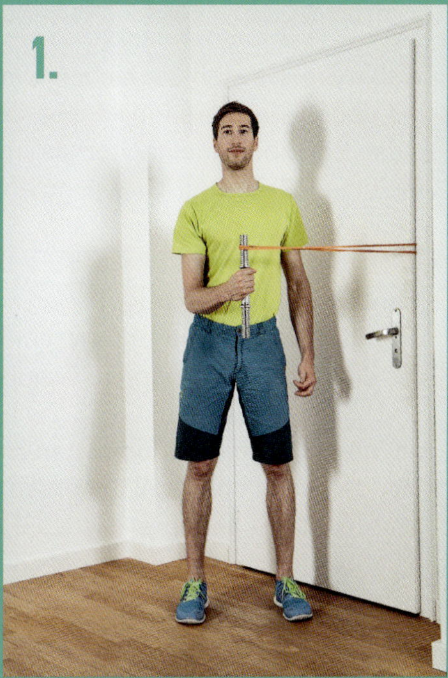

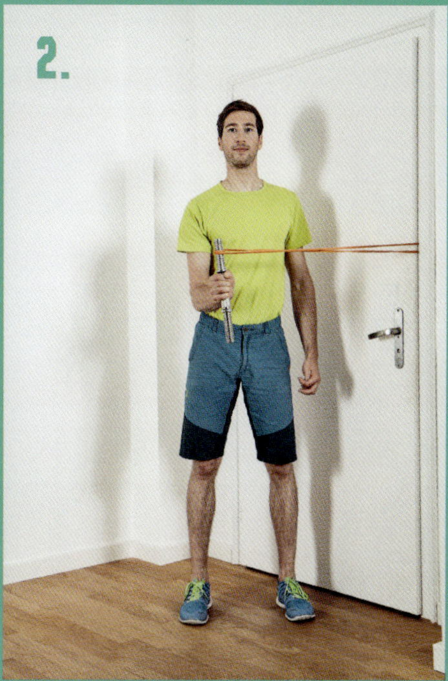

1. Klemme ein Superband etwa auf Brusthöhe in einer Tür ein. Stelle dich mit der linken Körperseite zur Tür. Platziere ein leichtes Superband an einem Ende eines Stabs oder einer Stange, beispielsweise einer leeren Hantelstange, und halte diese mit angewinkeltem rechtem Arm senkrecht vor der Brust. Fixiere den Oberarm am Körper. In der Startposition zeigt das Handgelenk mit den Fingern zum Körper.

2. Bringe Zug in das Band, indem du das Handgelenk zurückkippst, bis die Finger vom Körper wegzeigen. Dieses Kippen geschieht einzig und allein im Handgelenk – es findet keine Seitneigung oder Rotation im Arm statt. Bringe das Handgelenk zurück in die Ausgangsposition.

Hinweis: Drehe dich beim Trainieren dieser Übung um 180 Grad, damit du auch die Gegenrichtung trainieren kannst.

Training: 10 bis 12 Wiederholungen pro Seite in 3 Übungssätzen. Trainiere in einem Satz beide Seiten nacheinander.

PLATTENZANGE

Trainingsziel: Kräftigung der Finger

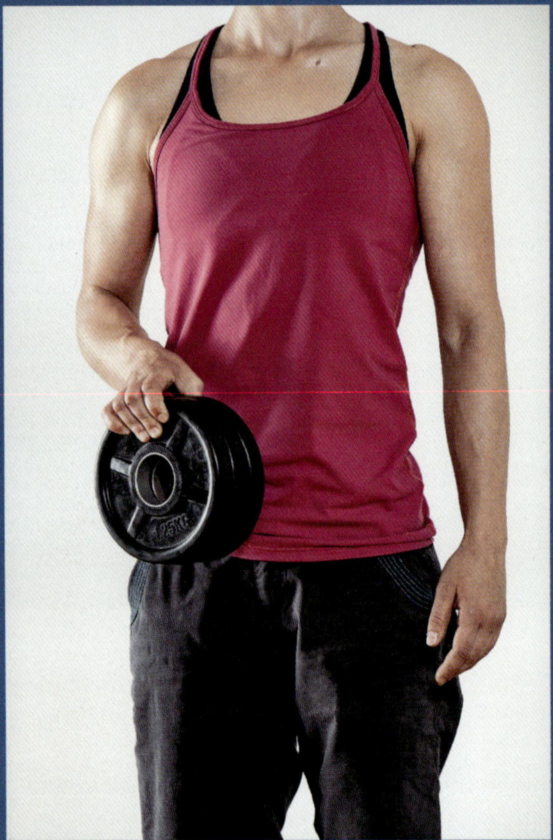

Wähle drei Gewichtsscheiben, die du gut mit den Fingern greifen kannst. Lege diese Scheiben aneinander und drücke sie mit einem Zangengriff zusammen, sodass keine Scheibe nach unten fällt.

Hinweis: Achte trotz der hohen Anforderung der Finger- und Unterarmmuskeln auf die saubere Führung in Schultergelenk und -blatt. Verwendest du Scheiben, die mit einer Gummihülle umzogen sind, so fällt das Halten der drei Scheiben etwas leichter, da die mittlere Platte aufgrund der Gummireibung besser gehalten wird als bei Gewichtsscheiben aus Gusseisen, wie im Bild verwendet.

Variante: Zusätzlich zum reinen Halten kannst du den Arm in verschiedene Richtungen bewegen, um die Schulterarbeit mit dem Fingertraining zu kombinieren.

Training: 30 bis 45 Sekunden pro Seite in 3 Übungssätzen

TAUZIEHEN

Trainingsziel: Kräftigung der Finger, kombiniert mit Zugmuster im Oberkörper

1. Befestige ein langes Seil an einer schweren Gewichtsscheibe. Greife das Ende des Seils und setze dich mit aufgestellten Fersen mindestens zwei Meter vom Gewicht entfernt auf den Boden. Halte das Seil so, dass ein Arm gestreckt, der andere angewinkelt ist.
2. Ziehe nun wechselseitig mit aktiven Armen und Oberkörperrotation am Seil.
3. Sobald das Gewicht bei den Füßen angekommen ist, beginnst du von vorn.

Training: 14 bis 18 Züge pro Seite oder eine Belastungszeit von 30 bis 45 Sekunden

Hinweis: Achte darauf, dass der Zugimpuls aus dem Oberkörper heraus mit festem Fingerschluss am Seil erfolgt. Die Beine bleiben dabei ruhig, aber angespannt in ihrer Position.

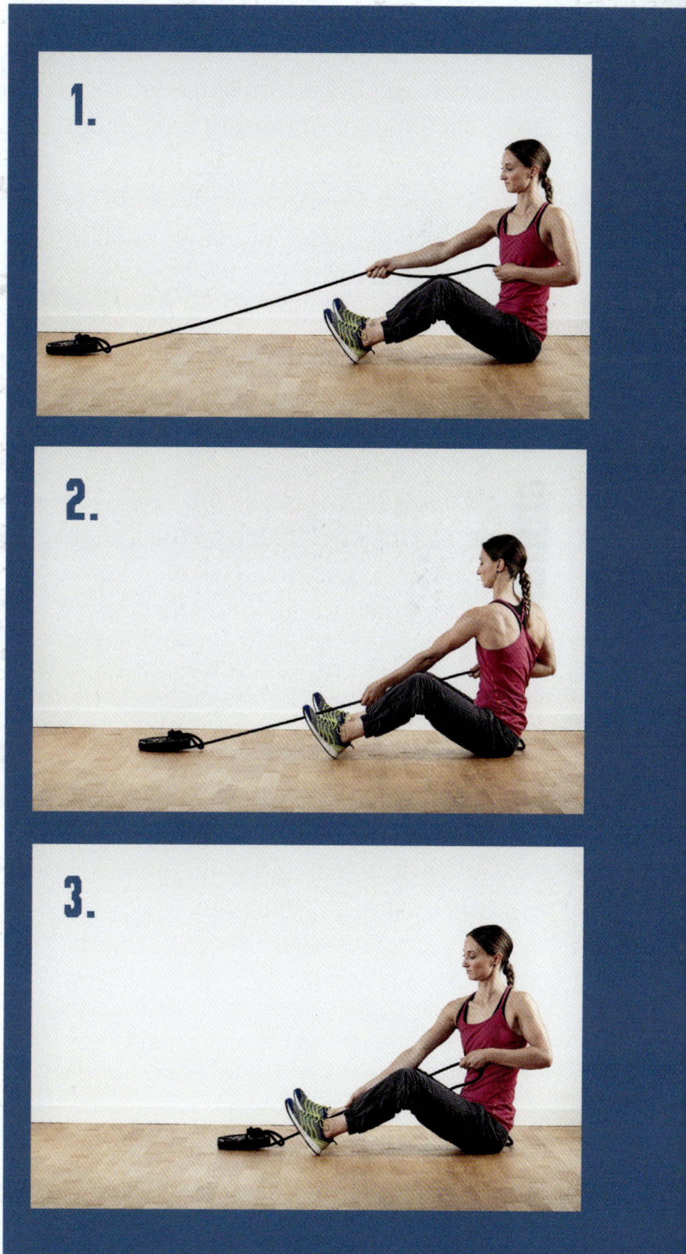

LIFTFAHREN AN DER STANGE

Trainingsziel: Kräftigung der Finger

1. Fasse im aufrechten Kniestand mit beiden Händen fest das obere Ende einer Stange. Neige dich nach vorn und stelle die Stange etwa einen Meter von dir entfernt schräg auf den Boden auf. Die Wirbelsäule ist von der Lenden- bis zur Halswirbelsäule aufgerichtet. Ziehe die Schulterblätter tief nach unten und strecke möglichst die Hüften.

2. Löse die obere Hand von der Stange und setze sie unter die andere Hand. Der weiterhin gestreckte und unter Spannung gehaltene Oberkörper senkt sich dadurch ein wenig weiter nach vorn.

3. Löse wieder die obere Hand und fasse unter die andere. Arbeite dich in dieser Weise Stück für Stück am Stab nach unten. Der Stab wird sich immer mehr aufrichten, je weiter du nach unten kommst.

4. Wandere so tief, wie du es mit guter Körperspannung und kontrollierter Schulterarbeit kannst. Am für dich tiefsten Punkt angekommen, nimmst du den Weg nach oben zurück in die Ausgangsposition. Der Weg vom oberen Ende des Stabs bis zum tiefsten möglichen Punkt und wieder zurück in die Ausgangsposition wird als eine Wiederholung gezählt.

Hinweise:

- Arbeite in der Vorlage stets mit ausreichend Körperspannung, um ein Abkippen der Wirbelsäule ins Hohlkreuz zu vermeiden. Hebe zudem permanent den Brustkorb ins Schulterblatt hoch.
- Verwende Übungsstangen mit unterschiedlicher Dicke, um die Fingerkraft in variierenden Griffbreiten zu trainieren.

Training: 4 bis 8 Wiederholungen in 5 Übungssätzen

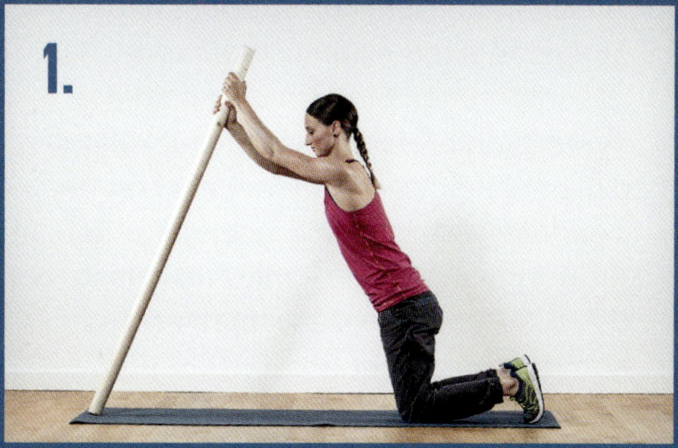
1.

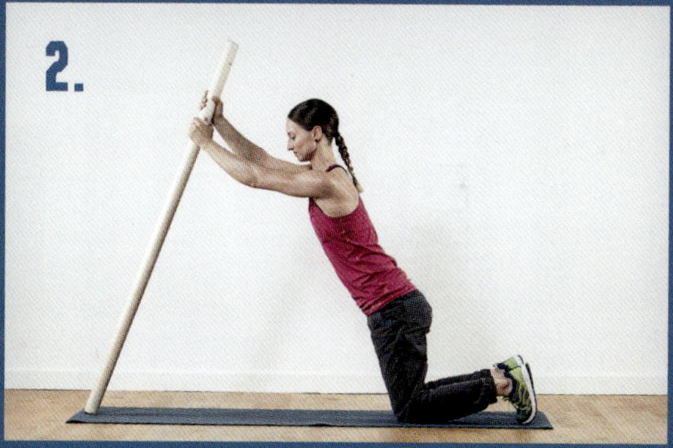
2.

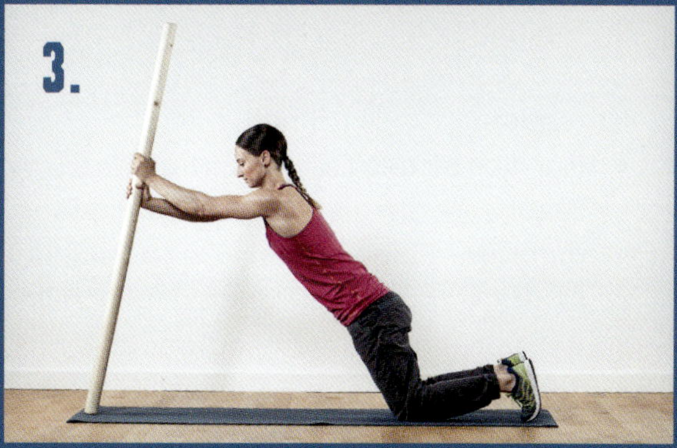
3.

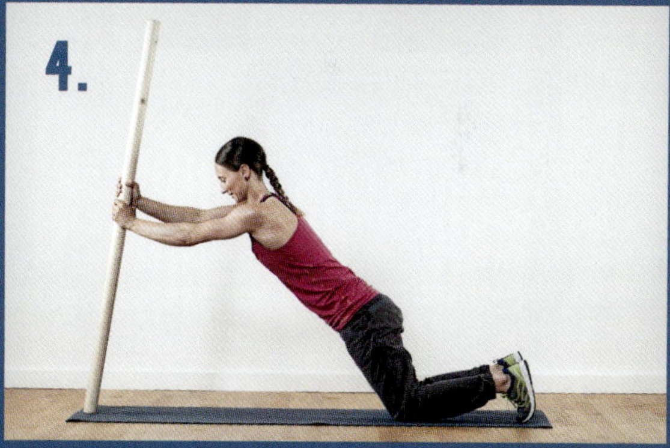
4.

DEADHANG AN DER STANGE

Trainingsziel: Kräftigung der Finger

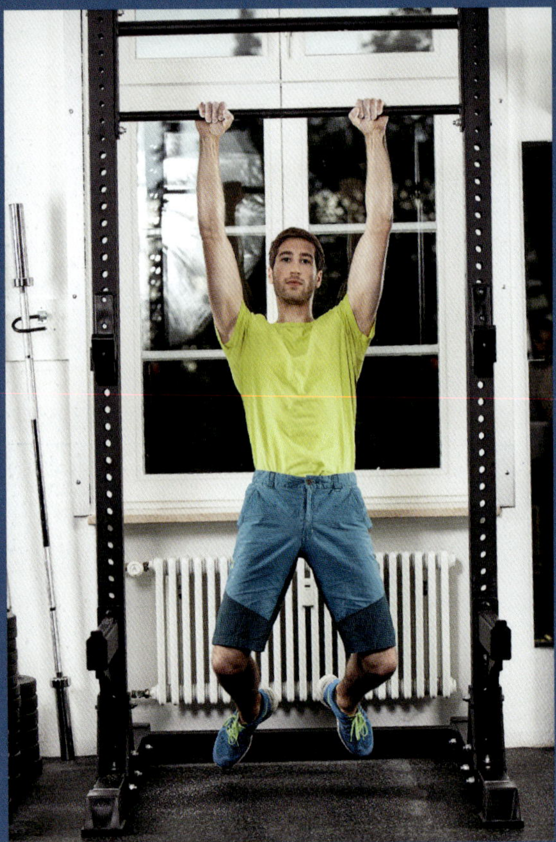

Hänge dich für die Beugekraft der Finger an langen Armen, die in den Schultergelenken stabil gehalten werden, bewegungslos an eine Klimmzugstange. Bei geschlossenen Fingern können die Fingerbeuger der Unterarmmuskulatur die größte Kraft entfalten, daher ist der Deadhang sowohl für Einsteiger als auch für Fortgeschrittene – mit Zusatzlast zum Beispiel über eine Gewichtsweste – durchaus geeignet.

Training: Haltedauer maximal 25 bis 30 Sekunden

Hinweise:

- Der Vorteil des Deadhangs an der Stange ist die gleichmäßige Belastung mehrerer Fingerglieder. Das vermeidet Kraftspitzen in den verletzungsanfälligen vorderen Fingergliedern.
- Solltest du dich bei sauberer Ausführung länger halten können, verwende Zusatzgewichte, statt den Deadhang länger zu halten.

DEADHANG AN KUGELN ODER ZYLINDERN

Trainingsziel: Fingerkraft

Hänge dich für die Beugekraft der Finger an langen Armen, die in den Schultergelenken stabil gehalten werden, bewegungslos an Zylinder oder Kugeln. Das rein statische Hängen trainiert vor allem die Fingerkraft in offenen Griffpositionen.

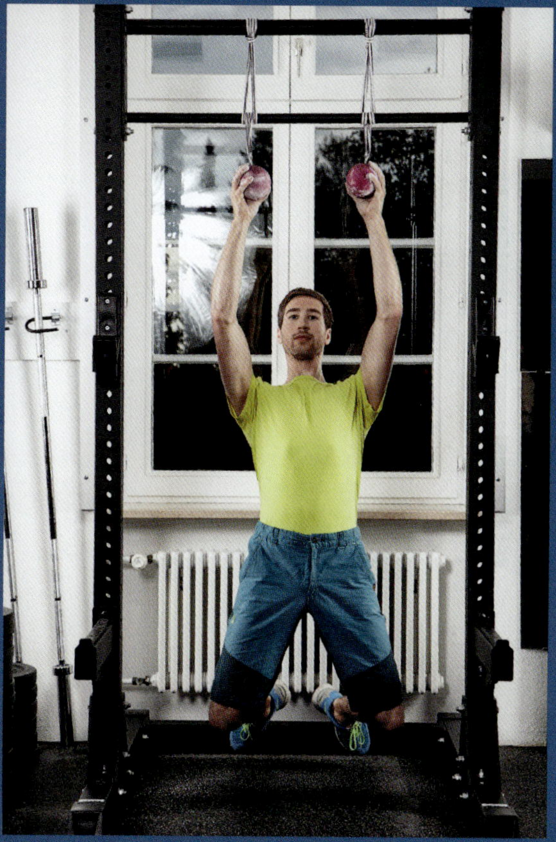

Training: Haltedauer maximal 25 bis 30 Sekunden

Hinweise:

- Der Vorteil des Deadhangs an Kugeln oder Zylindern ist die offenere Fingerpositionierung und somit der deutlich gesteigerte Übungsanspruch an die Finger- und Unterarmmuskulatur. Trotz der erhöhten Intensität werden aufgrund der großen Kontaktfläche von Finger und Hand zum Trainingsgerät Kraftspitzen in den verletzungsanfälligen vorderen Fingergliedern vermieden.
- Solltest du dich bei sauberer Ausführung länger halten können, verwende Zusatzgewichte, statt den Deadhang länger zu halten.

DEADHANG AN DER LEISTE

Trainingsziel: Kräftigung der Finger

Hänge dich für die Beugekraft der Finger an langen Armen, die in den Schultergelenken stabil gehalten werden, bewegungslos an eine Querleiste. Das Hängen an Leisten trainiert vor allem die punktuelle Kraftübertragung der Finger- und Unterarmmuskeln auf kleine Grundflächen. Sehr klettertypisch ist hierzu die hängende Position der Finger.

Training: Maximal 25 bis 30 Sekunden

Hinweise:

- Solltest du dich bei sauberer Ausführung länger halten können, verwende Zusatzgewichte, statt den Deadhang länger zu halten.
- Der Deadhang an der Leiste kann sowohl mit hängenden als auch mit aufgestellten Fingern (Seite 59/60) trainiert werden. Vor allem Wachstumsfugen von Kindern und Jugendlichen bekommen bei aufgestellten Fingern zu viel Druck ab – sie können irreparabel beschädigt werden. Daher trainieren nur Erwachsene, bei denen sich die Wachstumsfugen bereits verknöchert haben, mit aufgestellten Fingern!

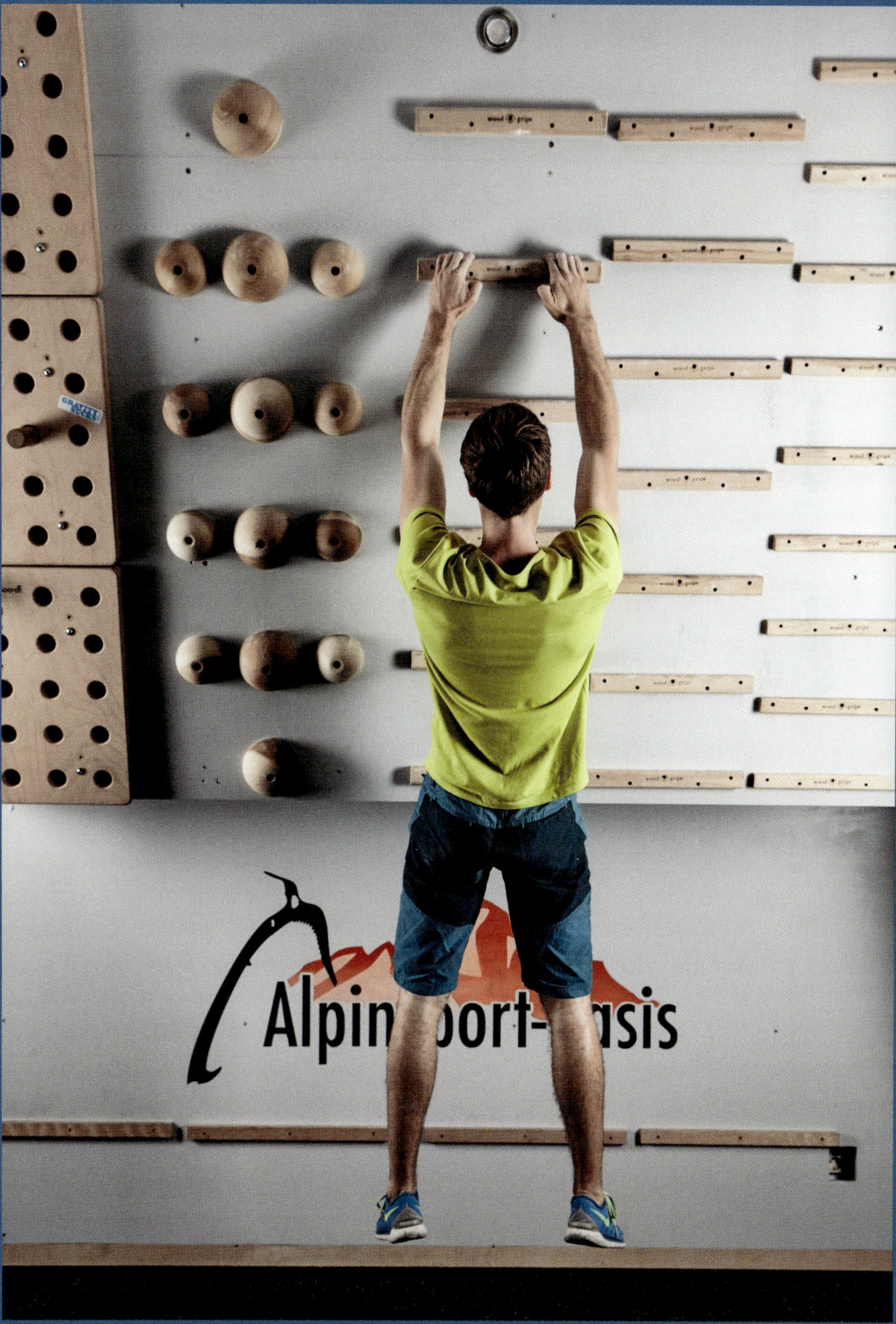

5

Die AKTIVE REGENERATION

Neben der aktiven Belastungsphase ist die Regeneration einer der wichtigsten Prozesse im Training. Ohne Regeneration findet auch keine Trainingsanpassung und Verbesserung statt. Bei einer aktiven Regeneration hilfst du deinem Körper, sich nach Belastung schneller in allen Bereichen zu erholen. Das ist insofern wichtig, da jedes neue Training nur in einer gut regenerierten Verfassung maximalen Effekt bringt. Hilf deinem Körper, sich schnell wieder zu erholen – dann kannst du schneller die nächste Trainingseinheit absolvieren.

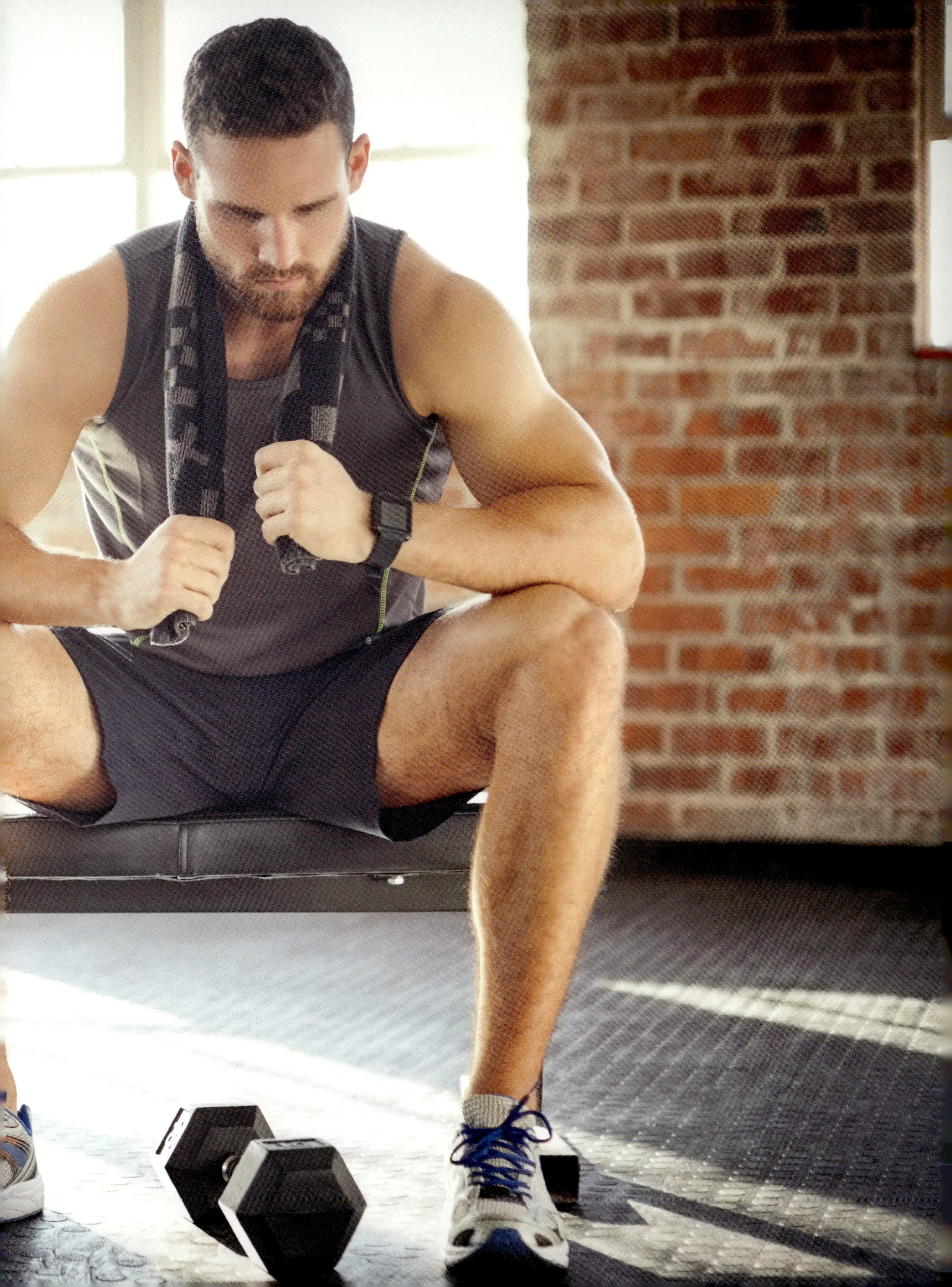

Durch Regeneration zurück ins Gleichgewicht

Sich nach Belastung zu erholen, ist eine wichtige Überlebensstrategie unseres Körpers. Ohne Regeneration wären wir auf die Dauer nicht fähig, Leistung zu bringen. Um aus dem Training einen maximalen Effekt zu ziehen, müssen sowohl Belastungs- als auch Regenerationsphase gleichermaßen in den Trainingsprozess integriert werden. Gewöhne dir an, deine Trainingszeiten mit einer entsprechenden aktiven Erholung zu koppeln.

Was passiert nun genau in einer Regenerationsphase und welche Punkte spielen zusammen? Um diese Frage zu beantworten, holen wir uns nochmals ins Gedächtnis, was genau während der Belastung passiert. Springen wir hierbei zu einem erholten Zustand unmittelbar vor einer Klettereinheit und analysieren unseren Körper:

- Unsere Energiespeicher in den Muskeln sind vollständig aufgefüllt.
- Binde- und Muskelgewebe befinden sich in einer angepasst sinnvollen Anspannung und damit in einem maximal entspannten Zustand.
- Wir sind geistig frisch und können uns gut auf bevorstehende Aktionen konzentrieren.
- Unsere Arbeitsstrukturen wie Muskeln, Sehnen und verbindende Faszien sind heil und unversehrt.

Diese Beschreibung spiegelt den Zustand wider, in dem wir optimal in ein Training starten können. Hierbei werden die energetische, strukturelle und mentale Verfassung berücksichtigt. Im regenerierten Zustand, in dem alle Punkte physiologisch ausgeglichen sind, sprechen wir von einer sogenannten körperlichen Homöostase. In diesem Gleichgewicht sind wir leistungsfähig und fit für körperliche und geistige Aufgaben. Wie stört nun eine Belastung diese Homöostase und wie sieht die Situation nach einem Training aus?

- Nach der Belastung sind die Energiespeicher in den Muskeln leer und müssen aufgefüllt werden.
- Je nach Belastung müssen Abfallprodukte, die sich bei zellphysiologischen Arbeitsprozessen gebildet haben, abtransportiert werden. Laktat ist hierbei ein ganz bekannter leistungslimitierender Rückstand, der bei der Energiegewinnung in der Muskelzelle entsteht.
- Die mechanische Last bei intensivem Training speichert sich in bestimmten Bindegewebsstrukturen und macht damit Gelenke oder Körperbereiche steif. Gewebe ist wieder in eine sinnvolle Entspannung zu bringen.
- Durch Flüssigkeitsabgabe beim Schwitzen oder bei körperinternen Prozessen verbrauchen wir wichtige Substanzen wie Kalium, Kalzium oder Magnesium. Diese sind sowohl für die Muskelarbeit als auch für kognitive Denk- und Planungsaufgaben wichtig. Um sich wieder konzentriert in Übungen stürzen zu können, müssen diese Elemente wieder aufgefüllt werden und zur Verfügung stehen.

Die Aufgabe von Regeneration besteht darin, nach jedem belastenden Training mittels passender Strategien die beschriebene Homöostase wiederherzustellen. Wer diese strategischen Prozesse kennt, kann unterstützend eingreifen und einzelne Punkte beschleunigen. Somit möchte ich dich in die aktive Stoff-, Gewebs- und Mentalregeneration einführen.

AUSGLEICHEN DER STOFFWECHSELBALANCE

Wie beschrieben hat der Körper in bestimmten Regionen nach einer Belastung von einigen Stoffen zu viel und von anderen zu wenig. Die muskulären Speicher unseres Hauptenergielieferanten Adenosintriphosphat, kurz ATP, sind erschöpft. Dafür ist der Muskel voll von Abfallstoffen wie Laktat. Genau dieser Zustand hindert den Muskel daran, weitere intensive und kräftige Arbeit zu verrichten. Mit einem Stoffwechselausgleich schafft sich der Körper in Ruhephasen wieder seine gewünschte Homöostase.

Stoffwechselausgleich bedeutet, dass wir Transportwege öffnen, damit Abtransport und Anlieferung ungehindert stattfinden können. Die Fähigkeit, Stoffe von A nach B zu transportieren, haben in unserem Körper die Blutbahnen. Sie müssen geöffnet werden, um den Blutfluss zu erhöhen. Das Erweitern von Blutgefäßen nennt man in der Fachsprache Vasodilatation, das Verengen von Blutgefäßen hingegen bezeichnet man als Vasokonstriktion. Zur gewünschten Gefäßerweiterung stehen dem Körper verschiedene Strategien zur Verfügung.

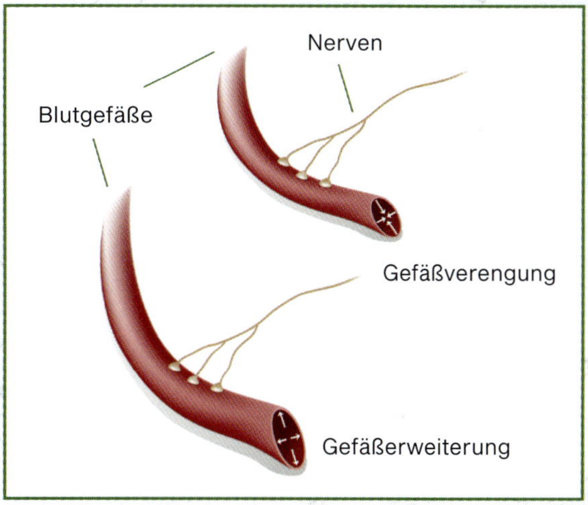

Hier ist die Gefäßerweiterung und -verengung schematisch dargestellt.

Wärme schafft Raum

Die Temperatur beeinflusst den Durchmesser von Gefäßen und damit das gepumpte Blutvolumen. Die Situation einer Gefäßverengung kennst du, wenn im Winter bei kalter Umgebung die Finger und Zehen frieren. Kälte bewirkt eine Blutgefäßverengung. Die Finger werden in dieser Situation nicht mehr in vollem Maße mit Blut versorgt und werden kalt. In der Regenerationsphase werden wir daher eher nicht mit Kälte arbeiten. Wir nutzen im Gegenteil den Einfluss der Wärme auf das Gewebe, denn hier reagiert der Körper mit einer Blutgefäßerweiterung und öffnet die wichtigen Transportwege. Saunaaufgüsse, intensiv warme Duschgänge oder feuchtwarme Auflagen entspannen das Gewebe und bewirken die zur Regeneration notwendige Gefäßerweiterung.

Erfahrungsgemäß sind solche Maßnahmen nicht für jeden universal geeignet. So kann es durchaus passieren, dass du aufgrund der Wärmeeinwirkung unbeabsichtigt weiteren Einfluss auf

TIPP: GESUNDHEIT GEHT VOR!

Taste dich an Strategien, die in kürzester Zeit eine Veränderung im Körper bewirken, behutsam heran. Steigere Stück für Stück und in einer für dich passenden Geschwindigkeit die Wärme deiner Nachbereitung. So verhinderst du ungewollte Reaktionen deines Körpers.

deinen Kreislauf nimmst: Durch das plötzliche Abfließen von viel Flüssigkeit aus der Körpermitte nach außen in die Extremitäten kann der Blutdruck zu stark abfallen.

Kälte-Wärme-Kombination

Zuvor hatten wir Kälte noch als Regenerationsmaßnahme ausgeschlossen, in der sinnvollen und richtigen Kombination mit Wärme lässt sich damit jedoch optimal gefäßerweiternd arbeiten. Hintergrund hierzu ist die Fähigkeit des Körpers, bei schnellen Veränderungen übermäßig reagieren zu können.

Brause dich für deinen regenerativen Duschgang zunächst kurz kalt ab. Der Körper reagiert mit einer Gefäßverengung. In diesem Zustand möchten wir den Körper aber nicht stehen lassen. Auf die kurze, kalte Dusche folgt daher das warme Wasser. Dieser rasche Wechsel von kalt zu warm – also von einer Gefäßverengung zur -erweiterung – bewirkt eine überdeutliche Reaktion des Körpers, sodass die Vasodilatation noch stärker ausfällt.

Die kurze Kälteeinwirkung hat noch einen weiteren Vorteil: Kälte lindert Entzündungen, was wir uns bei Verletzungen zur Schmerzlinderung zunutze machen. Wie angesprochen wird der Muskel durch entsprechende Trainingsreize mikroskopisch fein verletzt. Bei der Reparatur folgen Entzündungsprozesse, die für die Heilung notwendig sind. Diese nimmst du als Muskelkaterschmerz wahr. Nach dem Training können Kältemaßnahmen die Entzündungsreaktion eindämmen und somit das Maß des Muskelkaterschmerzes lindern.

Denke jedoch auch hier immer an deine Gesundheit. Temperaturmaßnahmen wirken nicht nur innerlich an Gefäßen, sondern selbstverständlich auch außen auf der Haut. Der schnelle Wechsel von sehr kalt auf sehr heiß kann oberste Hautschichten reizen und sogar verletzen. Um dies zu vermeiden, taste dich auch hier behutsam in deinem persönlichen Tempo an deine persönlichen Temperaturgrenzen heran.

Essenzielle Stoffe zur Verfügung stellen

Transportwege für einen erhöhten Blutfluss zu öffnen ist bereits eine gute aktive Regenerationsmaßnahme. Wichtige Stoffe müssen im Körper jedoch auch vorrätig sein, um mit ihnen die Homöostase wieder aufzubauen. Eine ausgewogene und entsprechend ausgerichtete Ernährung ist für einen ambitionierten Sportler daher ein klares Muss. Experten sehen in der passenden individuellen Nahrungskombination sehr großes Potenzial, um die eigene Leistungsfähigkeit anzuheben. Hierbei gibt es allerdings sehr große, von Sportler zu Sportler individuell variierende Unterschiede, sodass hier eine persönliche Vorstellung bei einem fachkundigen Ernährungsmediziner oder -wissenschaftler zu empfehlen ist.

Grundsätzlich gilt bei der Stoffaufnahme folgende Logik: Was ich verbraucht habe, muss ich wieder zuführen. Für die Reparatur der beschädigten und zum Teil abgebauten Muskeln benötigst du muskuläres Baumaterial, nämlich Eiweiß. Die Energiegewinnung im Muskel geschieht über einen komplexen Zyklus, in dem bestimmte Stoffe mittels Enzymen aufgespalten, umgewandelt und neu gekoppelt werden. Auch Enzyme bestehen aus Eiweißmolekülen, was die regenerative Zufuhr von Eiweiß noch untermauert. Diese stoffwechselunabkömmlichen Enzyme bauen im sogenannten Zitratzyklus Glukose – ein spezielles Kohlenhydrat – so um, dass die Zelle daraus Energie gewinnen kann. Auch dieser Kohlenhydratspeicher muss nach dem Training wieder aufgefüllt werden.

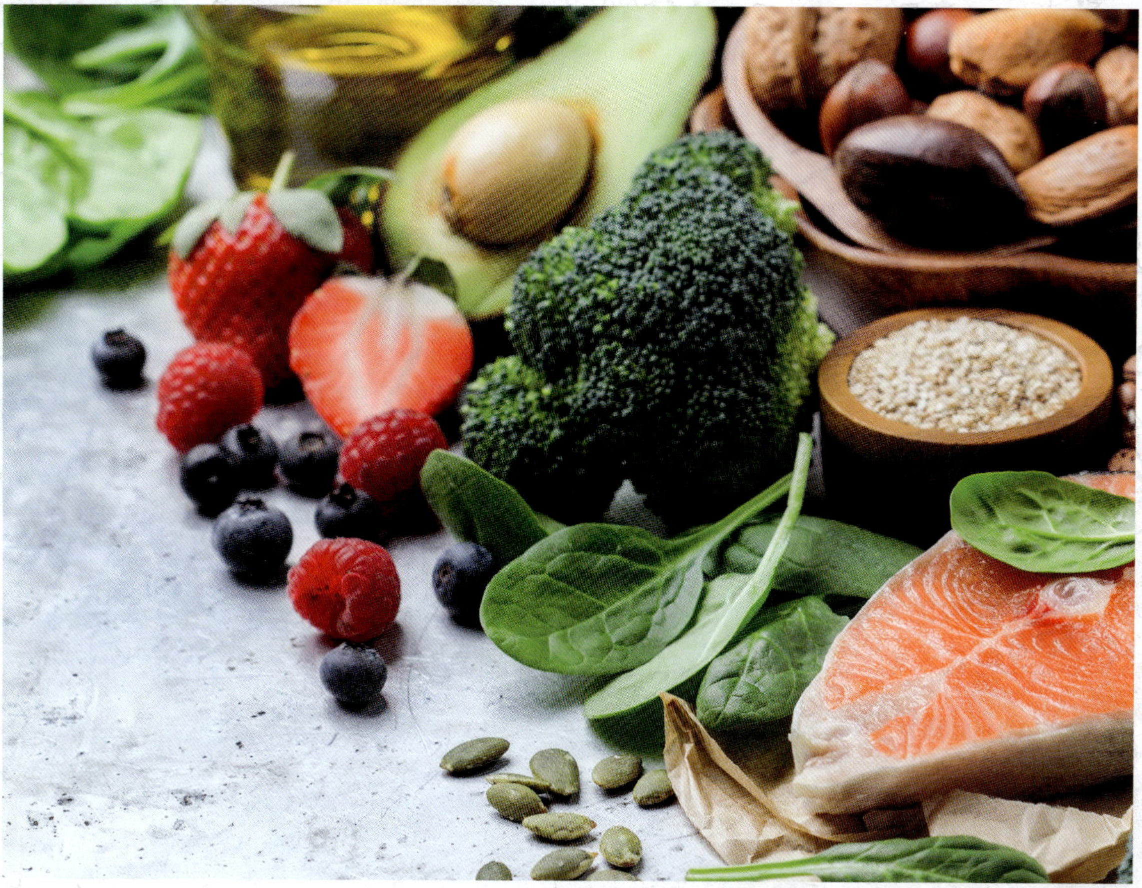

Qualitativ hochwertiges und abwechslungsreiches Essen ist wichtig für die Regeneration.

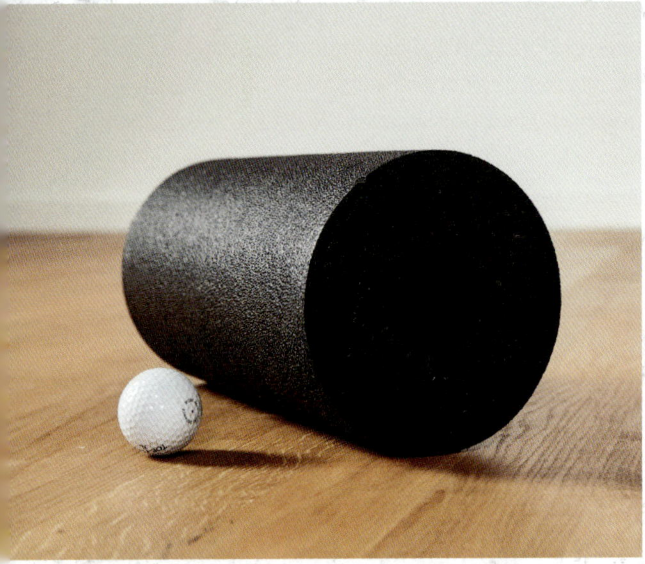

Über verschiedene Hilfsmittel kann man Druck ins Gewebe geben, wie etwa mit Golfball oder Faszienrolle.

Neben den sogenannten Makronährstoffen – Eiweiß und Kohlenhydrate für die Energiegewinnung und als Baumaterial sowie sinnvolle Fette – verbraucht der Körper bei Belastung auch Mikronährstoffe wie Vitamine, Mineralstoffe und Spurenelemente. Diese unterstützen bestimmte Stoffwechselprozesse, halten die Nervenleitfähigkeit aufrecht und stärken dein Immunsystem. Auch sie müssen im Rahmen der Regeneration also wieder zugeführt werden, und hierbei ist wie in vielen anderen Bereichen nicht die Masse, sondern eher die Klasse das Maß der Dinge.

Klettern und Bouldern gehört wie beispielsweise auch das Turnen zu jenen Sportarten, in denen sportliche Leistung gegen Körpergewicht verrichtet wird. Speziell in diesen Disziplinen sehen wir leider viele Athleten aus dem Breiten- und Spitzensport mit gestörtem Essverhalten nach dem Motto: Wer nicht viel wiegt, braucht nicht viel zu heben. Diese Ansicht ist nicht prinzipiell falsch. Aber dennoch geht mein Appell mit aller Deutlichkeit in Richtung einer ausreichenden und inhaltlich stimmigen Nährstoffzufuhr über geregeltes Essen.

REGENERATIVE GEWEBEBEHANDLUNG

Nicht nur die stoffliche Homöostase ist nach einer Trainingseinheit gestört. Die mechanische Belastung der Übungen beeinflusst auch die Spannungszustände von bewegungs- und leistungsrelevantem Gewebe. Hierbei unterscheidet man kontraktionsfähiges, bewegliches Muskelgewebe und zugfestes, zugelastisches Bindegewebe. Vor allem das Bindegewebe wie Gelenkkapseln, Muskelsehnen und Fasziengewebe im Muskel und um ihn herum neigt dazu, aufgenommene Belastungen aufzunehmen, zu speichern und aufzusummieren. Wohl brauchen wir eine gewisse Grundspannung, um aufrecht und stabil in den Gelenken agieren zu können. Was jedoch darüber hinaus störend im Gewebe steckt, ist für die Grundfunktionen kontraproduktiv. Auch hier können wir die Regeneration aktiv unterstützen. Während muskuläre Strukturen auf Zug reagieren, bedienen wir fasziales Gewebe mit Druck.

Was du beachten solltest

Auf den folgenden Seiten findest du die optimalen Übungen zum Ausstreichen und Rollen der Faszien. Jede Übung ist Schritt für Schritt beschrieben und bebildert. Integriere diese regenerativen Übungen mit der Faszien-

INFO

TYPISCHE TRANSPORTWEGE VON ENERGIE- UND ABFALLSTOFFEN

Im menschlichen Körper gibt es klare Richtungen, in denen Energie- und Abfallstoffe über das Blut transportiert werden. Energiestoffe wie ATP müssen in der Regeneration zum Muskel antransportiert werden. Unser größter Speicherort für ATP ist die Leber. Anatomisch gesprochen fließen daher diese Energiestoffe von der körpermittig gelegenen Leber nach außen zu den Extremitäten. Abfallstoffe wiederum werden in umgekehrter Richtung transportiert. Vom Muskel nehmen sie den Weg über die Blutbahnen zur Niere. Die Niere als Reinigungsorgan filtert alle Schadstoffe aus dem Blut heraus und übergibt sie an Darm und Blase, wo sie ausgeschieden werden.

rolle – oder auch Foamroller – in deinen Trainingsausklang. Führe jede Übung mindestens 30 Sekunden aus. Sind deine Faszien bereits daran gewöhnt, kannst du dich auch auf eine Minute pro Seite steigern. Zu Beginn kann das Ausstreichen und Rollen sehr schmerzhaft sein. Wenn du es regelmäßig durchführst, werden deine Muskeln und Faszien von Mal zu Mal entspannter. Beachte dabei zwei wichtige Regeln:

1. Der gerollte Körperbereich ist maximal entspannt.

2. Die Rollgeschwindigkeit ist sehr langsam. Arbeite dich Zentimeter für Zentimeter weiter.

Aber Achtung! Solltest du Krampfadern haben oder sollten andere besondere Lymph- oder Blutgefäßsituationen bei dir vorliegen, so konsultiere im Vorfeld einen Arzt oder Therapeuten. Er muss klären, wie und ob im entsprechenden Bereich mit Druck gearbeitet werden darf.

AUSSTREICHEN VON MUSKELGEWEBE

Aus der Medizin und Therapie ist längst bestätigt, dass die in ihrer Länge beweglichen Muskeln von einer zarten Bindegewebshülle umgeben sind. Doch nicht nur außen finden wir dieses Gewebe, auch innerhalb des Muskels ist jedes Muskelfaserbündel und jede Muskelfaser eingehüllt in ein Fasziennetz. Nach dem Training gilt es, diese Strukturen von den vorangegangen Übungsbelastungen zu befreien. In der muskulären Nachbehandlung arbeiten wir mit druckvollen Ausstreichungen über die ganze Länge des Muskelbauchs, und das stets in Richtung Körpermitte. Die Richtung ist insofern von Bedeutung, da mit der faszialen Druckbearbeitung auch der Abtransport der zuvor besprochenen Abfallstoffe kombiniert wird. Wie in der therapeutischen Lymphtechnik arbeiten wir im Hinblick auf die gewünschte Ausstreichung mit Druck von körperfern in Richtung Körpermitte.

AUSSTREICHEN DER WADE

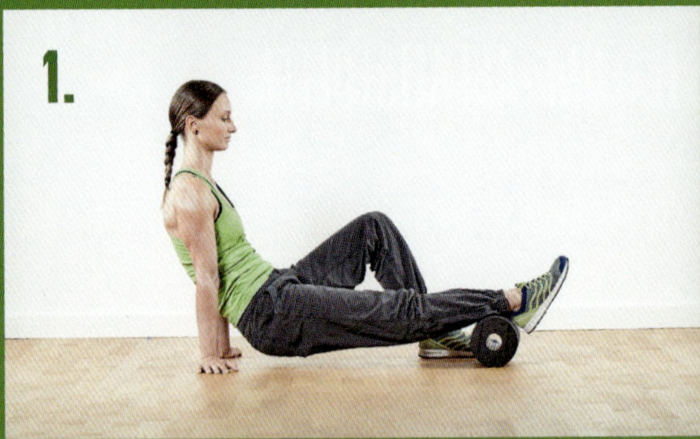

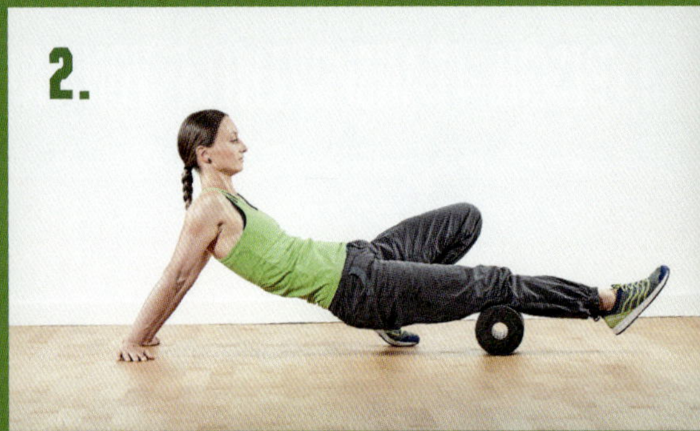

1. Setze dich auf den Boden, stütze dich nach hinten ab und lege ein Bein auf Höhe der Achillessehne mit entspannter Wadenmuskulatur auf den Foamroller. Das andere Bein ist aufgestellt. Dann hebe das Gesäß vom Boden ab.
2. Rolle mit Druck zur Kniekehle, komme ohne Last zurück zum Start an der Achillessehne.

AUSSTREICHEN DER OBERSCHENKELVORDERSEITE

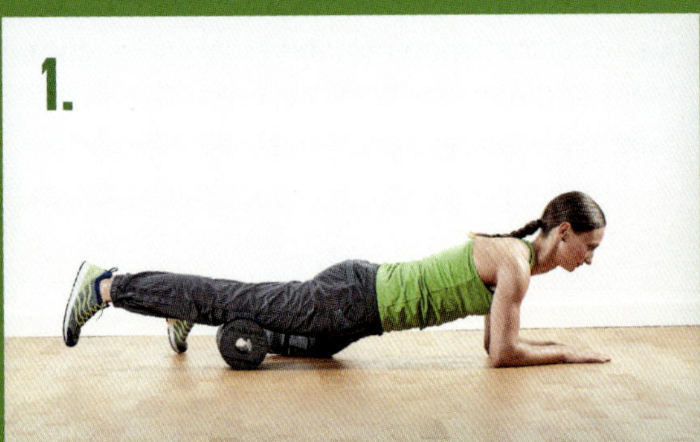

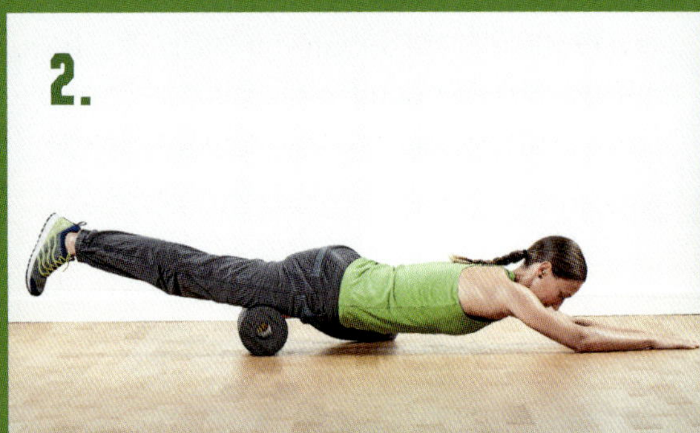

1. Starte im Unterarmstütz. Ein Knie ist am Boden angewinkelt, das andere Bein liegt mit der Oberschenkelvorderseite gestreckt kurz über Kniehöhe entspannt auf dem Foamroller.
2. Rolle mit Druck nach oben zur Hüfte, stütze dich dabei mit dem Gegenbein ab und komme ohne Last zurück zum Knie.

AUSSTREICHEN DER ADDUKTOREN

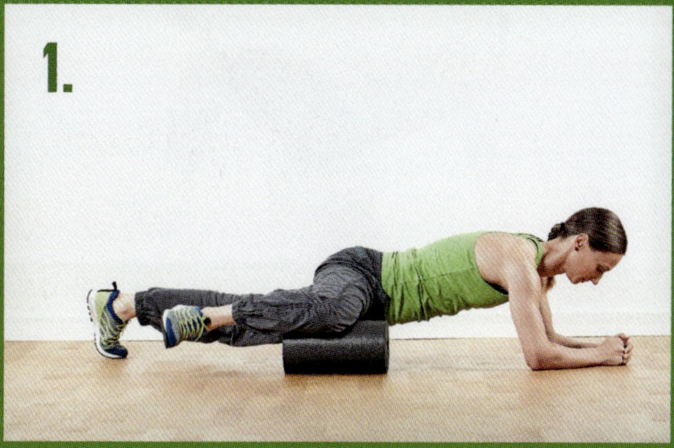

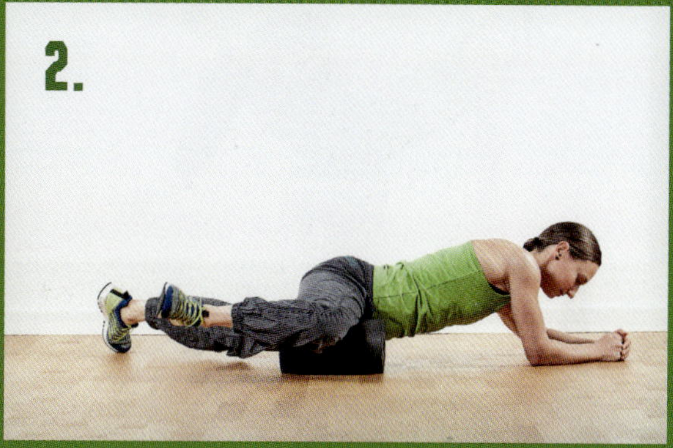

1. Starte im Unterarmstütz. Ein Bein ist in der Hüfte zur Seite abgewinkelt und kurz über dem Knie auf dem Foamroller entspannt abgelegt. Das Gegenbein ist am Boden gerade nach hinten gestreckt.

2. Schiebe den Körper zur Seite des angewinkelten Beins und rolle so den Foamroller auf der Oberschenkelinnenseite in Richtung der Leiste. Dort angekommen, kannst du dich auf deine Hände stützen, um das gerollte Bein zu entlasten, sodass du ohne Druck im Oberschenkelgewebe die Rolle zurück zum Knie rollen kannst.

AUSROLLEN DER GESÄSSMUSKULATUR

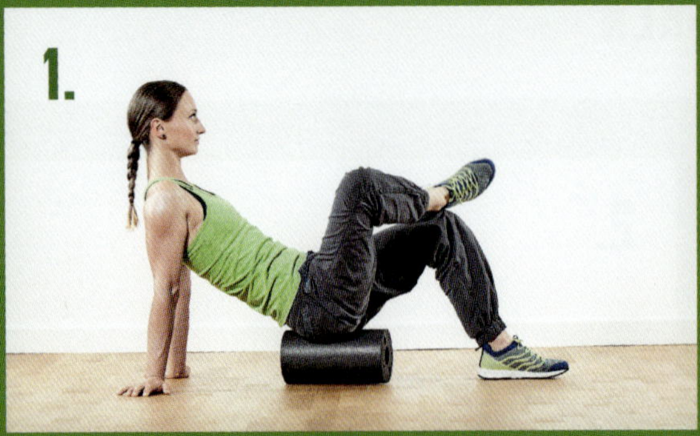

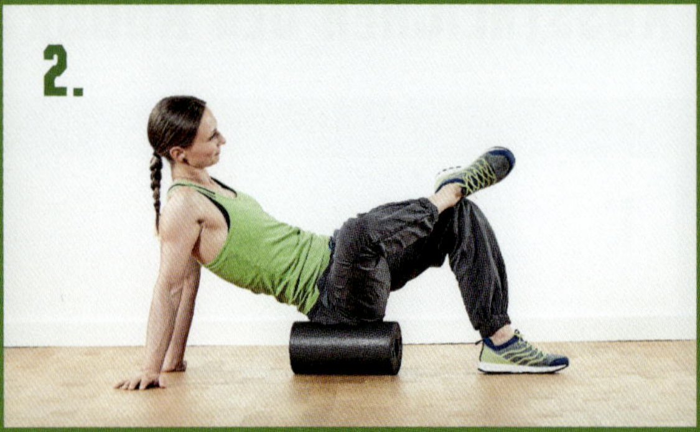

1. Setze dich mit einer Gesäßhälfte auf die Rolle. Schlage das Bein über das Standbein.
2. Rolle mit konstantem Druck seitlich über die entspannte Gesäßhälfte.

Hinweis: Bei der Gesäßmuskulatur eignet sich am besten ein entsprechender Massageball, da er eine kleine Auflagefläche hat und somit den Druck besser in die Tiefe abgibt.

AUSSTREICHEN DER UNTERARMMUSKULATUR

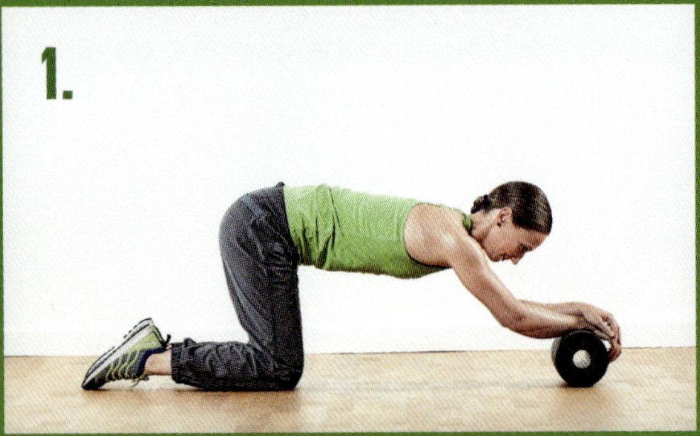

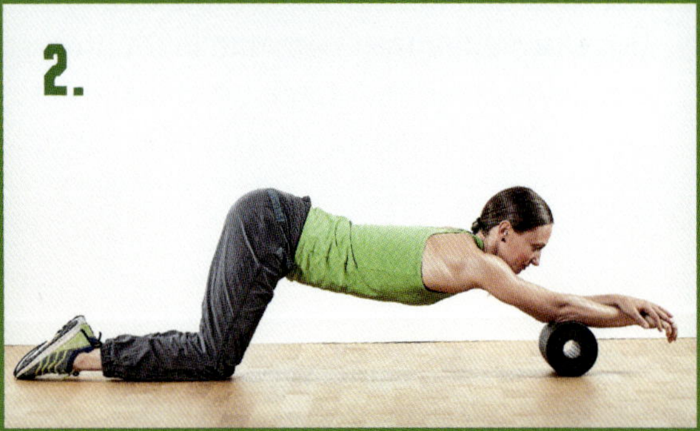

1. Komme auf die Knie und lege die übereinandergeschlagenen Unterarme kurz hinter dem Handgelenk auf der Vorder- oder Rückseite – je nachdem, welche Seite du ausstreichen möchtest – auf den Foamroller, der vor dir auf dem Boden liegt.
2. Rolle mit konstantem Druck weiter Richtung Ellbogen, setze ohne Last wieder zurück.

AUSSTREICHEN VON TRIZEPS UND LATISSIMUS

1. Setze dich auf deinen linken Unterschenkel. Dabei berührt der linke Fuß das Knie des rechten Beins, das nach hinten angewinkelt wird. Lehne dich nach links und stütze die Armrückseite oberhalb des Ellbogens am Muskelansatz des Trizepses auf den Foamroller.

2. Rolle am Muskelverlauf entlang nach oben bis zum Schultergelenk. In der Achsel angekommen, drehst du deinen Körper etwas weiter Richtung Decke, sodass dann der Muskelrand des Latissimus auf der Rolle liegt. Die Beine strecken sich jetzt, um den Körper gerade halten zu können.

3. Schiebe den Oberkörper weiter über den Foamroller und rolle so den Muskelrand nach unten zu Ende.

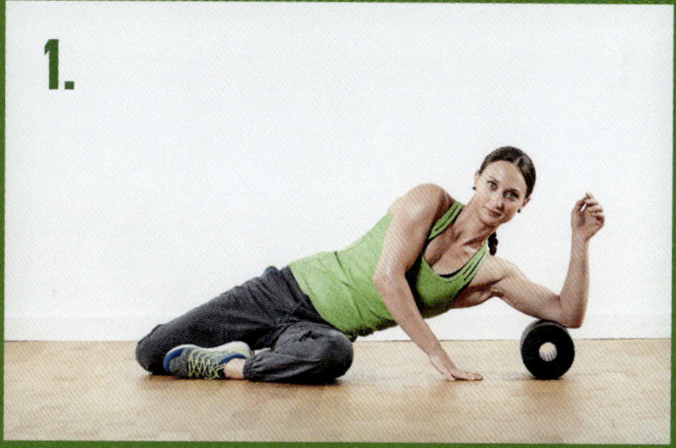

1.

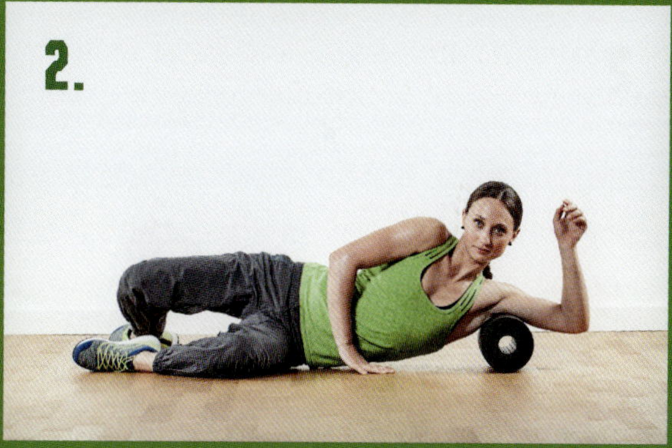

2.

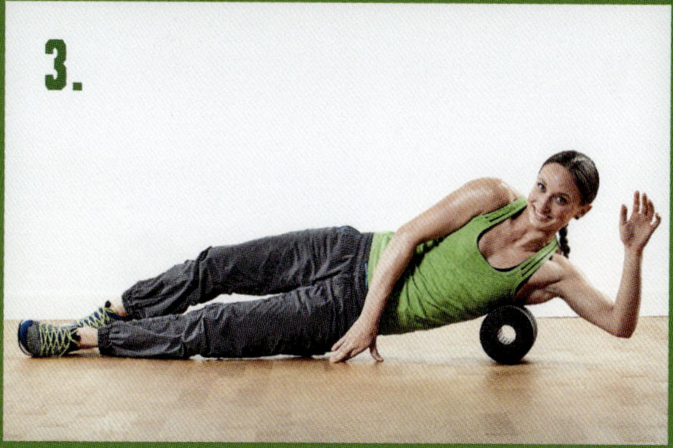

3.

AUSROLLEN DER BRUSTMUSKULATUR

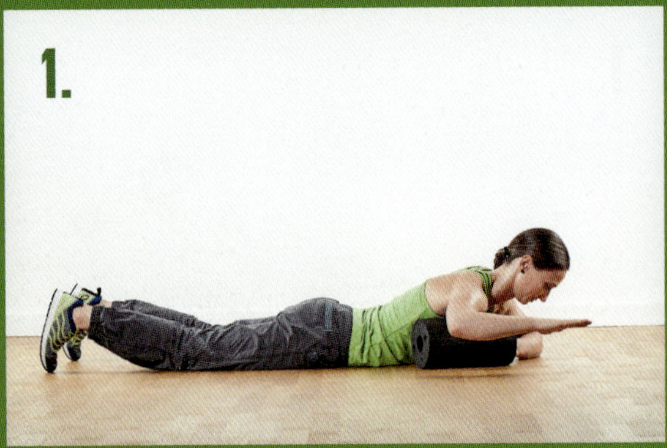

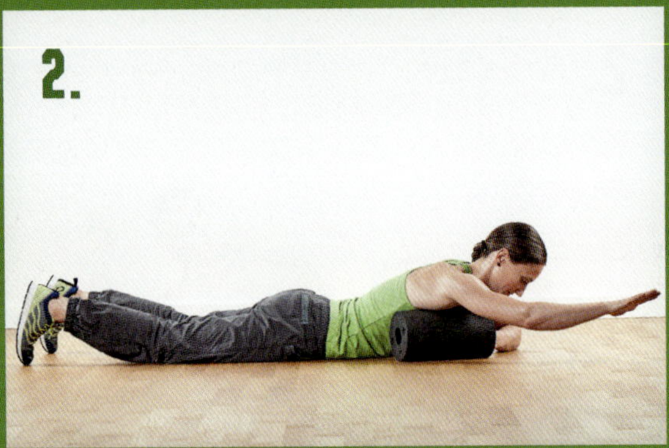

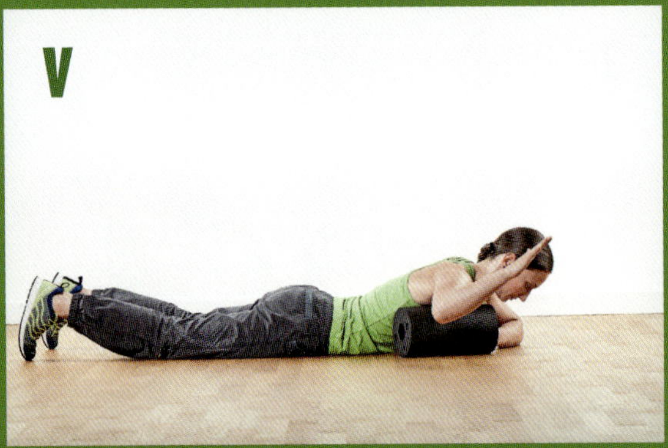

Variante für Frauen

1. Komme in die Bauchlage und platziere den rechten Brustmuskel am Sehnenansatz nahe der Achsel auf der Rolle. Der rechte Arm ist angewinkelt vom Boden abgehoben, der Gegenarm ist abgelegt.

2. Die weibliche Anatomie erlaubt nur einen kleinen Bewegungsradius auf der Rolle, daher behalten Frauen den Ausgangspunkt bei und bewegen den Arm ruhig vor und zurück.

Variante: Ein Rotieren des angewinkelten Arms aus der Startposition ist ebenfalls möglich.

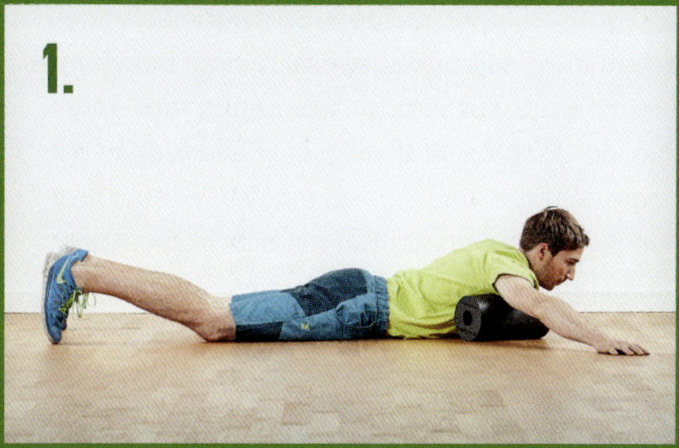

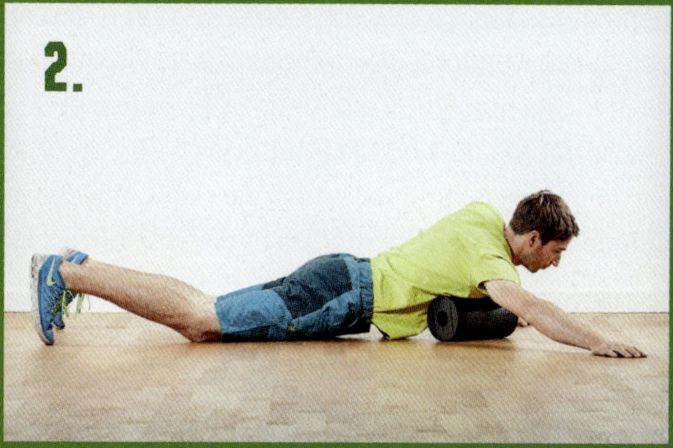

Variante für Männer

1. Bei der männlichen Variante wird der Arm seitlich ausgestreckt.

2. Die männliche Brust erlaubt es besser, über den Muskelverlauf zu rollen. Selbstverständlich können auch Männer die zuvor für Frauen beschriebenen Techniken durchführen.

Bearbeiten von Faszienzügen

Faszienzüge sind Gewebeplatten, die sich in unserem Körper über längere Strecken ziehen. Sie haben hauptsächlich mechanische Aufgaben und nehmen optimal federnde oder Sprungbelastungen auf. Diese Bereiche werden gestresst, wenn sie dauerhaft zu viel Druck ausgesetzt sind, beispielweise in zu kleinen Kletterschuhen oder dem Druck in einem Klettergurt. Die für Bewegung relevanten Faszienbereiche sind die Plantarfaszie an der Fußsohle, der Tractus iliotibialis, ein Faserzug an der Oberschenkelaußenseite, und die Lumbalfaszie kurz oberhalb des Beckens im unteren Verlauf des Latissimus. In der Bearbeitung von Faszienzügen rollen wir in beiden Richtungen mit Druck. Auch hier gilt wie beim Ausstreichen: Führe jede Übung mindestens 30 Sekunden aus.

Faszienbehandlung der Fußsohle

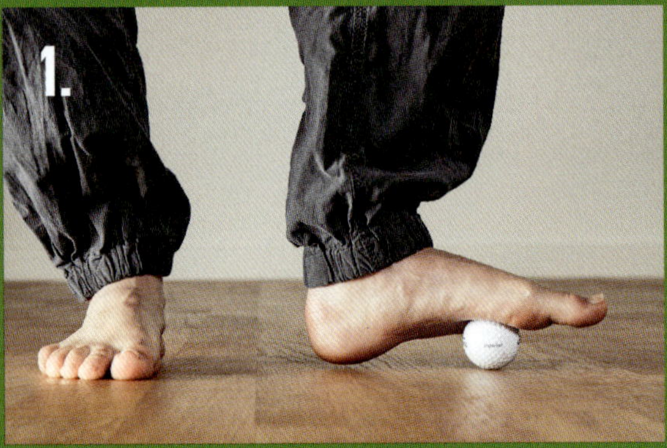

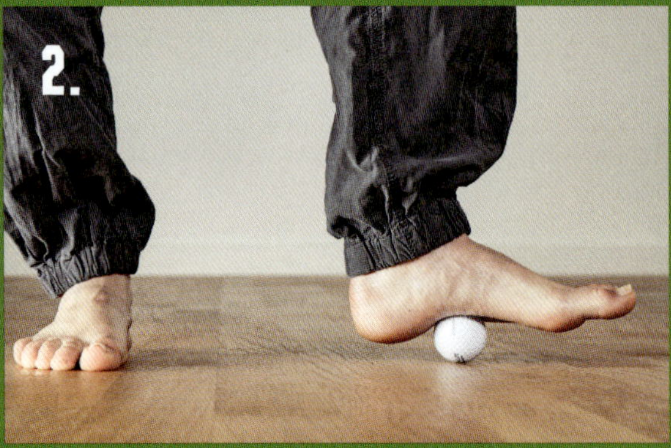

1. Platziere einen Golfball oder einen Massageball knapp unterhalb des Fußballens des großen Zehs.

2. Rolle mit einem harten Ball unter Druck die Fußsohle aus. Arbeite dich mit kleinen Kreisen über die komplette Fläche vor und zurück. Fahre mit dem Ball die Fußinnen- und Fußaußenseite noch separat entlang.

FASZIENBEHANDLUNG DER OBERSCHENKELAUSSENSEITE

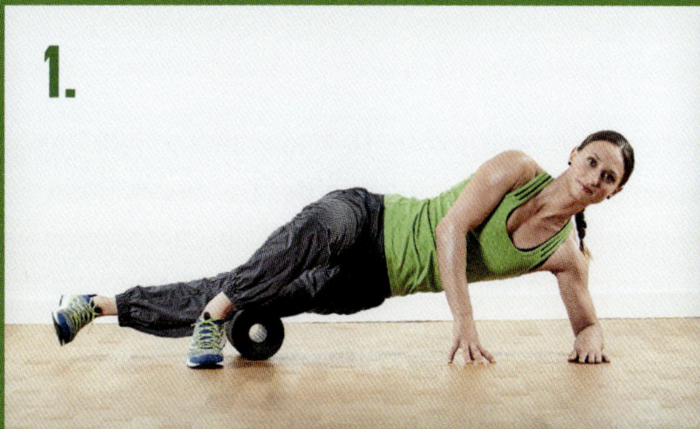

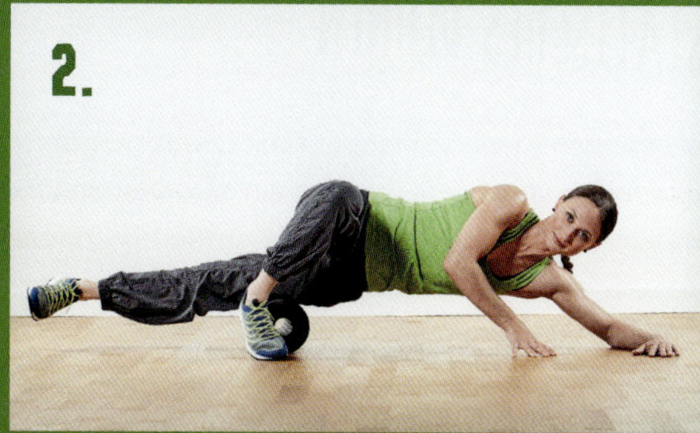

1. Starte im Seitstütz. Das untere Bein liegt gestreckt oberhalb des Knies auf der Rolle. Das obere Bein ist angewinkelt nach vorn aufgestellt. Stütze dich mit der freien Hand zusätzlich vor der Brust ab.
2. Rolle langsam mit Druck nach oben zur Hüfte und wieder zurück.

FASZIENBEHANDLUNG DES UNTEREN RÜCKENS

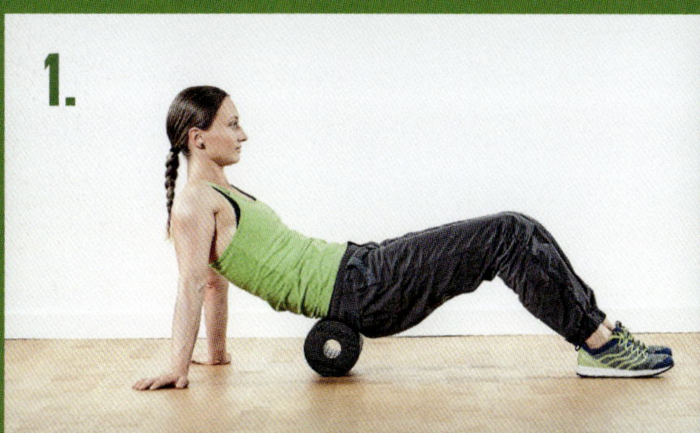

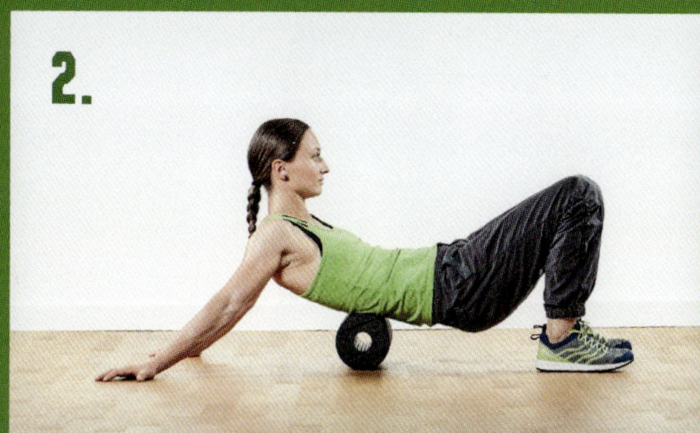

1. Stütze dich im Sitz mit den Armen nach hinten ab. Hebe das Gesäß an und platziere die Rolle am unteren Rücken; sie hat dabei oberhalb des Beckenrands bereits Kontakt mit den untersten Lendenwirbelkörpern. Bringe Druck auf die Rolle.
2. Rolle langsam mit Druck die Wirbelsäule entlang nach oben. Stoppe spätestens beim Erreichen der Schulterblattspitzen und rolle wieder zurück.

STATISCHES DEHNEN

Wir können Gewebe nicht nur mit Druck, sondern auch mit Zug bearbeiten. Bei Gewebezug fällt uns als Erstes das Thema Dehnen ein. Grundsätzlich unterscheidet man zwei Arten der Dehnung: Beim statischen Dehnen werden sehr große bis endgradige Gelenkpositionen kontrolliert und unter maximaler Entspannung der zu dehnenden Muskulatur eingenommen und für eine gewisse Zeit gehalten. Hier kennst du zum Beispiel das seitliche statische Aufdehnen der Brustmuskulatur.

STATISCHES DEHNEN DER BRUSTMUSKULATUR

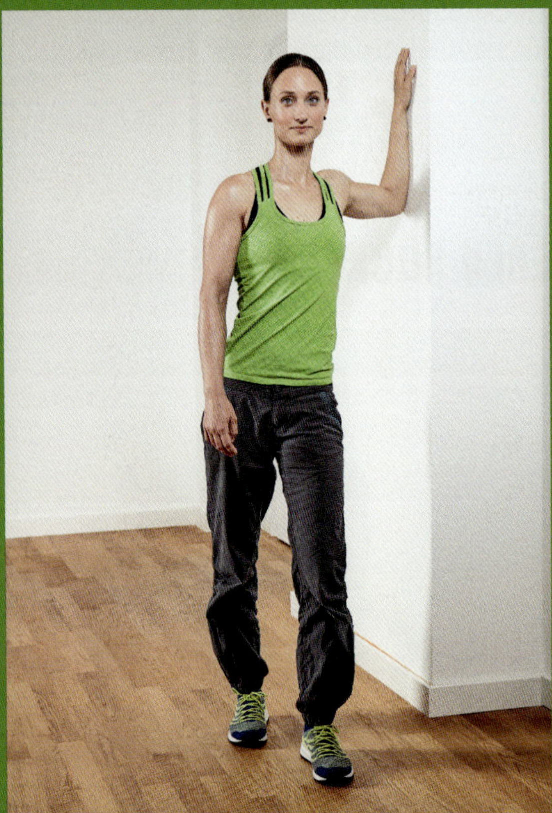

Stelle dich mit der linken Körperseite in Schrittstellung mit etwas Abstand seitlich zu einer Wand. Der linke Fuß ist vorn. Platziere dann Unterarm und Hand des angewinkelten linken Arms so an der Wand, dass der Ellbogen etwas hinter der Schulter ist. Der Oberarm ist waagrecht.

DYNAMISCHES DEHNEN

Das dynamische Dehnen ist eine aktive Gelenksmobilität. Hierbei werden mittels Muskelkraft die Gelenkspartner in ihrer größten aktiven Beweglichkeit durchbewegt. Die Bewegungen sind aktiv, werden jedoch mit minimaler Anspannung durchgeführt. Das Hüftschwingen des gestreckten Beins ist ein gutes Beispiel.

DYNAMISCHES DEHNEN DER HÜFTUMGEBENDEN MUSKULATUR

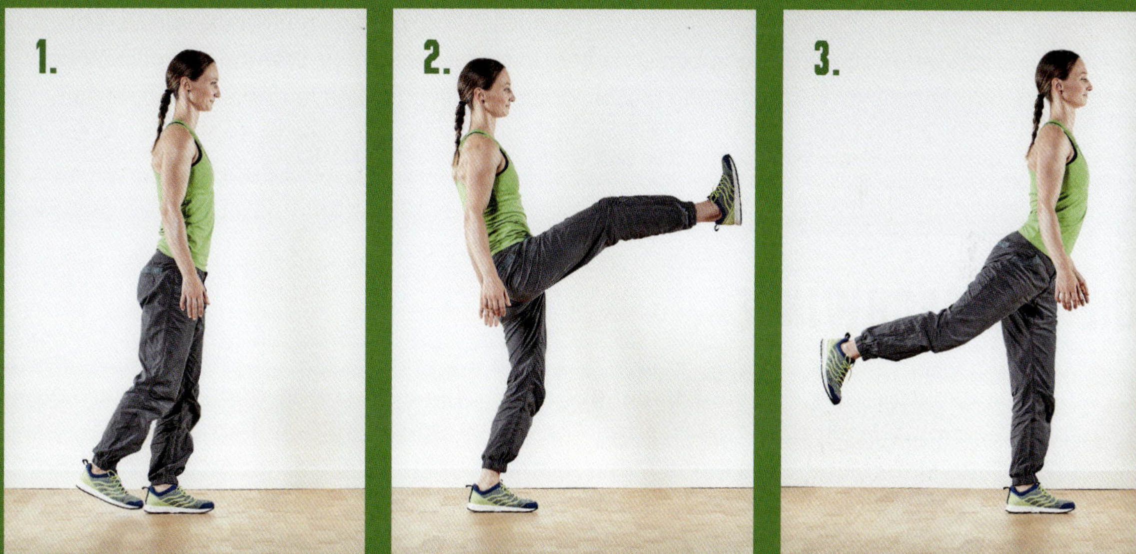

1. Stelle dich aufrecht hin und hebe das rechte Bein etwas nach hinten an.

2. Schwinge das Bein nun etwa bis Hüfthohe nach vorn. Lasse es dabei nur leicht angewinkelt.

3. Dann schwinge es, ohne abzusetzen, so weit wie möglich nach hinten. Bleibe mit dem Oberkörper möglichst aufrecht. Er schwingt nicht mit.

FASZIALES DEHNEN

Obwohl sich beide Dehntechniken wie auf den Seiten 196 und 197 dargestellt unterscheiden, haben sie einen Punkt gemeinsam: Gängige Dehnübungen bedienen meist nur ein Gelenk beziehungsweise eine Muskelgruppe. Mit dem heutigen Verständnis von faszialem Gewebe hat sich aber gezeigt, dass unsere Muskeln über ihre Bindegewebshüllen zu langen Kettengliedern verbunden sind. Diese ziehen sich über den ganzen Körper hinweg. Innerhalb dieser Kette beeinflussen sich muskuläre Kettenglieder gegenseitig positiv wie auch negativ. Vor diesem Hintergrund haben sich dehnähnliche Praktiken entwickelt, die mit Zug über mehrere Gelenke und Bereiche hinweg in die entsprechende Muskelkette wirken. Dieses sogenannte myofasziale Gewebetraining hat trotz des scheinbar einfachen Charakters der Übungen einen komplexen Hintergrund. Experten wie Dr. Robert Schleip oder Dr. Kelly Starrett haben sich lange und intensiv mit diesem Thema auseinandergesetzt. Sie erklären anschaulich, wie und warum dehnende und federnde Übungen wie beispielsweise die Adlerschwinge von Dr. Robert Schleip, eine von vielen faszialen Dehnmöglichkeiten, leistungsrelevantes Gewebe optimal unterstützen. Ihre Werke kann ich dir zur Vertiefung und als optimale Übungssammlungen sehr empfehlen.

DIE ADLERSCHWINGE

1. Stütze dich mit der rechten Hand so auf der Sitzfläche eines Stuhls oder eines vergleichbaren Gegenstands ab, dass das Handgelenk direkt unter dem Schultergelenk platziert ist. Die Füße sind mindestens einen Meter vom Gegenstand entfernt und geschlossen, die Beine sind gestreckt. Dein Körper bildet eine Linie, ist aber im Brustwirbelbereich bereits leicht gebeugt. Der linke Arm liegt gestreckt an der Körperseite. Aus dieser Position startest du, beginnend mit dem linken Arm, eine fließende Bewegung.

2. Hebe den linken Arm gestreckt an und führe ihn senkrecht nach oben.

3. Ziehe ihn weiter über den Kopf und beuge dabei die Wirbelsäule noch mehr, indem du die linke Hüfte etwas zur Seite rausschiebst.

4. In einer fließenden Bewegung führst du den linken Arm nach vorn unten und unter deiner Brust hindurch. Dabei schiebst du dich mit der rechten Hand vom Gegenstand weg, sodass die Beine fast senkrecht stehen. Anschließend führst du den linken Arm wieder nach oben zur Decke und wiederholst.

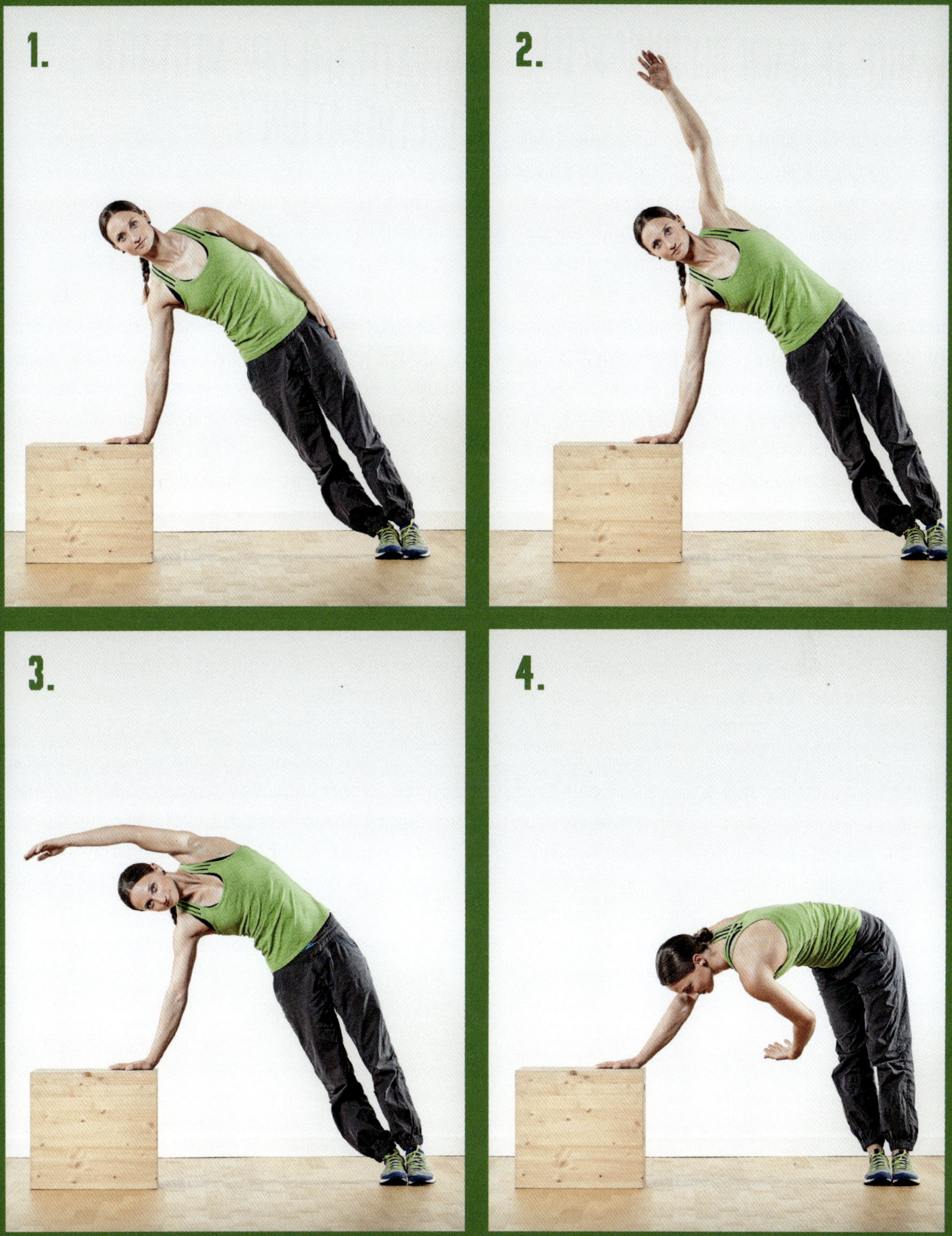
1.
2.
3.
4.

WÄHLE JE NACH DEHNUNGSZIEL

Je nach Schwerpunkt sind ein- oder auch mehrgelenkige Techniken ratsam. Grundsätzlich solltest du immer das Ziel deines Dehnprogramms im Auge behalten. Zielen deine Dehnübungen darauf ab, das Gewebe regenerativ von der vorangegangenen Trainingsbelastung zu befreien und auf die physiologisch normale Spannung zu reduzieren, dann sind sie in dieser Form bestens geeignet. Arbeite hierbei ruhig und kontrolliert. Vermeide ruckartige oder explosive Bewegungen in maximal endgradigen Gelenkwinkelpositionen. Sei dir bewusst, dass deine Muskulatur zu diesem Zeitpunkt ermüdet und zum Teil leicht verletzt und beschädigt ist. Vermeide daher alles, was Verletzungen provoziert oder verschlimmert.

Ist dein Dehnungsziel jedoch, eine größere aktive und passive Beweglichkeit zu erarbeiten, um beispielsweise die Hüfte besser beugen und höher antreten zu können, so trenne dein Beweglichkeitstraining von deinem kletterspezifischen Krafttraining. Die Verbesserung der Beweglichkeit braucht etwas mehr Aufmerksamkeit als das kurzweilige Dehnen nach einer Krafteinheit. Mach dir hierzu bewusst, dass Beweglichkeitstraining ein regeneriertes Muskelsystem benötigt. Löse das Beweglichkeitsziel vom Krafttraining und trainiere es mit dem gleichen zeitlichen Rahmen wie deine Schulter- oder Rumpfkraft.

STRATEGIEN DER MENTALEN REGENERATION

Im Training sind wir beim Bewegungsplanen und -reflektieren, beim Überlegen von Lösungsansätzen und Hochhalten der Motivation unter höchster Anspannung und Belastung mental gefordert. Bewegungen laufen so lange sauber ab, wie du sowohl die muskuläre Kraft- als auch die mentale Konzentrationsfähigkeit aufrechterhalten kannst. Kann der Kopf nicht mehr liefern, so sind auch körperlich die Leistungsgrenzen eng gesetzt. Wie tanken wir nun mental wieder auf? Was fehlt oder ist zu viel, wenn der Kopf müde wird?

Die Antworten auf diese Fragen müssen wir auf zwei unterschiedlichen Gebieten suchen. Erinnere dich an deine Schulzeit und frage dich, was dir geholfen hat, die Aufmerksamkeit immer wieder aufrechtzuerhalten. Grundsätzlich braucht unser Gehirn bestimmte Stoffe, um arbeiten zu können. Ernährungsexperten zählen hierzu eine adäquate Flüssigkeitszufuhr von mindestens zwei bis drei Litern bei nicht körperlicher Arbeit. Entsprechend ist der Bedarf während und nach dem Training deutlich größer. Der primäre Treibstoff für unser Gehirn aber sind Kohlenhydrate.

Die Fachmeinung geht jedoch deutlich auf Abstand vom sozusagen »kurzatmigen« Traubenzuckerwürfel. Vielmehr sind auch hier qualitativ hochwertige Nahrungsmittel wie beispielsweise Haferflocken, Vollkornbrot oder -reis mit komplexen und langkettigen Kohlenhydraten vorteilhafter. Auch bestimmte Fette, Vitamine und Mineralstoffe wirken sich positiv auf Gehirnprozesse aus. Zusammenfassend sei hier gesagt, dass eine ausgewogene und qualitativ hochwertige Ernährung ein sinnvolles und inhaltlich stimmiges Training optimal körperlich und mental unterstützt und abrundet.

Eine weitere Strategie der mentalen Regeneration finden wir im Bereich der Neuroathletik. Welche speziellen Aufgaben übernimmt das Gehirn bei belastendem Training? Unser Gehirn holt sich fortwährend Informationen, um die Umgebung und den Körper situativ zu erfassen und daraufhin Erfolg versprechende Lösungsstrategien zu aktivieren. Im Training bedeutet das, dass wir intensiv unsere Fernsinne wie Augen und Ohren einsetzen, um uns zu orientieren, zu koordinieren oder Gefahrenquellen zu erkennen. Die Umgebung wird gescannt und der eigene Körper dazu in Relation gesetzt, und nun hinterfragt unser Nervensystem, wie die Situation im Inneren des Körpers ist. Wie viel Kraft kannst du aktuell generieren? Gibt es Regionen, in denen du Schmerz wahrnimmst? Mit dem Nahsinn der Körperwahrnehmung – auch Propriozeption genannt – werden bekannte Lösungsstrategien auf ihre Umsetzbarkeit hinterfragt. Alle Informationen aus Nah- und Fernsinn werden gesammelt, ausgewertet und führen letztendlich zu einer Erfolg versprechenden Handlung. Diese Prozesse laufen sowohl bewusst als auch unbewusst ab.

Das Sammeln dieser Informationen braucht deine volle Konzentration. Bleibst du daher länger in einer Belastung, so wird es immer schwieriger, diese Aufgabe zu erfüllen. Dein Gehirn braucht eine Pause, in der es aus der Informationsgewinnung herausgenommen wird. Neurologen empfehlen nicht ohne Grund ausreichend Schlaf oder Meditation als effektive regenerative Maßnahme. In keinem anderen Zustand kann dein Nervensystem so gut entspannen, ohne permanent Impulse aufnehmen zu müssen. Die Pause vor dem Fernseher oder einem Buch zu verbringen, regeneriert zwar die Muskulatur, aber nicht deine mentale Leistungsfähigkeit: In beiden Fällen wird das Gehirn angehalten, Informationen aufzunehmen und zu verarbeiten.

Der Mix macht die Regeneration

Du siehst, dass aktive Erholung auf vielen Ebenen mit unterschiedlichen Methoden geschehen muss. Schaffe dir ein festes Muster oder einen wiederkehrenden Ablauf, wie du deine Regenerationsphasen persönlich aufbaust. Achte dabei darauf, dass du alle wichtigen Punkte berücksichtigst. Bleibe bei deinem Rhythmus, und wenn du dich nicht vollständig erholt fühlst, stelle die nächste Trainingseinheit mit deinen Trainingskollegen noch etwas zurück – zu deinem Schutz und für deine optimale Entwicklung.

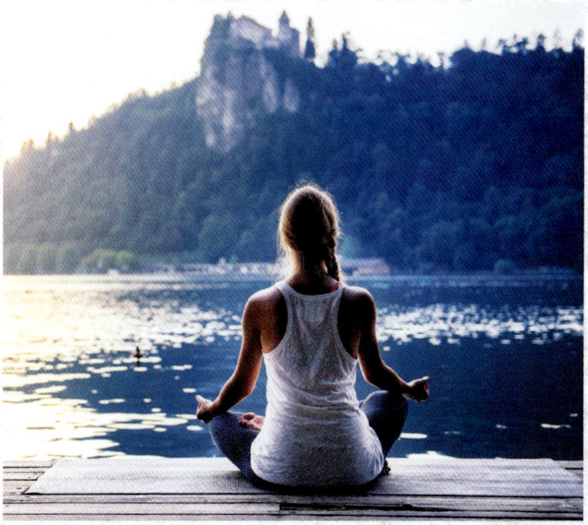

Beim Schlafen oder Meditieren schaltet unser Gehirn am besten ab.

ÜBER DEN AUTOR

Bernd Bachfischer ist diplomierter Sportwissenschaftler mit Schwerpunkt präventive und rehabilitative Sportmedizin. Er ist ausgebildeter DAV-Klettertrainer und war mehrere Jahre als Sporttherapeut im Medical Park St. Hubertus in Bad Wiessee tätig. Seit 2012 ist er Geschäftsführer und sportwissenschaftlicher Leiter der BalanceSchmiede, eines Gesundheits- und Athletikzentrums in Bad Tölz. Dort trainiert er nationale und internationale Leistungssportler aus den Bereichen Klettern und Bouldern, Ski alpin, Langlauf und Biathlon, Eis- und Feldhockey sowie Spezialeinheiten der Polizei.

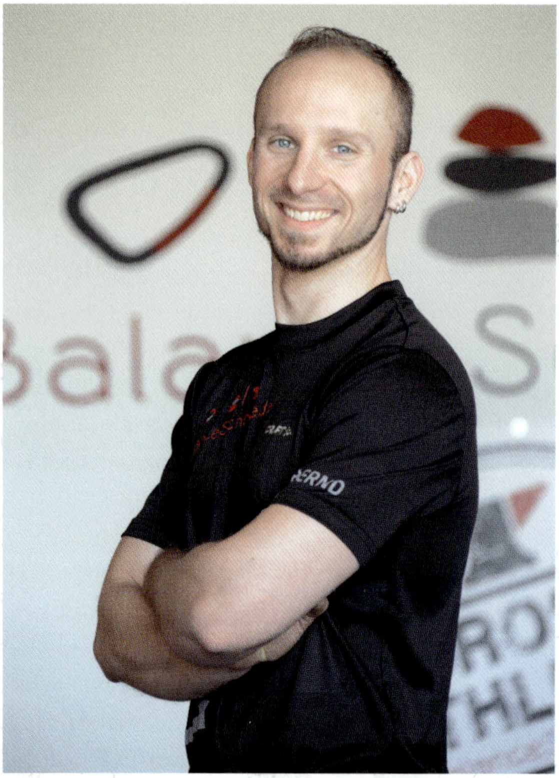

DIE MODELS

Monika Retschy

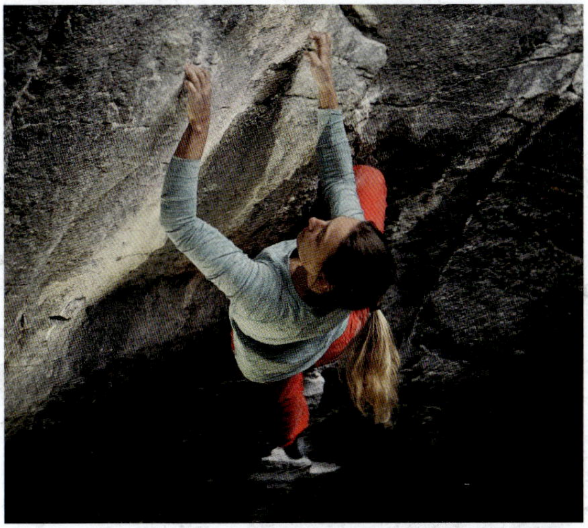

Mit zwölf Jahren betritt Monika das erste Mal eine Kletterhalle und ist seitdem begeistert vom Klettersport. Sie beginnt bald, im Kletterteam der DAV-Sektionen München und Oberland zu trainieren und startet kurz darauf bei den ersten nationalen Wettkämpfen. Von 2006 bis 2010 ist sie aktives Mitglied im bayerischen Landeskader. Seit 2011 gehört sie der deutschen Nationalmannschaft an und tritt bei internationalen Wettkämpfen an. Neben mehreren bayerischen sowie deutschen Meistertiteln erreichte die heute 26-Jährige 2016 in der Weltcup-Gesamtwertung den 5. Platz. 2017 belegt Monika Rang 1 der Deutschen Meisterschaft im Bouldern. Sie trainiert seit 2009 den Wettkampfkader der Sektionen München und Oberland und seit 2013 den Landesstützpunkt München des Kletterfachverbands Bayern. Sie hat Sportwissenschaften in München studiert und macht derzeit ihren Master in Management.

Fabian Werner

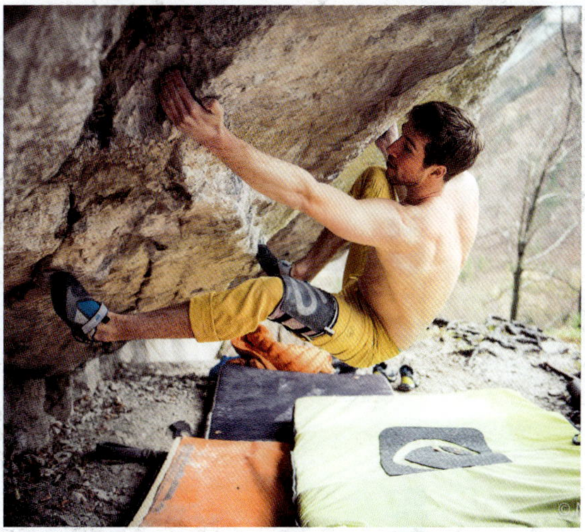

Der in München lebende Fabian klettert seit seiner Kindheit mit Begeisterung. Sein Heimatgebiet fürs Klettern und Bouldern liegt am Kochelsee. Dort hat der heute 29-Jährige Routen bis zum Schwierigkeitsgrad 10 (8b) geklettert, zum Beispiel *Wo die wilden Kerle wohnen,* und bouldert bis zum Schwierigkeitsgrad fb 8b, etwa den *Antonator, der Voll-Strecker.* Fabian ist seit 2009 als Trainer für die Sektionen München und Oberland des DAV tätig, seit 2010 ist er Trainer des Wettkampfkaders der Sektionen München und Oberland und seit 2015 Trainer des Landesstützpunkts München des Kletterfachverbands Bayern. Er hat Medizin studiert und ist als Anästhesist in München tätig.

KÖRPERBEREICHE UND TRAININGSZIELE IM ÜBERBLICK

	Rumpf	Trainingsziel	Seite
1	Fersentipp aus der Rückenlage	Ansteuerung	74
2	Halbes Aufrollen	Ansteuerung	75
3	Gegendruck Hüftbeugung mit Stab	Ansteuerung	76
4	Vorlage im Schlingentrainer	Stabilität	77
5	Hüftstreckung aus der Rücklage	Stabilität	78
6	Plank Rotation	Stabilität	79
7	Klappmesser mit Gewicht und abgelegter Lendenwirbelsäule	Stabilität	80
8	Liegestütz mit Schultertipp	Stabilität	81
9	Körperdruck in den Gymnastikball	Stabilität	82
10	Seitstütz mit Gewicht im Schlingentrainer	Stabilität	83
11	Balancieren auf der Rolle	Stabilität	84
12	Hüftrollen	Beweglichkeit	85
13	Skorpion	Beweglichkeit	86
14	90-90-Stretch	Beweglichkeit	87
15	Oberkörperrotation aus dem Fersensitz	Beweglichkeit	88/89
16	Auf- und Abrollen der Wirbelsäule	Beweglichkeit	90
17	Aufrollen	Kräftigung	91
18	Umgekehrter Crunch im Schlingentrainer	Kräftigung	92
19	Seitliches Aufrollen	Kräftigung	93
20	Hüftstrecken aus dem Sitz im Schlingentrainer	Kräftigung	94
21	Oberkörperrotation mit Superband im Stand	Kräftigung	95
22	Oberkörperrotation mit Gewicht aus dem Unterarmstütz	Kräftigung	96/97
23	Oberkörperrotation aus dem Seitstütz im Schlingentrainer	Kräftigung	98
24	Beckenrotation im Schlingentrainer	Kräftigung	99

	Sprungelenk	Trainingsziel	Seite
25	Kniebeuge im Ausfallschritt auf dem Stab	Stabilität	100
26	Kniebeuge im Ausfallschritt im Schlingentrainer	Stabilität	101
27	Kniebeuge im seitlichen Ausfallschritt auf Wackeluntergrund	Stabilität	102
28	Unterstützte Pistol	Stabilität	103
29	Sprunggelenkbeugung und -streckung im Unterarmstütz	Beweglichkeit	104/105
30	Sprunggelenks-mobilität über die Außenkante	Beweglichkeit	106
31	Wadenpumpe	Beweglichkeit	107
32	Einbeiniger Sprung im Schlingentrainer	Beweglichkeit/ Stabilität	108
33	Schnelle Sprung-gelenkbeugung und -streckung auf dem Gymnastikball	Beweglichkeit	109
	Hüfte	**Trainingsziel**	**Seite**
34	Seitliches Hüftabspreizen	Ansteuerung	110
35	Adduktion im Schlingentrainer	Ansteuerung	111
36	Brücke	Ansteuerung	112
37	Standwaage	Stabilität	113
38	Handwalk	Mobilität	114/115
39	Sumo-Hocke	Mobilität	116
40	Nach hinten Überkreuzen	Beweglichkeit	117
41	Rotiertes Hüftöffnen und -schließen im Schlingentrainer	Beweglichkeit	118/119
42	Beckenrotation aus der Rückenlage auf dem Gymnastikball	Beweglichkeit	120
43	Beckenheben auf dem Gymnastikball	Kräftigung	121
44	Hamstring Curl im Schlingentrainer	Kräftigung	122/123
45	Deadlift mit Kettlebell	Kräftigung	124/125

	Brustwirbelsäule	**Trainingsziel**	**Seite**
46	Oberkörperrotation im Sitz	Beweglichkeit/ Aufrichtung	126
47	Tiefer Ausfallschritt mit Gewicht	Beweglichkeit/ Aufrichtung	127
48	Armstrecken im Schwimmer	Beweglichkeit/ Aufrichtung	128
49	Seitneigung im Schwimmer mit Gewichtsball	Beweglichkeit/ Aufrichtung	129
	Schulterblatt	**Trainingsziel**	**Seite**
50	Frontales einarmiges Rudern mit Oberkörperrotation und Superband	Stabilität	130/131
51	Vertikales Rudern mit Kettlebell	Stabilität/ Beweglichkeit	132
52	Klimmzug am langen Arm	Beweglichkeit	133
53	Einarmiges Latziehen	Beweglichkeit	134/135
	Schulter	**Trainingsziel**	**Seite**
54	90-90-Ober-körperrotation mit Superband	Stabilität/Kräftigung	136/137
55	Trizeps Curl über Kopf	Stabilität/Kräftigung	138
56	Oberkörperrotation im Unterarmstütz auf dem Gymnastikball	Stabilität	139
57	Gestützte Hocke im Schlingentrainer	Stabilität	140
58	Turkish Get Up 1 mit Kettlebell	Stabilität	141
59	Turkish Get Up 2 mit Kettlebell	Stabilität	142/143
60	Rotation aus der Liegestützposition	Beweglichkeit	144
61	Rückenputzen	Beweglichkeit	145
62	Körperkreisen mit Kettlebell	Beweglichkeit	146/147
63	Kapselstretch mit Superband	Beweglichkeit	148
64	Schulterrotation mit Superband	Beweglichkeit	149
65	Vorgebeugtes einarmiges Rudern mit Kettlebell	Kräftigung	150/151
66	Frontaler Chop mit Superband	Kräftigung	152/153
67	Klimmzug am Schlingentrainer	Kräftigung	154/155
68	Exzentrischer Klimmzug	Kräftigung	156/157
69	Schulterdrücken mit Kettlebell	Kräftigung	158
70	V Push Up	Kräftigung	159
71	Oberkörperrotation über Kopf mit Superband	Kräftigung	160
72	Liegestütz-Ellbogentipp	Kräftigung	161
	Handgelenk	**Trainingsziel**	**Seite**
73	Armkreisen gegen Zug mit Superband	Stabilität	162/163
74	Klatschen mit Miniband	Stabilität	164/165
75	Kettlebell balancieren	Stabilität	166/167
76	Handgelenkrollen in Vorlage im Schlingentrainer	Beweglichkeit	168/169
77	Handgelenkneigen mit Superband	Beweglichkeit	170
78	Handgelenkkippen mit Superband	Beweglichkeit	171
	Fingergelenke	**Trainingsziel**	**Seite**
79	Plattenzange	Kräftigung	172
80	Tauziehen	Kräftigung	173
81	Liftfahren an der Stange	Kräftigung	174/175
82	Deadhang an der Stange	Kräftigung	176
83	Deadhang an Kugeln oder Zylindern	Kräftigung	177
84	Deadhang an der Leiste	Kräftigung	178/179

Aktive Regeneration

	Übung	**Seite**
1	Ausstreichen der Wade	188
2	Ausstreichen der Oberschenkelvorderseite	188
3	Ausstreichen der Adduktoren	189
4	Ausstreichen der Gesäßmuskulatur	190
5	Ausstreichen der Unterarmmuskulatur	190
6	Ausstreichen von Trizeps und Latissimus	191
7	Ausrollen der Brustmuskulatur	192/193
8	Faszienbehandlung der Fußsohle	194
9	Faszienbehandlung der Oberschenkelaußenseite	195
10	Faszienbehandlung des unteren Rückens	195
11	Statisches Dehnen der Brustmuskulatur	196
12	Dynamisches Dehnen der hüftumgebenden Muskulatur	197
13	Die Adlerschwinge	198/199

ÜBUNGSREGISTER

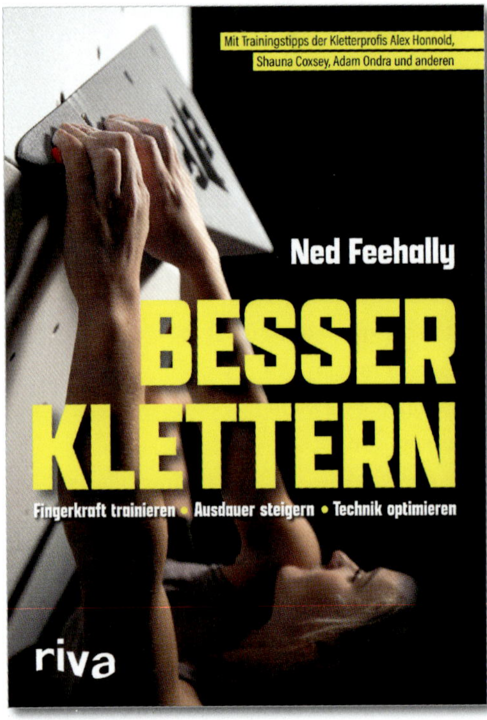

Auch als **E-Book** erhältlich

224 Seiten
20,00 € (D) | 21,50 € (A)
ISBN 978-3-7423-2098-8

Ned Feehally

Besser klettern – Fingerkraft trainieren, Ausdauer steigern, Technik optimieren

Mit Trainingstipps von den Kletterprofis Alex Honnold, Shauna Coxsey, Adam Ondra und anderen

Klettern und Bouldern werden jedes Jahr beliebter. Ob in der Halle oder im Freien – um erfolgreich ganz nach oben zu kommen, ist nicht nur körperliche Fitness nötig, auch die richtige Technik und die besten Trainingsstrategien gehören unbedingt dazu. Boulderprofi Ned Feehally weiß: Für viele Sportler ist die Fingerkraft der limitierende Faktor. In diesem umfassenden Ratgeber erklärt er, wie Kletterer ihre zehn wichtigsten Werkzeuge mit einem Fingerboard einfach und effektiv trainieren können. Die über 30 Übungen kräftigen neben den Fingern auch Arme und Core, verbessern die Beweglichkeit und steigern die Ausdauer. Mit Trainingsplänen, Grifftechniken und Praxistipps von den Profis Alex Honnold, Shauna Coxsey, Adam Ondra und vielen anderen Stars aus der Kletterszene kann jeder das Maximum aus seinem Training herausholen!

riva